U0928077

本书为

浙江大学211项目“民营经济与制度创新”子课题

“民营经济与权利保障制度”研究成果

浙江省重点学科“浙江大学宪法与行政法学”资金资助成果

形而下法理丛书

孙笑侠　主编

复活的私权

孙笑侠　钟瑞庆　等著

中国政法大学出版社

编　委　会

老僧三十年前未参禅时，见山是山，见水是水。及至后来，亲见知识，有个入处，见山不是山，见水不是水。而今得个休歇处，依前见山只是山，见水只是水。

——唐朝禅师青原惟信《五灯会元》（第十七卷）

总 序

自 1832 年英国法学家约翰·奥斯丁发表《法理学的范围》以来，已经 170 余年过去了。在此期间，无论是作为形而上学的法理学，还是作为严格科学的法理学都正逐步走向成熟，并随着哲学的语言学转向而呈现出彼此整合的新趋势，法理学的实践性格也愈显突出。在西方法治国家，法理学与时俱进，它与法律实践的困惑与进步同在，它总是理解与解释着不断出现于法律实践中的困惑并为之提供解决问题的新方法，它的发展也总是显然标志着法律实践的不断进步！因此法理学决非空洞无物的玄学，而是真正有用的实践智慧的理性结晶。

在这样的理念指导下，浙江大学光华法学院法学理论学科确定了自己的学术方向与特色，我们提出的“返回形而下的法理学”基本上涵盖了我们的上述理念，也承载了我们以往学术探索的内容。《形而下法理丛书》创设和出版，是这种学术定位的拓展和结晶。霍姆斯曾言“当我们研究法律的时候，我们不是在研究一个神秘莫测的事物，而是在研究一行众所周知的职业”，我们希望本丛书的出版，能够在一定程度上推动法理学的实践转型，至少，能够折射出我们这一代法理学人在相关领域的学术关怀和学术努力。

本丛书是一个开放的、持续性的学术园地，今后将持续推出浙江大学法学理论学科点教师和博士的著作，同时拟选取国内法律界的研究成果出版。举凡司法程序、法律职业、法律方法、判解研究以及财富与法律、阶层与法律、地理与法治等方面的专著、文集和译著，只要符合本丛书之旨趣和标准，均在采集之列。因此，热忱欢迎海内外理论界和实务界的关注与参与。

丛书编委会

2006 年 10 月于杭州

序

中国正经历一个史上规模最大的社会转型。理解和推进转型，是我们这一代学者的共同使命。然而，即使如邓小平同志这样的转型启动者，也无法对转型的进程和结果，进行准确的预测。举个简单的例子，邓小平同志也承认，在改革的初期，有两个“没想到”：一是没有想到“农村改革见效非常快”，粮食和经济作物都大幅增长；二是没有想到“乡镇企业发展起来了”。[1] 原因很简单，这不是根据预设的框架来推进的转型，而是根据情势的变化而不断调整的“摸着石头过河”的过程。

在这样的背景下，如果我们想要真切地认识和理解中国

---

〔1〕《邓小平文选》第3卷，人民出版社1993年版，第238页。

所发生的变化，就只有专注于事实和问题本身。几年前，我们提出法学研究要转向“形而下”，[2] 所要求的就是，离开抽象的玄想，将目光转向我们所生活的世界本身。确实，形而上的世界具有巨大的吸引力。在那个世界里，“单纯、洁净和高尚，没有实际生活的矛盾”。相反，我们所生活的世界，却总是“意想不到的杂乱、纷繁、污浊、痛苦和烦扰”。[3] 但作为“被抛的存在”，[4] 我们不能选择我们生活的世界：已经生为中国人，就无法——在完整的意义上——变成别国人；已经生活在地球上，就无法让自己同时生活在天堂。对我们所生活的世界，我们只有选择面对，努力去理解它，尽量去改善它。

这本文集是理解我们所生活的世界的一种尝试。我们选取私权这个角度，作为观察的“窗口”。从建国到社会主义改造完成，是一个私权“消亡”的过程，而从改革开放到现在，则是一个私权“复活”的过程。私权的复活和扩张，构成转型中国最为浓墨重彩的一章。从各个不同的角度——历史、制度、经验——来理解“私权的复活”，即构成研究报告“复活的私权”的核心内容。在文集的其他部分，我们分别从理论、宪政、具体制度和个案，遵循从抽象到具体的程序，来理解中国权利制度中的各种问题。

---

〔2〕 孙笑侠等主编：《返回法的形而下》，法律出版社2003年版。

〔3〕 ［美］威廉·詹姆士：《实用主义》，陈羽纶、孙瑞禾译，商务印书馆1979年版，第14页。

〔4〕 ［德］海德格尔：《存在与时间》，陈嘉映、王庆节译，上海三联书店1999年版，第3、5章。

文集既成，乐既乐矣，忧亦随之。“蓬头稚子学垂纶”,[5] 我们的尝试，在有识者看来，或许是幼稚的，甚至是错误的。心有鸿鹄之志，却不自知其能至否也。著者在此也只能怀诚惶诚恐之心，谨待方家指正了。

本文集是国家211项目“民营经济与制度创新”子课题研究成果的一部分，得到教育部211工程建设经费的资助。课题由孙笑侠教授主持，参与研究的主要人员有林来梵教授、钟瑞庆博士、陈柳裕博士、方立新教授、石毕凡博士、郑磊同学和刘义同学等等。

著者谨识

---

〔5〕 胡令能：“小儿垂钓”。

/目 录/

研究报告

3 复活的私权
——对“民营经济”权利制度的考察
孙笑侠 林来梵 钟瑞庆 陈柳裕 郑磊 刘义

理论探讨

91 经济发展与权利假说:以中国问题为例
唐纳德·C.克拉克(著) 邵亚萍 杨吉(译) 方立新(校)
123 财产权与知识利用
——以经济学和哲学解释学为知识背景的初步研究
孙笑侠 钟瑞庆

民营经济与宪政

165 关于民营经济的宪法论
——基于奥尔多学派的慎思与重构
林来梵 刘义

188 两个村庄的宪政
——以农民的选举权意识为切入点
郑 磊

212 农民负担问题中所体现的冲突解决模式
钟瑞庆

241 民国元年南京临时政府对私营经济的法律保障
石毕凡 林海

民营经济与具体制度

257 城市拆迁、土地国有与交易权利
钟瑞庆

研 究 报 告

复活的私权

——对“民营经济”权利制度的考察

孙笑侠 林来梵 钟瑞庆 陈柳裕 郑磊 刘义*

一、导言“民营经济”权利问题的法律学界定[1]

在我国现行法律体系中，与“民营经济”一词相接近的词汇是“个体经济”、“私营经济”和“非公有制经济”。“民营经济”的提法是由我国经济学界最早提出来的，它不是严格意义上的法律概念。有关它的理解与定义一直存在诸

---

* 孙笑侠，浙江大学法学院教授，法学博士，博士生导师。林来梵，浙江大学法学院教授，法学博士，博士生导师。钟瑞庆，浙江大学法学院博士后，法学博士。陈柳裕，浙江大学法学院博士后，法学博士。郑磊，浙江大学法学院博士研究生。刘义，浙江大学法学院博士研究生。

〔1〕 近年来，各社会学科，尤其是经济学、社会学，对民营经济的关注成为热点；然而，法学的规范视角常常是缺位的，法学的关注几乎是停留于外围景象的粗糙的法社会学关注，考察民营经济组织及其业主的权利状况的成果实不多见。而现行权利保障体系的探讨，乃属于法律学或规范法学的视角，这一角度的尝试将为权利制度的重构提供理论依据。

多的争议，大致存在两类原则性的界分：①强调经营形式，即认为经营者是民间私人；②强调所有权类型，即财产权归属于私人。

考察改革开放以来的民营经济发展沿革，我们可以得知“民营经济”的奥秘和真实的本相。改革开放以来的民营经济发展大致可以分为三个阶段：[2] ①1978 年 ~ 1986 年。十一届三中全会开始了中国改革之路，民营经济开始出现，但当时只有个体工商户，而且只在农村，家庭联产承包责任制逐渐演变出专业户，1981 年 7 月国务院肯定了个体工商户的存在与发展。②1987 年 ~ 1992 年。此期间出现的民营经济通常称为“私营企业”，即雇工超过 8 人的民营企业，个别私企通过承包或租用国营企业积累了资产，逐渐改变了企业的所有权。1988 年宪法修正案明确了“私营经济”的说法，在《宪法》第 11 条中增加规定私营经济保护监督条款。同年，国务院还颁发了《私营企业暂行条例》，规定了三种私有制企业的形式，即独资、合伙和有限责任。③1993 年至今。在此期间，政府确定了市场改革的方向，民营经济得到快速发展。[3]

---

〔2〕 茅于轼、张玉仁：“中国民营经济的发展和前景”，亚洲开发银行课题，来源：http：//www. usc. cuhk. edu. hk/wk_ wzdetails. asp？ id = 1426.

〔3〕 1988 年颁布的《中华人民共和国私营企业暂行条例》采用了私营企业的表述，其第 2 条规定：“私营企业是指企业资产属于私人所有、雇工 8 人以上的营利性的经济组织”。并在第二章中专章规定了私营企业的种类，包括独资企业、合伙企业、有限责任公司三种（第 6 条），并专条对每一种类形式进行界定，这些定义为后来的 1999 年通过的《个人独资企业法》、1997 年的《合伙企业法》以及 1993 年的《公司法》（于 2004 年修订）的相应条款所刷新。

从概念上来分析，“民营”对应的是“国营”，而1993年宪法修正案就已经将“国营经济”和“国营企业”分别修改为“国有经济”和“国有企业”，显示了我国在市场经济下将所有权和经营权分开的理念。三个阶段中的国企改革经验显示：停留于经营权层面的改革并不能取得预期的效果。[4] 而且，民营可以是国有民营，[5] 而这似乎并不在民营经济问题的视野范围之内。

为避免对民营企业外延的界定囿于字面的理解，有学者提出可对它作广义和狭义两种界定。字面的理解可以看成广义的理解，即以经营方式为标准来界定，非国营经济的经济形态（表1中的Ⅱ、Ⅳ区域）都属之。狭义的理解，特指中国改革开放以后出现的种种民营经济的具体组织形式，包括私营经济、个体经济、外资经济[6]等，也就是说，非国有非国营经济的经济形态（表1中的Ⅳ区域）属于民营经济的范畴。[7]

---

〔4〕 在这个过程中，最大的收获在于切实体会到国家兼具裁判员、运动员双重身份所暴露出来的弊端，并在此意义提出了政企分开。然而仅基于此的改革只是隔靴搔痒而已。

〔5〕 这涉及到另一个问题，即国有企业的民营化问题。各国民营化的形式是多种多样的，大致可以分为两类，可以是不改变所有权状况而进行的民营化，也可以通过拍卖实现股权转化而进行的民营化。

〔6〕 当然，外资经济一般不包含在民营经济的讨论中。可见，这里其实存着一个预设，民营经济指的是本国的民营经济。

〔7〕 上海方策管理咨询有限公司民营经济发展研究课题组：“发展模式的战国时代——中国民营经济发展模式的本质特征分析”，资料来源：http：//news. sohu. com/2004/06/14/06/news220520631. shtml.

表 1：民营企业的界定标准

	国有	非国有
国营	Ⅰ	Ⅲ
非国营	Ⅱ	Ⅳ

笔者认为，民营企业标准应基于经济实体的财产权归属，换言之，民营经济即民有或者是非国有（non-state-own）的经济组织，它不是国家拥有的经济组织，而不仅仅是非国家经营（run）的经济组织，[8] 在这个意义上，民营可以置换成非国有，其实质在于私有，[9] 只是顾及用语习惯以及敏感规避，而继续沿用这一属于经济学的概念。[10] 在表 1 中体现为Ⅲ、Ⅳ区域，然而Ⅲ区域所代表的国营非国有的经济形态除了民间参股达到控股等类型外，十分少见，所占据的比例也几乎是可以忽略的。换言之，以财产权归属标准划得的民营经济的外延与前述狭义界定的区别并不大，但标准的不同，突显出侧重点的不同，这正是彰显民营经济权利保障的观念变迁的一个缩影。

---

〔8〕 海闻："WTO 与中国民营经济"，资料来源：http：//old. ccer. edu. cn/faculty/haiwenc. htm.

〔9〕 有学者认为，非国有化、民营化和私有化三个概念具有相同的内涵，是同义语。吴易风："关于非国有化、民营化和私有化"，载《当代经济研究》1999 年第 10 期。

〔10〕 值得一提的是集体经济，在计划经济的三元所有制结构下，所谓的集体所有制其实质是国家所有制。参见周其仁：《产权与制度变迁：中国改革的经验研究》，社会科学文献出版社 2002 年版。

需要说明的是，当我们谈论“民营经济权利”的时候，其实是指称民有经济组织及其业主的经济权利。民营经济的权利体系大致可包括民营经济的产权、民营经济的生存权、民营经济的竞争权和民营经济的发展权。

(1) 民营经济的产权就是指民营经济组织及其业主所享有的各种以所有权为核心的财产权利，是对民营经济组织及其业主的财产所有权、土地使用权以及知识产权等各种权利的抽象。民营经济组织及其业主的产权是民营经济业主参与市场竞争的现实基础，是民营经济业主积极从事市场竞争的内在动力。

(2) 民营经济的生存权主要是指民营经济的法律地位，也就是民营经济的合法性问题。这是一个基于我们曾经宣布民营经济非法地位的历史而产生的中国特有的问题。

(3) 民营经济的竞争权主要是指民营经济业主在市场竞争中免受行政垄断和经济垄断之害，从而得以自由竞争的权利。竞争权主要通过反垄断法和行政法予以保护。竞争权是民营经济业主参与市场竞争所必须具备的重要条件，民营经济业主的竞争权关系到民营经济业主能否自由地参与市场竞争的问题。

(4) 民营经济的发展权主要指民营经济业主能否享有公平待遇，从而不受歧视地与国有企业、集体企业和外商投资企业在同等条件下公平竞争的权利，以及多数民营企业作为中小企业，作为市场竞争中的弱势群体，在市场经济体制中应当受到的特殊优惠和照顾，从而获得进一步发展的权利。民营企业的发展权由此划分为平等发展权和特殊发展权两者，前者的核心要求是平等待遇，后者的核心要求是特殊照顾。民营企业发展权主要通过民法、经济法、商法等部门法予以保障。

民营经济生存权、竞争权和发展权其实是民营经济的外在法治环境问题，也是要求国家作为义务主体，来保障民营企业生存、竞争与发展的空间。比如，就民营企业的竞争权而言，在行政法和竞争法中明确规定了行政机关负有不得实施各种形式的行政垄断行为的义务，同时在竞争法中也集中地规定了企业和其他市场主体不得进行经济垄断行为的义务，这些义务对于民营企业来说就表现为一种权利——竞争权。

再如，民营企业的发展权，在商品经济中，各市场主体应当平等地参与市场竞争，因此，国家具有保障民营企业不受歧视、平等发展的义务，这个义务从另一个方面讲，就表现为民营企业的平等发展权。

另外，在现代市场经济中，绝大多数民营企业作为中小企业是市场竞争中的弱者，国家具有扶持、促进中小企业发展的义务，这些义务从反面讲也就表现为民营企业的特殊发展权。因此，国家保障民营企业平等参与市场竞争和对民营企业负有的特殊扶持义务构成民营企业的发展权。此外，由于民营企业的财产所有权、土地使用权和知识产权等权利在民商法中均已有了明确的规定，因此，可以将这些权利统一抽象为产权。因此，从总体上看，民营企业的生存权、竞争权和发展权实质上是有关的主体如国家、行政机关和其他组织对民营企业应当承担的义务的集中概括，或者说，民营企业的生存权、竞争权和发展权就是这些相关主体所承担的具体义务抽象的转化形式，而民营企业的产权则是其享有的各种财产性权利的总和。

全文以下分为五个部分。第一部分论述从建国至今的民营经济权利保障的沿革，第二部分论述权利制度与民营经济发展之间的关系，第三部分是对权利保障与民营经济发展之关系的经验验证，第四部分是对财产权和平等权保障状况的分析，第五部分是对民营企业权利的重构。

二、民营经济权利保障的沿革轨迹

从建国一直到 2004 年修宪，我国民营经济权利保障发展所呈现的是一个曲折发展的过程，其发展轨迹是伴随着民营经济的不断壮大而逐步完善的。

非公有制经济在我国的宪法地位大致可以划分为两个阶段：第一阶段是从发展到限制，通过公私合营最终实际予以消灭的过程。从 1954 年和 1975 年两部宪法的内容变化，就可以清楚地看到私营企业在我国头 26 年由生存到死亡闪电般消失的轨迹。第二阶段是在 1978 年党的十一届三中全会确定改革开放的基本路线以后，私营企业在我国得到重现并迅速发展。自此，我国非公有制经济进入快速发展时期。据统计，至 1987 年底，我国已有私营企业 22.5 万户，其中以个体工商户名义存在的约 11.5 万户，另外近一半则是以合作经济组织形式或者集体经济组织名义存在的个体经济。一方面非公有经济在我国的空前发展，另一方面私营企业主仍然心有余悸，以至有近一半的私营企业不敢“现身”，从而名正言顺地合法经营、赚钱。[11]

1988年4月，七届人大一次会议基于非公有制经济在我国经济中所发挥的作用，对现行宪法进行了第一次修改。1993年3月八届人大一次会议对宪法进行了第二次修改。1999年九届人大二次会议对宪法进行了第三次修改。《宪法》第11条修改为："法律规定范围内的个体经济、私营经济等非公有制经济，是社会主义市场经济的重要组成部分。""国家保护个体经济、私营经济的合法权利和利益。国家对个体经济、私营经济实行引导、监督和管理。"这样，非公有制经济作为我国"社会主义市场经济的重要组成部分"的宪法地位，最终得以根本确立。

我国立宪与修宪的过程，充分说明了民营经济宪法地位的提高。而民营经济宪法地位之保障，是对其合法性的最高效力的肯定，也是其得到其他各部门法律保护的前提，各部门法以宪法为依据对民营经济进行更为有效的保护。下面分四方面来梳理这段历史：民营经济之法律地位从限制到否认再到确立，民营经济权利的范围与重点的演变，权利保障的方式的沿革，我国民营经济权利保障历史演变的特点与经验教训。

（一）民营经济之法律地位：限制—否认—确立

民营经济权利保障的核心和实质在于对其市场主体地位的保障，只要使作为民营经济载体的民营企业成为市场平等

〔11〕 张军："非公有制经济的宪法地位与刑法保护"，载《法制日报》2000年7月16日。

主体，那么其权利保障本身就应该是和其他市场主体（如国有企业）享有同样的待遇。在相当长的一段时期内我国的民营经济被法律所禁止，这就当然失去了市场主体的地位，失去了合法性（legitimacy），也就无从谈权利保障问题。探究新中国民营经济权利保障的历史，我们发现，民营经济的市场主体地位是从被有限制地承认至彻底否定，再从彻底否定演变到法律上的确认。

民营经济的市场主体地位首先是由宪法的规定来确立的。我们认为，宪法对民营经济的确认和保障主要是通过一系列制度的安排，包括宪法关于民营经济法律地位、经济体制、公民私有财产以及经济自由等方面的规定，正是通过一系列相关制度的安排，民营经济才能得以完全的确认和有效的保障。[12] 其中对于保障市场地位的最重要的路径就是在基本经济制度层面上承认民营经济的合法地位。由于民营企业是民营经济的具体组织形式，民营经济是对各种形态的民营企业的抽象，因此承认民营经济的合法地位就意味着必须承认民营企业的生存与发展的权利。[13]

---

〔12〕 陈柳裕、王坤："法治视野下的民营经济：历史、现状和前瞻"，载《法治视野下的民营经济》，浙江人民出版社2004年版，第3页。

〔13〕 在英国、美国、日本、德国、意大利、澳大利亚等发达资本主义国家的宪法中，都没有关于生产资料所有制等基本经济制度的规定，这些国家的宪法主要侧重于公民的权利义务以及国家机构方面的规定。但由于生产资料私有制是资本主义社会存在和发展的基础，是一个不需要在宪法中强调的既存事实。因此，可以说，民营经济的合法地位实际上得到这些国家宪法的默认。据笔者所掌握的资料，在发达资本主义国家宪法中，只有葡萄牙宪法中直接规定了生产资料所有制，规定了拥有生产资料的三大部门：公营部门、私营部门、合作社与社会的部门。参见许崇德主编：《宪法学》，高等教育出版社1996年版，第156页。

比较新中国成立以来宪法对民营经济法律地位的相关规定，我们可以从中看出它的发展轨迹：从有限承认到彻底禁止，再到逐步重新承认并加以保障。《共同纲领》第 26 条规定，当时国家的经济成分包括国营经济、合作社经济、农民和手工业者的个体经济、私人资本主义经济和国家资本主义经济。1954 年《宪法》第 5 条规定："中华人民共和国的生产资料所有制现在主要有下列各种：国家所有制，即全民所有制；合作社所有制，即劳动群众集体所有制；个体劳动者所有制；资本家所有制。"1975 年宪法和 1978 年宪法都没有保障民营经济的市场主体地位，1975 年《宪法》第 5 条规定："中华人民共和国的生产资料所有制现阶段主要有两种：社会主义全民所有制和社会主义劳动群众集体所有制。国家允许非农业的个体劳动者在城镇街道组织、农村人民公社的生产队统一安排下，从事在法律许可范围内的，不剥削他人的个体劳动。同时，要引导他们逐步走上社会主义集体化的道路"。1978 年《宪法》第 5 条则规定："中华人民共和国的生产资料所有制现阶段主要有两种：社会主义全民所有制和社会主义劳动群众集体所有制。国家允许非农业的个体劳动者在城镇或者农村的基层组织统一安排和管理下，从事法律许可范围内的，不剥削他人的个体劳动。同时，引导他们逐步走上社会主义集体化的道路。"1982 年宪法才开始有限承认民营经济，其第 11 条规定："在法律规定范围内的城乡劳动者个体经济，是社会主义公有制经济的补充。国家保护个体经济的合法的权利和利益。国家通过行政管理，指导、帮助和监督个体经济"。此后 1988 年修宪时进一步确立"私营经济是社会主义公有制经济的补充"，

1999年修宪时更确立了“在法律规定范围内的个体经济、私营经济等非公有制经济，是社会主义市场经济的重要组成部分”。

（二）民营经济权利的范围与重点的演变

对民营经济权利的保障至少应当包括内在的产权和外在的法治环境两大方面。产权是现代企业的核心问题，离开产权谈论市场经济是不可能的，对民营经济主体产权的保护本身也经历了一个曲折的过程。关于外在的法治环境问题，我们认为就是要求国家作为义务主体来保障民营企业生存权、竞争权与发展权。

表2：新中国宪法及宪法性文件对私有财产权利保护相关规定的变迁

名称	内容
共同纲领	第3条规定：“……保护国家的公共财产和合作社的财产，保护工人、农民、小资产阶级和民族资产阶级的经济利益及其私有财产。”
1954年《宪法》	第14条规定：“国家保护公民的合法收入、储蓄、房屋和各种生活资料的所有权。”
1975年《宪法》	第22条规定：“国家保护公民的劳动收入、储蓄、房屋和各种生活资料的所有权。”
1978年《宪法》	第9条规定：“国家保护公民的合法收入、储蓄、房屋和其他生活资料的所有权。”

1982 年《宪法》	第 13 条规定:“国家保护公民的合法收入、储蓄、房屋和其他合法财产的所有权。”
2004 年修正案	修改为:“公民的合法的私有财产不受侵犯。”“国家依照法律规定保护公民的私有财产权和继承权。”“国家为了公共利益的需要,可以依照法律规定对公民的私有财产实行征收或者征用并给予补偿。”

综合来看，在《共同纲领》和1954年宪法中，对民营经济的宪法态度是承认的，但基本上局限于生存权，对于发展权和竞争权并没有太多涉及。尤其是1954年宪法否认了市场经济模式，将社会经济的发展定性为计划模式，包括在此后的社会主义三大改造当中，对于私有性质的经济成分采取的是国家统筹和国家订购的方式，民营经济的发展空间非常狭小，也日渐失去与公有制经济竞争的实力。除去20世纪50年代中期到70年代末的一段时间，在改革开放以后制定的宪法和法律中，对民营经济的发展权开始加以重视，逐步将民营经济作为社会主义经济制度的补充和组成部分，将民营经济的发展从制度外逐步引导到制度内。关于民营经济竞争权的保障，我们认为将是今后的一个重点。到目前为止，对民营经济竞争权的直接表述还非常少见，在《反不正当竞争法》等一些法律法规中，涉及了对民营经济竞争权的保障问题，一些部门规章也开始变化，力求使民营经济能渗入到公用建设领域。但是我国垄断现象依然存在，而且自然垄断与行政垄断相互交织，使问题更加复杂化，随着近年来反垄断立法步伐的加快，民营经济竞争权将得到进一步保障。

（三）民营经济权利保障方式的沿革

在整个民营经济权利保障的发展史中，其保障方式也是在不断变化的。笔者认为，在从政策到法律的大背景下，立法技术、保障方向、保障手段等也都有了很大的发展。

1. 从政策控制到法律规范的演变

民营经济保障方式是一个从政策到法律的过程，这也是我国在这方面立法的一个重要特点。以刑法为例，我国刑法与政策、宪法的关系，往往是宪法修改晚于政策，而刑法修改晚于宪法修改，这样的一种立法程式必然导致立法的更加滞后。法律本身就是滞后于社会实际的，政策尽管要比法律及时，但本身也是对社会实际的一种客观反映，因此本身也具有滞后性，所以说从政策到宪法修改、再到刑法修改，其中可能会拖延相当长的时间，从时间上看更不利于保护应当被保护的对象。另外也应当说明的是，我国在民营经济权利保护的问题上曾经有过较长时间的理论争论，在理清思路之后再出台政策，最后才是法律的变动和修改。例如，改革开放以来，我国宪法逐步放开对民营经济发展的各种限制，中共十四大提出建立社会主义市场经济，十五大又提出了公有制的多种实现形式、公有制体现在控制力上的新论点；相应的，1988 年对 1982 年宪法进行了第一次修改，1993 年再次修改宪法，非公有制经济取得“社会主义市场经济的重要补充”的地位，其合宪性得以肯定，1999 年三度修宪，非公有制经济获得“社会主义市场经济的重要组成部分”的宪法地位；而刑法立法方面，在旧刑法的基础上，全国人大常委会以决定的方式，加强对民营企业的保护，出台的决定有《关于严惩严重破坏经济的罪犯的决定》、《关于惩治假冒注册商标犯罪的补充规定》、《关于惩治违反公司法的犯罪的决定》、《关于惩治破坏金融秩序犯罪的决定》等，并最终催生了新刑法典的出台，对民营企业产权的保护有了很大的进步。

改革开放以后，对民营经济的法律调整逐步体现了一个“四权并举”的趋势。

(1) 在民营企业的生存权保障方面，一方面通过对1982年宪法的四次修正，使得民营经济从没有地位到有一定地位，从政策地位到法律地位，从不完全的法律地位到完全的法律地位，最终成为社会主义市场经济体制的重要组成部分。另一方面，通过强化公民私有财产权的保护来强化民营企业的生存权，十届人大二次会议通过的2004年宪法修正案，规定了“公民的合法的私有财产不受侵犯”，“国家依照法律规定保护公民的私有财产权和继承权”，“国家为了公共利益的需要，可以依照法律规定对公民的私有财产实行征收或者征用并给予补偿”，从而使得民营企业的生存权从公民私有财产保护角度得到进一步的保障。

(2) 有关民营企业产权确认、产权交易和产权保护的法律，主要有《中华人民共和国公司法》、《中华人民共和国乡镇企业法》、《中华人民共和国合伙企业法》、《中华人民共和国个人独资企业法》、《中华人民共和国土地管理法》、《中华人民共和国房地产管理法》、《中华人民共和国商标法》、《中华人民共和国专利法》、《中华人民共和国著作权法》、《中华人民共和国合同法》、《中华人民共和国行政诉讼法》、《中华人民共和国行政处罚法》、《中华人民共和国行政复议法》、《中华人民共和国国家赔偿法》、《中华人民共和国刑法》等，另外，还有大量配套的实施细则以及各种法规、规章，形成了综合民事、行政、刑事等法律手段，对民营企业的产权进行全方位的确认和保障的制度体系。

（3）在民营企业竞争权保障方面，我国虽然还没有制定统一的反垄断法，但已经先后制定了《关于推动经济联合的暂行规定》、《关于开展和保护社会主义竞争的暂行规定》、《关于进一步推动横向经济联合若干问题的规定》、《关于制止低价倾销工业品的不正当价格行为的规定》、《关于打破地区间市场封锁、进一步搞活商品流通的通知》、《中华人民共和国反不正当竞争法》、《关于禁止公用企业限制竞争行为的若干规定》、《关于制止低价倾销行为的规定》、《关于禁止在市场经济活动中实行地区封锁的规定》、《关于禁止串通招标投标行为的暂行规定》等等专门调整竞争问题的法律、法规。除此以外，还颁布了诸如《中华人民共和国价格法》、《中华人民共和国招投标法》等内含规范政府行政行为、防止并惩治行政垄断行为、维护民营企业的合法权益的法律法规。

（4）在民营企业发展权保障方面，制定了《中华人民共和国中小企业促进法》、《关于科技型中小企业技术创新基金的暂行规定》、《中小企业融资担保机构风险管理暂行办法》、《中小企业服务体系建设试点工作方案》等。地方政府也颁布了各种规章、行政命令，以上海为例，制定了《上海市人民政府关于促进本市小企业发展的决定》、《上海市人民政府关于促进本市小企业发展的若干政策意见》、《上海市工商局关于促进本市小企业发展的具体实施意见》等，有力地促进和保障了民营企业的发展权。

总的来说，目前我国的民营经济法律制度已经初步实现了对民营企业的生存权、产权、竞争权和发展权的全方位的确认和保障，尽管还存在着很大的缺陷，但民营经济法律制度已经初步实现了系统化。

2. 立法语言从政治色彩到法律技术的转变

这个演变的总趋势是立法语言逐步趋于中性化。在民营经济消亡和蛰伏时期，在阶级斗争理论的指引下，与民营经济有着直接或者间接关系的法律制度和政策性文件中使用的概念也具有明显的政治色彩。[14] 1954 年宪法直接使用了“资本家”、“资本主义工商业”、“资本家所有制”等概念，体现了强烈的政治色彩。1975 年《宪法》第 5 条规定：“允许非农业的个体劳动者在城镇街道组织、农村人民公社的生

---

〔14〕 例如，1949 年《共同纲领》第 3 条规定了“保护工人、农民、小资产阶级和民族资产阶级的经济利益及其私有财产”。第 26 条规定：“国家应在经营范围、原料供给、销售市场、劳动条件、技术设备、财政政策、金融政策等方面，调剂国营经济、合作社经济、农民和手工业者的个体经济、私人资本主义经济和国家资本主义经济，使各种社会经济成分在国营经济的领导之下，分工合作，各得其所，以促进整个社会经济的发展。”在这里，法律把民营经济表述为“私人资本主义经济”，并认为民营企业投资者已经形成了一个阶级——民族资产阶级，从而大大地突出了民营经济的政治性和阶级性，初步形成或者强化了民营经济与国营经济、合作经济之间、民营企业投资者与国内其他阶层的人民之间的对立格局。

产队统一安排下，从事不剥削他人的个体劳动”。这里使用了“剥削”的概念。1978 年《宪法》第 5 条规定：“国家允许非农业的个体劳动者在城镇或者农村的基层组织统一安排和管理下，从事法律许可范围内的，不剥削他人的个体劳动。同时，引导他们逐步走上社会主义集体化的道路。”这里，也使用了“剥削”的概念。另外，在改革开放之前，调整民营经济主要靠党和国家的各项政策，而在其中，则存在着大量政治色彩比较浓重的语言，更为充分地反映了当时我国对于民营经济的态度。改革开放以来，在官方法律文件中，不再使用“资本家”、“资本主义工商业”、“资本家所有制”、“剥削”、“民族资产阶级”等政治性的意识形态意义上的概念。在一些专门调整民营经济关系的法律文件，如 1988 年《中华人民共和国私营企业暂行条例》、《中华人民共和国合伙企业法》、《中华人民共和国个人独资企业法》中，使用的是“私营企业”、“民营企业”、“个人独资企业”、“合伙企业”、“投资者”、“合伙人”等法律概念；在大量的非专门调整民营经济关系的法律文件，如《中华人民共和国民法通则》、《中华人民共和国公司法》、《中华人民共和国乡镇企业法》、《中华人民共和国合同法》、《中华人民共和国行政诉讼法》、《中华人民共和国行政处罚法》、《中华人民共和国国家赔偿法》、《中华人民共和国刑法》、《中华人民共和国反不正当竞争法》、《中华人民共和国招投标法》、《中华人民共和国中小企业促进法》中，则使用了“公民”、“法人”、“个人合伙”、“公司”、“投资者”、“股东”、“乡镇企业”、“当事人”、“其他组织”、“中小企业”、“投标人”、“招标人”等中性概念，从而纠正了立法语言中的政治性色彩。

3. 保障手段上更具预测可能性

法律有效期限由“短期”到“长期”。在改革开放之前，由于国内经济政治形势的变动太快，当时制定的有关民营经济法律制度的适用时间就比较短，如对民营经济有原则规定的《共同纲领》的适用时间只是从1949年到1954年，只有短短5年；政务院1950年颁布的《私营企业暂行条例》在对民营经济的社会主义改造完成之后，在事实上丧失了其法律效力，实际有效时间也只有5年左右；1954年颁布的《公私合营工业企业暂行条例》，其立法目的在于“鼓励和指导有利于国计民生的资本主义工业转变为公私合营形式的国家资本主义工业，逐步完成社会主义改造”。[15]条例的工具性和适用时间上的暂时性非常明显；1954年宪法的适用时间稍长一点，从1954年到1975年的21年时间里，在实际生活中，相当长时期内宪法根本就不能发挥应有的作用，事实上没有效力；1975年宪法适用时间只有3年，时间之短创历史记录；1978年宪法适用时间也只有4年，后被1982年宪法所代替。

改革开放以来，我国制定了大量调整民营经济关系的法律、法规和规章，这些法律、法规和规章有的制定于20世纪80年代计划体制向市场经济体制过渡期间，带有明显的计划的色彩，因而不能很快地适应建立社会主义市场经济体

---

〔15〕《公私合营工业企业暂行条例》第1条。

制的要求，必须予以相应的修改或重新制定法律。但与以往不同的是，这些修改使得相关法律具有一定的延续性，即使是新的立法也能保持与旧的法律之间的延续性。前者如对1982年宪法相关规定的四次修正，后者如《中华人民共和国合同法》对《经济合同法》、《涉外经济合同法》和《技术合同法》的取代。这样就能够保证民营经济法律制度的稳定性，使得民营经济法律制度具有比较长久的法律效力，从而有利于民营经济的发展。

（四）我国民营经济权利保障历史演变的特点与经验教训

1. 我国民营经济权利保障历史演变的特点

（1）我国对民营经济权利的保障从无到有，不断完善。新中国成立后到社会主义三大改造完成，私有制在我国是存在的，通过改造后，转变成为社会主义公有制，但此后一直到1988年修宪为止，整个非公有制经济都处于宪法上的禁止状态，无法得到法律应有的保护。缺乏保护的原因主要有两方面：①公有制经济是社会主义经济的唯一组成部分的观点无法突破；②我国建国之初缺乏系统、规范和完善的法律体系，存在以政策代替法律的方式和现象。当然这是一个不断完善的过程，现行法律对民营经济权利的保障依然还有不足之处，这意味着还将继续完善相关立法。

（2）从形式保护过渡到实质保护。尤其是非公有制经济宪法地位得以确认之后，对民营经济权利的保障很大程度上是只保护一般的财产权，是把民营企业当作自然人看待，作为一个法人主体，对其产权的保护只是停留在形式阶段，更多的时候关注的是对国有资产的保护。随着市场经济的发展，对市场经济体制的完善已经进行了有益的探索，这种只保护国有经济而对民营经济比较忽视的做法，不利于市场经济的发展，因而法律上多了很多实质性的保护民营企业权利的规定。

(3) 法律内容由“体现计划经济体制要求”到“体现市场经济要求”。建国初期的民营经济法律制度体现了建立一元化指令性计划经济体制的要求。在新民主主义社会向社会主义社会过渡时期，国家要逐步实现对民营经济的社会主义改造，因此，要通过“加工订货、统购包销”方式将民营经济纳入计划调节轨道；要通过“公私合营”和“赎买政策”彻底实现对民营经济的社会主义改造；要通过对民营企业的歧视性对待，保障国营经济和合作经济的优先发展。“加工订货、统购包销”在法律上表现为对民营企业竞争权的限制；“公私合营”和“赎买政策”反映了对民营企业产权的逐步剥夺；对民营企业的歧视性待遇反映了对民营企业发展权的限制，从而最终使得民营企业丧失了生存权。[16]“保证优先发展国营经济”，[17]“保护合作社的财产，鼓励、指导和帮助合作社经济的发展”。[18] 1950 年《私营

---

〔16〕 1954 年《宪法》第 10 条规定：“国家对资本主义工商业采取利用、限制和改造的政策。国家通过行政机关的管理、国营经济的领导和工人群众的监督，利用资本主义工商业的有利于国计民生的积极作用，限制它们的不利于国计民生的消极作用，鼓励和指导它们转变为各种不同形式的国家资本主义经济，逐步以全民所有制代替资本家所有制。”

〔17〕 1954 年《宪法》第 6 条。

〔18〕 1954 年《宪法》第 7 条。

企业暂行条例》规定："为克服盲目生产，调整产销关系，逐渐走向计划经济，政府得于必要时制定某些重要商品的产销计划，公私企业均应遵照执行。"〔19〕 1954 年《公私合营工业企业暂行条例》规定："合营企业中，社会主义成分居于领导地位。"〔20〕 "合营企业受公方领导，由人民政府主管业务机关所派代表同私方代表负责经营管理。"〔21〕 "社会主义成分在企业内部同资本主义成分合作，并居于领导地位。"〔22〕 "合营企业应当遵守国家计划。"〔23〕 "合营企业应当分别划归中央、省、直辖市、县、市人民政府主管业务机关领导。"〔24〕 "人民政府财政机关和所属的交通银行，负责监督合营企业的财务。"〔25〕 从上述法律规定中可以看出法律在某种程度上对民营企业生存权的承认，对民营企业产权保护的弱化，对民营企业竞争权的剥夺，对民营企业发展权的限制，这些都很明显地体现了过渡时期的要求。〔26〕 在改革

---

〔19〕 1950 年《私营企业暂行条例》第 6 条。

〔20〕 1954 年《公私合营工业企业暂行条例》第 3 条。

〔21〕 1954 年《公私合营工业企业暂行条例》第 9 条。

〔22〕《中央财经委员会关于有步骤地将有 10 个工人以上的资本主义工业基本上改造为公私合营企业的意见》，载中共中央文献研究室编：《建国以来重要文献选编》第 4 册，中央文献出版社 1992 年版，第 152 页。

〔23〕 1954 年《公私合营工业企业暂行条例》第 4 条。

〔24〕 1954 年《公私合营工业企业暂行条例》第 23 条。

〔25〕 1954 年《公私合营工业企业暂行条例》第 25 条。

〔26〕 在 20 世纪 50 年代中期直到 80 年代初民营经济蛰伏的 20 多年时间里，国家对个体经济的法律规定构成了民营经济得以复兴的外部法律环境。在这段时期内，关于个体经济的法律制度体现了计划经济的要求。例如，1975 年《宪法》第 5 条规定："国家允许非农业的个体劳动者在城镇街道组织、农村人民公社的生产队统一安排下，从事在法律许可范围

开放以来，民营经济法律制度的发展日益反映出了现代市场经济发展的要求，这一点主要体现在对民营企业生存权、产权、竞争权和发展权四种权利的确认和保障上。从前文分析可以得知，改革开放以来我国民营经济法律制度的发展逐步实现了对民营企业的生存权、产权、竞争权和发展权的确认和保障，优化了民营企业生存和发展的外部法律环境，满足了民营企业参与市场竞争的需要，完全反映了现代市场经济的要求。

（4）保护方式逐渐成熟。在保护方式上体现了从间接保护到直接保护、从一般保护到一般保护与专门保护相结合、从不平等保护逐步走向平等保护等发展规律。

2. 我国民营经济权利保障历史演变的经验教训

我国对民营企业产权保护的整个刑事立法过程，可谓是充满了曲折，其中留给我们的历史教训也是极其深刻的。

（1）立法的缺失。立法缺失的根源是对社会主体应受法律保护之权利的不重视和漠然。这一点固然与我国特有的历史背景有关，但是从法律保护的角度看，这一缺失是应尽快完善的，但由于我国长期的姓“公”姓“私”、姓“社”姓“资”的争论而迟迟没有出台相关的法律。立法缺失的

围内的，不剥削他人的个体劳动”。第 9 条规定：“国家实行‘不劳动者不得食’、‘各尽所能、按劳分配’的社会主义原则。国家保护公民的劳动收入、储蓄、房屋和各种生活资料的所有权。”这些规定都体现了国家对个体经济的压制，从而杜绝了民营经济复兴的可能性，反映了高度集中的指令性计划经济体制的要求。

必然后果就是权利失却保障。在国外尤其是与中国一样以成文法为特征的大陆法系国家的刑事立法当中，都是把对个人法益的保护放在最前面，其次才规定对社会法益和国家法益的保护。这固然是与西方资本主义国家推崇私有财产神圣不可侵犯的法律理念有关，也是与其奉行“国家公权力是由人民的权利让度”的观点紧密相关。我国社会主义法治理念中，国家的公权力的地位有很大的强化，但是这不应以削弱公民私权利为代价。

（2）不平等立法。按照立法原理，任何的法律都应该是平等对待各个社会主体的，而且应该是以绝大多数人的权利为立法基准，同时保护少数人的基本权利。按照这一理论，立法中的不平等实际上是不公平的，而且这种不公平具有极强的“貌似合法性”。称其为“貌似合法性”，是因为其有一个法律文件的外衣，从自然法的角度看当然不能算是“良法”。

（3）政策先行弊端不少。由于历史的原因，在改革当中“摸着石头过河”，导致出现问题不能及时解决。我国很多法律的立法背景大多是出了问题出台政策，政策效果好就上升为法律。政策的最大弊端就是在政策出台而法律尚未颁布时出现无法可依的情形。以刑事诉讼为例，如果刑法没有相应的规定而政策上又是允许的，法官该如何裁判。另一方面，我国在政策出台后可能引起修宪，往往又要在修宪之后才会修法，而我国目前又没有完善的违宪审查制度，导致这些法律修改的滞后性。

（4）程序性保护的缺失。一个完整的法律体系应当是实体法与程序法并重的，只有这样才能更好地保护公民的权利不受非法侵犯。但是我国对民营经济进行保障时，程序法上的保护严重缺失，而且更由于实体法对该问题的确认也不十分的明确，导致程序上的问题陷入死结。

三、权利制度对民营经济发展的意义

（一）权利的合理配置问题

除了权利保障问题，我们也应当关心权利配置的影响。自从科斯于1960年发表《社会成本问题》以来，权利配置的经济影响，可以说已经成为常识：只要交易成本不为零，那么，权利如何配置，就会影响最终的效率。而在现实的世界里，交易成本当然不可能为零。因此，权利如何配置最终会影响效率的实现。[27]

在我们国家，经常会讨论到的情况是，在某个领域，权利本身被排除（禁止）或者排斥性地授予国有企业。以前不允许企业发行股票和债券是前一种情形的例子，而对私营企业存在的很多行业的进入禁止，则是后一种情形的例子。在法律上，通常表述为准入的权利，或者是民营企业与国有企业之间如何实现平等的问题。[28]

在权利本身被禁止的情况下，实际上就意味着在禁止的

---

〔27〕 Ronald H. Coase, "The Problem of Social Cost", 1960 Journal of Law and Economics III, October, 1 ~44. Reprinted in James M. Buchanan ed., Landmark Papers in Economics, Politics and Law, 2001.

〔28〕 在浙江大学法学院为本课题召开的学术讨论会上，这个问题成为学者们关注的热点问题。

相关领域内不存在任何经济活动或者只存在地下的交易活动(所谓的地下经济):如果法律禁止发行股票,那么,要么不存在发行股票和交易股票的活动,要么存在的只是不受到正式法律制度保障的地下股票发行和交易活动。地下交易活动的经济影响,这里受篇幅影响,不展开讨论。我们侧重关注前一种情形。除非禁止的领域在伦理上被认为是不可接受的(因而无需考虑其经济后果),否则,我们很难相信,我们能有充分的知识上的根据认为,法律禁止的领域对效率的影响一定是负面的。相反,正如哈耶克所论证的那样,与经济活动相关的知识的分布是分散的,任何一个个人或者机关,所能够知道的,都只是零碎的和局部的。[29] 因此,即使是立法机关也无法确定,某个领域的存在与否对经济效率的影响,究竟是正面还是负面。如果我们把所禁止的领域理解为一个市场,考虑到市场间相互促进的作用,我们反而有充分的理由相信,解除禁止肯定能促进整个社会经济效率的提高,正如我国改革开放以来的经济发展历程所验证的那样。

在权利排他性地授予国有企业,甚至仅仅授予是一个或者几个国有企业的情形下,其影响如何呢?显然,这里同样有决策的知识根据问题。举一个很简单的物权配置的例子。如果让政府机关或者立法者来决策的话,从效率的角度出发,例如,一辆奔驰,应当配置给能使其产生最大效用的

[29] F. A. Hayek, "The Use of Knowledge in Society", 1945 American Economic Review, XXXV (4), September, 519 ~ 530. Reprinted in James M. Buchanan ed., Landmark Papers in Economics, Politics and Law, 2001.

人。但是，政府或者立法机关如何能够知道谁最想要这部车呢？实际上，为了发现最想要这部车的人，最好的办法就是拍卖，通过愿意支付货币的数量来显示。这实际上已经利用了一个市场——拍卖市场。市场体系的价格机制正是这样起作用的。在市场里，人们必须彼此竞争，通过出价来获得自己想要的权利。而这个竞争的过程，也就是资源配置所需要的知识的发现的过程。[30] 当这个竞争过程付之阙如时，我们只能说，分配过程是没有知识上的根据的，因而，也不可能是符合效率标准的。[31] 经济学上也早已证明，在垄断经营状态下，一定会存在福利损失。所以，我们可以合理地推断说，当解除进入管制，消除国有企业的垄断经营或者寡头经营的状态，一定能促进整个社会福利水平的上升。

（二）缺乏权利保障制度的民营经济会是怎样的

当权利无法获得保障时，依具体情况不同，权利或者变得残缺，或者根本失去意义。对于企业家来说，这就意味着他们无法获得他们想要的东西，或者发现他们获得的，不是他们原来以为得到的东西。其结果就是，企业家发现，他们所拥有权利的货币价值，因为缺乏权利保障而下降甚至变为零。由此而带来的对经济发展的影响可以分为五个方面，分述如下：

---

〔30〕［英］哈耶克：“作为一个发现过程的竞争”，载哈耶克：《经济、科学与政治——哈耶克论文演讲集》，冯克利译，江苏人民出版社 2003 年版，第 120 ~132 页。

〔31〕即使有，那也只能是误打误撞，碰巧而已，并且难以持续。

1. 缺乏权利保障制度导致企业家缺乏进取精神，新财富的创造动力不足

既然获得权利本身都要花费成本，那么，权利价值减损的结果就是，企业家在追求权利时，愿意付出的成本将降低，甚至变为零。换言之，企业家将失去努力追求获得权利的激励，至少会减少其激励，甚至彻底失去激励。[32] 也就是说，企业家将变得不思进取，不去利用其所拥有的知识（哈耶克意义上的）去创造财富。显然，由此带来的结果就是民营经济活动水平的下降。并且，如果不存在替代性的情况（例如由国有企业填补产生的空缺），由此而导致的总体影响就是，由于民营经济活动水平的下降，整个经济活动的水平也随之下降。

2. 缺乏权利保障制度导致既有财富无法得到有效的利用，导致短期消费的大量增加

不仅仅是未创造的财富不能增加，已经创造的财富也无法得到有效的使用。既然权利得不到保障，企业家就不是利用财富去创造财富（那只有在权利得到保障的情况下才会去做的事），而是利用已经创造的财富去消费，甚至是完全无益的消费，如赌博。我们可以用温州案例来说明以上两种情况。

1982 年上半年，温州开展了打击投机倒把的活动。温

---

〔32〕 这里我们假定企业家是理性人。

州的“八大王”——因从事个体私营经济活动而冒富的温州最早一批私营业主当中的佼佼者——以投机倒把罪被判刑。[33] 温州第二产业发展速度也相应地由1980年的31.5%、1981年的7.0%，迅速下降到1982年的-1.7%。[34] 在时任市委书记袁芳烈的主持下，召开了在温州经济发展历史上具有重要意义的“两户”（专业户、重点户）会议，为“两户”正名，并提出了“五个允许”、“五个支持”政策，[35] 允许除粮食、木材外的其他农副产品的产销直接见面，允许个体行商和流动购销专业户长途运销。换言之，肯定了自然人参与营利性交易的权利，并带来了温州经济的快速增长。

我们知道，《城乡个体工商户管理暂行条例》到1987年8月才颁布。根据这个条例，个体工商户获得了开设账户、带帮手等权利。那么，在此之前实际存在的个体工商户只能以其他方式存在：采取挂户经营的方式，给自己戴一个“红帽子”。换言之，个体工商户挂靠在拥有合法生存权的国有或者集体企业名下，在对外交易中，借用后者的银行账

---

〔33〕 到1984年，中央一号文件下发，明确提倡“发展农村商品经济，搞活流通”，袁芳烈据此马上提议，给“八大王”平反。即使是根据最高人民法院和最高人民检察院1985年的相关规定，我们能得出的结论也是可以不给八大王平反：“按当时政策法律规定，处理得正确，但与当前政策法律规定不符合的，一般不要改判；其中刑期较长的，可以用依法减刑、假释的办法解决”。

〔34〕 仇勇：“浙江：中国私营企业之都”，载《商务周刊》2002年12月16日。

〔35〕 杨海鹏、翟明磊：“温州自费‘改革’的悲喜”，载《南方周末》2001年7月。http://weather.people.com.cn/GB/shizheng/252/9387/9388/20021105/858781.html.

号、介绍信、合同和发票。[36] 然而，在正式的登记资料上，本应属于个体工商户的财产归属也相应地被登记为全民所有或者是集体所有。也就是说，在挂户经营的情况下，财产权的归属上会存在名与实的不一致，从而产生相关的问题。1985年，"红帽子企业"柳市物资储运服务站的两个合伙人分掉了8.6万元的利润。1986年6月，他们被刑拘后，又以贪污罪判刑。[37] 这意味着以名论实，从而也就意味着否定了个体工商户以及合伙人所享有的财产权。虽然在董朝才表态后，法院宣告两个农民无罪。然而，温州的这些挂户经营的人已经感觉到了危机。既然财产权无法获得保障，他们对应的方法也很简单，都是短期消费：盖房子、造坟、赌博。在袁芳烈的继任者董朝才的主持下，温州颁布了8个行政法规，承认"个体挂户经营"、"私人企业"、"股份合作企业"的合法性。其中，有关"个体挂户经营"、"私人企业"、"股份合作企业"的三个法规，为全国首创。[38] 由此奠定了温州民营经济在全国领先的制度基础。

3. 缺乏权利保障制度导致资本外逃，使得资本更加缺乏

在权利得不到保障的情况下，使用财富的另一种可能性，就是资本外逃。以俄罗斯为例，由于政局不稳，导致大

〔36〕 张仁寿、李红：《温州模式研究》，中国社会科学出版社1990年版，第77页以下。

〔37〕 杨海鹏、翟明磊："温州自费'改革'的悲喜"，载《南方周末》2001年7月。http：//weather.people.com.cn/GB/shizheng/252/9387/9388/20021105/858781.html.

〔38〕 杨海鹏、翟明磊："温州自费'改革'的悲喜"，载《南方周末》2001年7月。http：//weather.people.com.cn/GB/shizheng/252/9387/9388/20021105/858781.html.

量的资本外逃。根据俄加合作研究项目的估计，加上 1992 ~1993 年间的资本外逃数额（估计为 560 亿 ~ 700 亿美元），到 1997 年 9 月底，俄罗斯资本外逃总量为 1 250 亿 ~ 1 400 亿美元。俄罗斯的资本外逃水平超过了巴西、委内瑞拉、墨西哥和秘鲁在 1979 ~ 1987 年间的资本外逃水平。[39] 资本外逃加剧了资本不足，导致国家的经济增长下降甚至陷入衰退。

4. 缺乏权利保障制度导致静态资本无法得到有效利用

也就是说，不考虑前面的企业家不想利用既有资本的情况，即使企业家想利用既有资本，在缺乏相关制度的支持下，也无法得到有效的利用。这里，为了能够充分地说明这个问题，我们不厌其烦地引用索托的一段长文：

“在亚洲、非洲、中东和拉美，在一个个街区和一个个农场，即使是最穷的人也拥有能使他们在资本主义下成功的资产。即使是在最穷的国家，穷人也在储蓄。而穷人们的这些储蓄数量总计是 1945 年以来整个世界所接受的外国援助价值的 40 倍！比如，在埃及，穷人所积累的财富是该国历年来外商直接投资总和（甚至包括对苏伊士运河和阿斯旺大坝的投资）的 55 倍！拉美最穷的国家海地，其穷人所拥有的财产是海地自 1804 年独立以来所获得的外商直接投资总额的 150 多倍！即使美国将其对外援助预算提高到联合国所提议的水平，即占国民收入的 0.7%，那么这个世界上最

〔39〕 王廷惠：“俄罗斯资本外逃：原因、影响及政府的对策”，载《国际金融研究》2000 年第 10 期。

富裕的国家也得用150年时间，才能使其援助总额达到目前这些国家已经拥有的资产总值。

然而，这些穷国的人们所拥有的巨额资产却处于一种不完整的状态：住宅建筑在所有权没有获得合法登记的土地上，合伙开办的生意没有明确的责任界定，而企业则开在金融家和投资者根本就不可能注意到的地方。由于他们对自己的财产的权利并没有完整的登记文书，所有这些财产也就不能顺利地转化成资本，不能在超出熟人和彼此信任的小圈子以外进行交易，不能被用来作为贷款担保，也不能股份化以引进外部的投资。

与此相反，在西方，每一块土地、每一幢建筑、每一件设备，或者商店的存货（store of inventories）都体现在财产权文书（property document）中，都是一个无所不包的隐藏的程序把这些财产转换成一种看得见的符号（the visible sign），使之与外部经济联结起来。正是由于这种象征性程序（representational process），财产才能在其物质存在之外还具有某种并列的看不见的生命。它们可以被用来当作信贷的担保。在美国，新开办企业融资的最重要的途径是企业家用自己的住宅作抵押申请贷款。这些资产也为回收债务和征税提供了很保险的地址，为创造可信赖的和普遍的公共效用（public utilities）提供了基础，为创造可以再贴现并能在二级市场出售的证券（比如抵押债券）也提供了基础。正是通过这些途径，西方人赋予了财产以生命，使之成为了资本。

而第三世界和前共产主义国家则没有这样一套象征性程序，结果就是绝大多数国家出现资本短缺，同样，企业也面临资本短缺，它所能发行的证券的数量跟其收入和资产远不相称。穷国的企业绝大多数都无法发行股份或债券以吸收新的投资和资金。由于没有象征物（representations），他们的资产就是不能流动的资本（dead capital）。

这些国家的穷人——占总人口的5/6——都拥有某些东西，但他们却缺乏某种程序来代表他们的财产从而创造资本。他们有住房但却没有所有权（titles）；他们生产农作物却没有契约；他们有企业但却没有公司章程。正是由于缺乏这种根本性的象征物，才能解释这些国家采用了西方的每一项发明，从纸夹到核反应堆，但却不能形成足够的资本以使其国内的资本主义制度顺利运转。”[40]

也就是说，由于缺乏相关的权利界定和权利保障机制，权利主体所拥有的那些“权利”，实际上并没有办法成为法律上的权利，无法得到官方正式法律制度的支持，从而无法得到有效的利用，而只能依赖于非正式的制度，在熟悉的私人圈子里的小范围内进行交易。索托认为，这正是发展中国家一直是发展中国家的根本原因：没有权利的有效界定和保障，就没有充足的资本，又如何可能使国家成为强国呢？

---

〔40〕 Hernando de Soto，“资本的五个秘密”，秋风译，资料来源：思想评论网 http：//www. sinoliberal. net/economic/mystery% 20of% 20capital% 20chapter% 20one. htm. 也可参见［秘鲁］赫尔南多·索托：《资本的秘密》，王晓冬译，江苏人民出版社2001年版，第5～6页。

5. 缺乏权利保障制度使得更为复杂的有利于经济发展的制度无法形成

现代市场经济是一个复杂的以合同为基础的经济，当权利制度缺乏时，一些更为复杂的制度无法形成。举例来说，我们所有的交易都是以对物的权利为基础的，债权合同的履行，在几乎所有的情形都要涉及到物权的变动。因此，如果物权无法得到保障，则意味着债权合同就更加得不到保障。当债权合同得不到保障时，以债权合同的有效性为前提的其他合同，例如，以应收账款为抵押贷款的合同，安全性就更值得怀疑了。当安全性得不到保障时，这些更为复杂的合同当然就无法得到发展，而资源就无法得到更快的流转和更充分的利用。如果简单地下定论的话，在缺乏有效的权利制度的情况下，金融市场的运作一定是有问题的，而一国金融市场的运作出现问题，则该国经济发展迟早是要发生问题的。我国产生的大量银行坏账和由此而潜藏的金融风险，与银行债权得不到有效保障，显然是分不开的。

上述五个方面，最终既会影响民营经济发展的质量，也会影响其数量。而这种影响，有些方面是直接的，有些方面则是间接的。例如，削弱企业家的进取精神，是直接的影响，而对资本利用效率的影响、对制度形成的影响，则应当属于间接的影响。

四、民营经济权利保障现状的经验验证

（一）希望验证的基本命题

以上五个方面所述，是我们根据理论上所持的假设（主要是理性人的假设）所推导出来的结论。是否与事实相符，则有待验证。由于条件的限制，我们无法对上述所有的方面进行验证。我们侧重于通过考察权利保障与民营企业发展之间的关系进行验证。[41] 而在这两者间的关系上，又选择目前舆论和学术界普遍认为比较重要的命题进行验证。为了验证这些命题，我们进行了问卷调查。我们希望验证的命题（以下称为假设，因为还有待验证，故称假设）如下：

假设一：对民营企业来说，更需要担心的是来自公权力机关而不是私人对其权利的侵害

根据2004年12月18日浙江大学法学院“权利保障与私营经济发展”学术讨论会上得出的结论，大部分与会学者认为，这个假设是成立的。对这个假设，可以从两个角度来理解：①来自公权力机关的侵害有中国特殊性，或者说，能够由此进一步看出中国现行制度的特殊性，而来自私人的侵害，则看不出这一点。从这样的角度来考虑，我们应该以

---

〔41〕“民营企业发展”与“民营经济发展”，这两个概念是否有区别，取决于我们对“企业”定义的宽窄，如果把“企业”定义的外延放得很宽，则两个概念基本相同，反之，则民营经济是一个比民营企业更大的概念。在经济学上，企业是一个很宽泛的概念，而在法学上，则是一个窄得多的概念，一般包括合伙以及具有法人资格的营利性组织，而个体工商户则不被认为是企业。

公权力机关——而不是私人——侵害民营企业权利的情形为关注重点。②民营企业所受到的侵害，事实上可能更多地来自于公权力机关，或者说，民营企业更担心来自于公权力机关的侵害。显然，前一种情况无法验证（纯粹的理解的问题），因此，我们主要验证后一种情况。参见问卷的问题5。

假设二：在中国，普遍存在公权力机关或者官员对民营企业权利的侵害

根据相关媒体报道，或者某些私营企业主的抱怨，可以得出这么一个假设。但是，究竟是否如此，则必须验证。参见问卷的问题6。

假设三：在中国，公权力机关或者政府官员对民营企业权利的侵害程度，在地区间存在差别

我们知道，中国各地区的民营经济发展水平差距很大。如果我们认为权利制度对于民营经济发展至关重要，那么，由此反推，就可以认为，各地对民营企业权利的保障，一定存在很大差别。对这个假设，我们不是直接进行设问来验证的，而是通过下面的几个更小的假设来验证：

（1）对民营企业权利保障程度的差别，与当地的经济发展水平有关（包括当地的财政状况、盈利企业的数量等）。

（2）对民营企业权利保障程度的差别，与政府是否搞形象工程有关（政府的政绩压力）。

（3）对民营企业权利保障程度的差别，与企业所在的行业的管制程度有关。

参见问卷的问题12。

假设四：在企业权利受到公权力机关的侵害时，企业很

少到法院起诉

可以肯定，如果企业经常去法院起诉，说明法院能够约束政府，那么，政府对企业权利侵害的情形就会很少发生。反过来，政府经常侵害企业权利，说明企业不会或者不能寻求以诉讼的方式来解决问题。参见问卷的问题8。

假设五：当企业经常受到来自公权力机关的侵害时，对民营企业的发展产生了影响

这是根据我们的命题会得出的结论。但影响程度如何，则需进一步加以验证。参见问卷的问题2和问题13、14。

假设六：当企业经常受到来自公权力机关的侵害时，民营企业会采取一些措施来防范和规避。这些规避措施，会对民营经济的发展，产生负面影响

如果经常受到侵害，企业采取防范措施，是可以很简单地推出来的（只要防范的成本低于收益），但是，这些措施对民营经济发展的影响，则需加以验证。显然，影响程度取决于采取什么样的措施，不同措施，影响程度不同。参见问卷的问题11。

假设七：公权力机关在选择侵害对象时，会存在歧视

也就是说，不是所有的民营企业都受到同等程度的歧视。这也是在媒体报道中容易发现的一个问题。在验证时，我们试图找出歧视的标准，即根据什么来进行区别性对待。我们找出几个标准：是否努力与政府部门保持良好关系；企业家是否担任人大或政协代表；企业中是否有人在政府部门工作过。参见问卷的问题11、16、17。

假设八：公权力机关之所以能够经常侵害企业权利，是因为企业必须在很多事情上依赖政府的帮助

换言之，政府权力过大，是问题发生的根源。参见问卷的问题18、16、3。

假设九：当政府政策发生不利于企业的变动时，民营企业一般是受害者

这是一个可以不去验证的命题，理论意义与前面所述的存在差别。参见问卷的问题19。

（调查问卷的具体内容参见附件）

（二）调查的情况和基本结论

共发放问卷128份，包括浙江所有的地区。收回问卷41份，有效问卷26份。根据回收的有效问卷，假设验证的基本情况如下：

假设一的回答情况见表3。回答肯定权利侵害的主要来源是公权力机关的，只有35%；回答来自于公权力与私人侵害两者差不多的有53%，两者合计88%。回答主要来自于私人侵害的，只有6%。因此，总体来看，对民营企业来说，更需要担心的可能是来自公权力机关的侵害。

表3：权利侵害来源

侵害来源	百分比（%）
公权力	35
私　人	6
以上两者差不多	53
没回答	6

假设二的情况具体见表4。最多的情况是过年过节送

礼，占22%；第二、三位是车辆被借用，以及为官员的亲友安排工作，分别为15%和14%；第四位是政府违约，为12%；第五位是摊派，为10%；第六位为获得审批送礼，为7%；索贿、提前征税、没有回报的集资、借钱以及没有遇到任何一种侵害的，都是2%。从回函来看，侵害是普遍存在的，侵害的方式也多种多样。值得注意的是，侵害又更多以“灰色”形式出现，例如，过年过节的送礼，车辆借用以及安排工作等等，赤裸裸的索贿则比较少见。

表4：侵害方式

侵害方式	百分比（%）
过年过节送礼	22
车辆被借用	15
为官员亲友安排工作	14
政府违约	12
摊派	10
为获得审批送礼	7
来企业检查要招待一番	5
来企业报销发票	5
借钱	2
提前征税	2
没有回报的集资	2
索贿	2
没有遇到上述任何一种侵害	2

假设三的情况见表5。普遍认为公权力侵害权利与当地的经济发展水平有关（72%），部分认为与当地的民营企业的数量有关（20%），还有部分认为与政府搞政绩工程有关（8%），很少认为与管制程度有关，这可能是因为被调查企业很少属于受管制行业的缘故。

表5：导致公权力侵害权利的影响因素

影响因素	百分比（%）
当地经济状况	72
民营企业数量	20
政绩工程	8
管制程度	0

假设四的情况见表6-1。会到法院起诉，以正式的法律作为纠纷解决的，只有4%，并且，相当高的比例认为只有忍受，而没有更好的办法（32%）。即使选择抗争，也更多地求助于上级部门（20%）、领导（16%）以及行业协会（16%）。借助于媒体的，比例也不高（4%）。

表6-1：救济途径

救济途径	百分比（%）
没有什么办法，只有忍受	32
投诉到上级部门	20
找领导	16
求助于行业协会	16
求助于人大或者政协	8
到法院起诉	4
找媒体曝光	4

为什么不到法院起诉呢？这是非常值得关注的（见表6－2）。大部分企业主要是担心诉讼会把关系搞僵，影响以后的关系（63%）。部分认为是法院审理时间过长（23%）。很少的比例认为法院缺乏独立性（9%）以及判决执行力差（5%），没有人认为是因为法院无权受理。

表6－2：不到法院起诉的原因

不到法院起诉的原因	百分比（%）
起诉会影响以后与政府的关系	63
法院审理时间过长	23
法院缺乏独立性，也得听政府的	9
判决执行力差	5
法院无权受理	0

假设五的情况见表7。对企业的主要影响是企业的总经理不得不花时间处理好与政府各部门的关系（45%）。值得注意的是，认为对企业没有太大影响的，比例也很高（23%）；认为对企业影响很大，导致企业陷入困境的，为14%；认为导致企业错过了很多发展机会的，为9%；认为导致企业利润减少的，为9%。这表明，在浙江，民营经济发展的政府环境相对还可以，而企业在应对的策略上，主要采取预防的措施。

表 7：公权力侵害权利对企业发展的影响

公权力侵害权利对企业发展的影响	百分比（%）
老总要花很多时间来处理好与政府的关系	45
对企业没有什么太大的影响	23
使企业举步维艰，甚至陷入困境	14
使企业的利润摊薄了	9
使企业错过了很多发展机会	9

假设六的情况见表 8。权利屡受侵害会导致资本外流，包括把企业迁往保护状况好的地区（37%），在外地办分公司（21%）以及减少自己的资金投入（13%），三者合计高达 71%。相当高的企业考虑与当地领导搞好关系（25%），很少的比例选择办护照（4%）。

表 8：权利屡受侵害的规避措施

权利屡受侵害时企业采取的规避措施	百分比（%）
把企业迁往保护权利较好的地区	37
与当地领导搞好关系	25
在外地办分公司	21
利用当地资金，减少自己的资金投入	13
办外国护照	4

假设七的情况见表 9－1。与政府搞好关系的主要目的是办事方便（38%），而不是为了预防政府各部门的故意刁难（10%）或者动不动来检查（14%）。为了获取额外利益

的也不少（额外优惠17%，贷款21%）。

表9－1：与政府部门搞好关系的目的

与政府部门搞好关系的目的	百分比（%）
办事方便一些	38
获得贷款	21
获得额外优惠	17
政府部门不会动不动来检查	14
不会来故意刁难	10

民营企业家当人大代表或者政协委员的经济利益也很明显（见表9－2），包括办事方便（47%）、减少政府部门的刁难（19%）以及降低检查频率（5%）。值得注意的是，也有很多企业认为没有什么好处（29%）。

表9－2：当人大代表或者政协委员的好处

当人大代表或政协委员的好处	百分比（%）
办事方便	47
没什么明显的好处	29
来刁难的政府部门少	19
不会动不动来检查	5

假设八，我们针对两个问题来进行验证。

第一个问题是，创造有利于民营企业发展的外部环境，主要取决于什么？这个问题可以验证在民营企业的眼中的我国的法治化程度（见表10－1）。法治化程度越高，则政府侵害权利的可能性就越低。大部分认为主要取决于国家立法(45%)，相当大的比例认为依靠党的政策（27%）或者是当地领导（8%）。总体来看，法治化的程度不高。

表 10－1：有利于民营企业发展的外部环境的因素

有利于民营企业发展的外部因素	百分比（%）
国家立法	45
党的政策	27
当地领导	8
当地经济状况	8
主要取决于自己，与外部环境关系不大	8
直接主管的政府部门	4

第二个问题是，民企在发展中在哪些事情上特别需要政府的帮助?（见表 10－2）结果，前四位分别是：获得土地(27%)、很多事情都离不开政府的帮助（26%）、获得银行贷款（19%）、上市融资（11%）。因此，总体来看，政府的权力较大，可能是问题存在的根源。

表 10－2：民营企业需要政府特别帮助的事项

民营企业需要政府特别帮助的事项	百分比（%）
获得土地	27
很多事情都离不开政府的帮助	26
获得银行贷款	19
上市融资	11
解决劳工问题	9
获得开业审批	4
保护企业知识产权	4

假设九的情况见表 11。主要是验证在民企的角度如何看待民企与国企之间的地位差别。大部分民企认为，民企和国企的地位总体上差不多，各有各的难处，甚至还有 6% 认为民企实际上受到优待，认为民企受到歧视的，只有 22%。我们还调查了一个具体的问题，即政府紧缩银根时，民企是否首先受损？67% 认为不是，只有 33% 认为是。

表 11：与国企相比，民企确实受到歧视吗？

民企确实受到歧视吗	百分比（%）
民企受到歧视	22
民企受到优待	6
总体上差不多，民企与国企各有各的难处	72

五、财产权与平等权保障状况的分析

（一）财产权保障的分析

财产权的切实保障是民营经济作为“权利主体”人格真正确立的必要条件。与世界各国宪法一样，我国宪法对私有财产权的保护也经历了一个逐渐演变、不断完善的过程，涉及民营经济的财产权保障与宪法对于所有制或曰经济成分的划分和态度是密切联系的。

两者交错并进的过程在根本意义上是我国现代化建设实践在摸索中前进的过程，是经济、政治制度不断完善的过程。新中国建立之初，为恢复国民经济，实现向社会主义的过渡，作为过渡时期临时宪法的《共同纲领》对于财产权保护的根本方针是“公私兼顾，劳资双利”，具体而言，就是照顾和调剂“国营经济、合作社经济、农民和手工业者的个体经济、私人资本主义经济和国家资本主义经济”等五种经济成分。在该临时宪法的光辉指引下，人民政权成功完成了各项历史任务，在1953年开始了第一个五年计划。为适应社会发展的需要，1954年第一届全国人大通过了新中国第一部宪法，该部宪法中不仅确认了共同纲领中规定的五种经济成分，而且明确列举了“现在主要有”的四种生产资料所有制，即全民所有制、集体所有制、个体劳动者所有制和资本家所有制。由此，1954年《宪法》一方面规定国家对非公有制经济，尤其是资本主义工商业进行社会主义改造，另一方面也确认了当时多种生产资料所有制形式并存的情况，规定国家依照法律保护公民的各种生活资料的所有权，从而在新中国的第一部宪法中确立了比较完善和符合过渡时期国情的民营经济定位制度。文革时期及文革后期的两部宪法在极左路线的影响下，两部宪法对公民私有财产的保护，只限于人们依照按劳分配原则从参加国家或者集体组织的劳动中获得的生活资料的所有权。党的十一届三中全会后，全党全国的工作重点转移到社会主义现代化建设上来和实行改革开放的战略决策，决定对过分集中的经济管理体制进行改革，允许一部分人先富起来。1982年《宪法》第11条反映了这一重大经济政策的转变：“在法律规定范围内的城乡劳动者个体经济，是社会主义公有制经济的补充。国家保护个体经济的合法的权利和利益”。“国家通过行政管理，指导、帮助和监督个体经济。”这些规定肯定了个体经济的合法地位。在财产权的保障方面，1982 年《宪法》不仅以 1954 年《宪法》为蓝本恢复了其对私有财产保护的规定，而且将保护范围从“各种生活资料”扩展到生产资料即所谓“其他合法财产的所有权”。这就是《宪法》第 13 条规定的：“国家保护公民的合法的收入、储蓄、房屋和其他合法财产的所有权。”〔42〕

表 12：现行宪法及其修正案与民营经济发展历程〔43〕

时间	修改内容	所满足的制度需求	作用
1982 年宪法	《宪法》第 11 条“在法律规定范围内的城乡劳动者个体经济，是社会主义公有制经济的补充。国家保护个体经济的合法的权利和利益”。	个体经济的合法性	民营经济的新生
1988 年修正案	《宪法》第 11 条增加规定：“国家允许私营经济在法律规定的范围内存在和发展。私营经济是社会主义公有制经济的补充。国家保护私营经济的合法的权利和利益。”	私营经济的合法性	民营经济的快速发展

〔42〕 参见张庆福、任毅：“论公民财产权宪法保障制度”，载《法学家》2004 年第 4 期。

〔43〕 茅于轼、张玉仁：“中国民营经济的发展和前景”，亚洲开发银行课题，资料来源：http：//www. usc. cuhk. edu. hk/wk_ wzdetails. asp？ id = 1426.

时间	修改内容	所满足的制度需求	作用
1999 年修正案	《宪法》第 11 条"在法律规定范围内的个体经济、私营经济等非公有制经济，是社会主义市场经济的重要组成部分。国家保护个体经济、私营经济的合法的权利和利益。"	肯定民营经济的作用和地位	民营经济的全面兴盛
2004 年修正案	《宪法》第 11 条"国家保护个体经济、私营经济等非公有制经济的合法的权利和利益。国家鼓励、支持和引导非公有制经济的发展，并对非公有制经济依法实行监督和管理"。《宪法》第 13 条："公民的合法的私有财产不受侵犯。""国家依照法律规定保护公民的私有财产权和继承权。"	各种经济成分平等（扫除民营经济的制度歧视，获得"国民待遇"）	民营经济发展的新时代

中国民营经济之所以得到快速、健康的发展，根本原因之一在于十一届三中全会所确立的改革开放的基本国策赋予其产生与发展所需要的制度环境。1982 年宪法颁布之后，我国主要是通过调整社会主义经济制度来提高对私有财产的保护。现行宪法及其修正案，都一定程度地满足了民营经济发展的制度需求，促进了民营经济的长足发展。

值得回味的是 2004 年通过的第四修正案中，在第 13 条第 1 款中加入了"合法的"之定语，虽有累赘之嫌，但却颇有深意，与该条的第 2、3 两款的法律保留精神形成了一脉相承的关系。[44] 第 2 款则直接表达了类似于德国式的财产权内容的法定主义，而第 3 款则表达了许多国家均采用的补偿法定主义。总而言之，整个规范采用了财产权法定主义的原则，是法律保留原则的典型体现。依据法律保留式的相对保障模式，财产权“内容由法律规定”、“在法律的限制之内”或“在法律的范围内”予以保障，“其例外依法律规定”以及“非依法律不得限制”等，从而为其他立法对这些人权的限制留下了余地。其结果是，宪法上虽然规定了各种人权，但这些人权是否得到保障、如何得到保障、在何等程度上得到保障等等，就视普通法律是怎么具体规定的。这一相对保障模式乃属于直接通过规范对基本人权的保障，[45] 也有学者称之为“基本权”保障。[46] 与之相对应的是“制度性保障”（institutionelle Garantie）。在宪法教义学开展“制度性保障”理论的，首推魏玛时期的宪法学者施密特（Carl Schmitt）。其理论主要建立在“基本权”与“制度性保障”的差异上。依其见解，“基本权”是个人针对国家所拥有之前于国家而存在，并立于国家之上的权利（vor – und ueberstaatliche Rechte），其性质是一种针对国家的防卫权。“制度性保障”则涉及，在国家之内（innerhalb des Staats）

---

〔44〕 现行《宪法》第 13 条第 2、3 款规定，国家依照法律规定保护公民的私有财产权和继承权。国家为了公共利益的需要，可以依照法律规定对公民的私有财产实行征收或者征用并给予补偿。

〔45〕 除了相对型保障模式外，属于直接通过规范对基本人权的保障尚有绝对型保障模式、折衷型保障模式。

〔46〕 参见陈爱娥：“‘司法院’大法官会议解释中财产权概念之演变”，载李建安、简资修主编：《宪法解释之理论与实务》。

由法律所认可的制度，其目的在于：阻止一般立法行为来废弃前述制度；然而——在维持制度本身存续的条件下——立法者仍得借其立法权改变制度的内涵。[47] 它不是直接对某种人权进行保障，而是对某种特殊的制度进行保障，或建立了某种制度，但这类制度的内部结构中存在着与人权有关的因素，为此，通过对这类制度的保障，也会对其中所涉及的人权产生间接性的、补充性的保障。[48] “制度性保障”说在战后德国的公法理论以及判例中有所沿承也有所嬗变。新说与施密特将制度与自由严格区分的理论构成不同，而是将自由权利本身直接理解为一种“制度”，如出版自由即被认为是一种自由的出版得到保证的制度。这一新理论被称之为“作为制度的基本权”或“制度性的自由”理论。这是结合了基本权保障模式和制度性保障模式的理论取向，也是现行宪法对财产权保障的取向。

---

〔47〕 参见陈爱娥：“‘司法院’大法官会议解释中财产权概念之演变”，载李建安、简资修主编：《宪法解释之理论与实务》，第 401 页。

〔48〕 该理论的要旨可概括为以下三点：①除了对个人基本权利的纯粹的、直接的保障之外，宪法还对一些在历史上所形成的传统的制度，即特定的“客观的制度”加以保障，如大学自治、婚姻制度等。②然而宪法对该类制度的保障并非保障这些制度的现状，而是保障这些制度的“本质内容”，换言之，国家可根据立法对这些制度的周边部分进行界定和变更，但不可侵害其核心部分。③制度当然有别于自由权利本身，但制度对于个人自由的保护与强化则具有补偿的功能。该理论最初发轫于魏玛宪法时期的德国，卡尔·施密特总其成，并成为当时德国宪法学上的通说。（转引自［日］芦部信喜：《宪法学》，有斐阁 1994 年版，第 87 页以下）由于《宪法》中涉及财产权的第 13 条设置于总纲之中，有学者主张这倾向于制度性保障模式。

对民营经济中的财产权问题的讨论，不得不置于所有制的拟制划分的背景中。在这一背景中，财产权不仅要保障，而且要以平等的方式得到保障，这一提法听来非但不累赘，而且显现出强调对民营企业财产权平等保护的问题意识。

（二）平等权的规范视角下的差别对待

民营经济所受到的差别对待，不仅在财产权上，在市场准入、融资渠道、税费负担、出口贸易等诸方面都如此。民营经济受到差别对待的状态可以追溯到计划经济时期，受到其他经济主体的压制，被视为经济领域的另类。[49] 以私有产权为基础的民营经济是在公有制的缝隙中发展起来的，在各种性质的经济形式中，法律上身份待遇较差。市场经济体制的确立与完善为此状态的改善提供了制度需求与可能，而无差别对待状态的达成非朝夕之工。笔者认为，平等问题是民营经济权利保障现状的一个基础问题，社会学家、经济学家概括的民营经济发展的三大障碍，财产权问题、市场准入问题、融资渠道问题，这些其实都可以归结为差别待遇的问题。

1. 差别对待的现象分析

在同一个市场中，民营企业处于硬约束中，而国有企业处于软约束之中，[50] 前者必然处于不利地位。例如，由于

〔49〕 王福友：“民营经济地位的法理分析”，载《商业研究》2004 年第 8 期。

〔50〕 有学者列举，近年来政府关闭了大量“五小企业”（小煤矿、小造纸、小水泥、小纺织、小化肥），其中很大一部分是民营的。这些“五小企业”技术很落后，但是经营效率很高，生产成本低，是国企的有力竞争对手，此关闭行为至少在客观效果上是对国营企业的保护。

软约束，一些国企可以参与恶性竞争，以低于成本的价格出售其商品，导致没有软约束的私企经营困难，本来可以生存的私营企业因而不得不关门歇业。方方面面的差别对待，在现象层面上至少可列举如下：

市场准入政策的不公平。在民营经济的大力倡导声中，所有制不公平待遇的制度惯性并未完全消除，民营经济不得参与使用稀缺资源的生产；不得从事关系国计民生的重要行业的活动；不得参与可能对公共安全产生影响的活动。然而如何精确定义这些限制，有很大的灵活性，主管审批的官员有很大的自主权。这为寻租创造了条件。在一些高收益的投资领域以及金融、保险、证券、通信、石化、电力等行业几乎由国家资本包揽，民营企业虽然经历了2003年的疯狂扩张，渗透到钢铁、金融、汽车等一些可能的领域，金融紧缩无疑扼住了“民营系”的发展命脉，民间投资仍主要集中在消费品工业产业和第三产业中的一般商业及服务业。[51]

融资渠道、税费负担、出口贸易等政策法规的不公平。私企最大的困难还在于获得投资或银行贷款。中国上市公司中只有1%～2%是私企，所以私企几乎不可能从股票市场

〔51〕 虽然国家在某些行业并没有明文限制民营资本的进入，但在客观上却对民营企业的进入进行种种限制，甚至一些外资可以进入的行业，民营资本也不能进。2000年国务院体改办到广东东莞这种全国最开放的地区调查，调查结果是，在80多个行业中，不允许民营经济进入的行业占41个，允许外资经济进入的有62个，民营经济进入的比外资进入的还少1/3。茅于轼、张玉仁：“中国民营经济的发展和前景”，亚洲开发银行课题，资料来源：http：//www. usc. cuhk. edu. hk/wk_ wzdetails. asp？id＝1426.

上得到融资。四大商业银行主要是为国企服务的，而不是为最能有效运用资金的企业服务的。根据人民银行年报，至少有3/4的企业贷款是用于流动资金的，而其中不到1%是借给私营经济的（包括个体户和私企）。私企用这一点流动资金显然是不够的，他们必须靠自己的积累或向亲戚朋友借钱。近来国家银行因为国企亏损而造成的巨额坏账，变得谨慎起来，对于私企的贷款更不容易通过。因为一旦出现坏账，贷款发放者可能被怀疑串通私企业主，造成国家资金的损失。此外，社会保险的设计更多考虑的是国企，由于社会保险的不健全，使得劳动者在私企间的流动发生困难。[52]

在税收方面给民营企业的待遇甚至不如三资企业。国家现行税收政策规定，有限责任公司的股东权益转增资本金，要交纳个人所得税，而外商企业获得的利润用于投资，不管投资该企业还是开办新企业，均可获得按投资额的40%退还已交纳的企业所得税。又如税务总局颁布的《企业技术开发费税前扣除管理办法》规定，国有、集体工业企业及国有、集体控股企业从事工业生产经营的股份制企业、联营企业所发生的技术开发费比上年实际增长10%以上的，经税务机关批准，允许再按技术开发费实际发生额的50%抵扣当年度的应纳税所得额。这个办法明确将民营企业排除在外。再如，税务部门规定私营企业每月工资超过多少就不能计入成本，而要算作利润，并征收企业所得税，外资企业的工资不论多少却都可以计入成本。

---

〔52〕 茅于轼、张玉仁："中国民营经济的发展和前景"，亚洲开发银行课题，资料来源：http：//www. usc. cuhk. edu. hk/wk_ wzdetails. asp? id＝1426.

在出口贸易方面，对民营企业的限制仍然很多。民营企业获得进出口经营权的标准仍高于国有企业，很难获得配额商品的经营权，对外劳动合作和工程承包权以及对外投资权至今仍未对私营企业开放，私营企业退税难。此外，民营企业的财产安全、商业秘密的安全、知识产权等，也缺乏明确而有力的保护。

刑法保障的不公平。《刑法》在总则部分的第2条明确刑法的任务之一是“保护国有财产和劳动群众集体所有的财产，保护公民私人所有的财产”。然而在具体规范的设置上，以至现实生活中，现行刑法“身份立法”模式，对民营经济的刑法保护难言平等。一方面，在刑事立法的宏观框架上，在分则部分，侵犯民营经济的犯罪行为主要安排第四章，与第八章贪污受贿的专章设置不相对称。另一方面，在罪名设立、罪刑关系设置上，现行刑法存在“厚公薄私”的立法状况，个人私吞企业资金，在国企按贪污罪可以处死刑，而在私企只能判挪用公款罪，只能处徒刑。乃至在司法实践中，出现执法管理上的重公轻私现象。职务侵占罪、贪污罪往往可能同受贿罪、挪用公款罪等交织在一起。尤其是职务侵占罪的主体变成国家工作人员的情形下，或者是国家工作人员和公司、企业或其他单位的人员共同犯罪的情况下，由公安机关立案管辖还是检察机关立案管辖，处于两难境地。为维护国有资产不受侵犯，避免国有资产流失，在司法实践中，人民检察院以此向人民法院提起民事公诉，对国有财产的保护力度是私有财产所无法比拟的。[53]

司法程序中的不公平。司法机关作为把持社会正义的最后一道阀门，本应以超然性、中立性去赢得民众的信赖。然后近代课题尚未完成的中国，这一理念与现实似乎相去甚远。司法机关固然有倾向于独立的志愿，但现实中常常服膺于同级政府。于是，与国有经济同属于吃皇粮的组织，两者历史渊源和现行体制的同构和关联，使国有经济与司法机关具有亲缘关系。加之国企改革成果和唯 GDP 的政绩观，当地党政机关工作和政策倾斜，自然会重视国有经济，并且会直接影响到司法机关保驾护航。此外，由于现行的破产程序和执行程序极不健全，司法机关介入的灵活性和随意性较大，司法机关往往表现出“大公无私”，“公私分明”。[54]这种不公往往通过两种方式来体现：一种是“隐性规则”的方式，地方司法系统内部性的文件规定，虽然不公开，却在审判中具有约束力，甚至在事实上具有极强的约束力，具体控制着审判实践中不同的法律尺度，从而导致解释为什么民营企业不论有无经济纠纷发生，其公关成本均呈上升趋势。另一种是行政权力的干扰。[55]

劳资情况。当运用民营经济的概念时，我们指称的往往是民营企业主，而忽视企业中的另一个群体，即劳方的权利

---

〔53〕 刘周：“民营经济刑法保护的现实缺失”，载《江南论坛》2004 年第 9 期。

〔54〕 罗杭春：“民营经济的法律障碍”，载《求索》2003 年第 5 期。

〔55〕 向海峰：“民营经济发展的法制环境建设思考”，载《求实》2004 年第 11 期。

保障。作为逻辑的自恰性，一些学者亦将此考量放入对民营经济的审视中；[56] 另外，这类问题和原罪问题在一起，也往往成为民营经济获得平等待遇的束缚。基于以上意义，笔者在此略提这一视角。[57]

2. 不合理的差别事由：经济成分

平等权或曰平等原则在法教义学上可以化约为反对不合理的差别，这是平等权实质性的、可操作性的内容，其所体现的是形式平等的理念。实质平等的理念则必然承认合理的差别，两者构成了平等权相反相成、互为一体的关系。于是，平等原则的纲领聚焦为“不合理的差别事由”的解释学概念，质言之，平等的保障并不排斥现实中具有合理依据的不平等，问题在于差别对待是否基于合理的差别事由。

将上述差别对待的现象纳入平等权的规范结构中，首先要找寻的是如此不同待遇的差别事由何在？社会学、政治学的研究以及常识都告诉我们，是基于“经济成分”的不同。于是，下一步的规范操作转为以“经济成分”为差别事由是否是合理之举。

---

〔56〕 例如，茅于轼、张玉仁：“中国民营经济的发展和前景”，亚洲开发银行课题，资料来源：http：//www.usc.cuhk.edu.hk/wk_wzdetails.asp？id=1426.

〔57〕 民企的工人，特别是农民工常常超时工作，工资不能按时发放，住宿、医疗、工作条件都很差，没有保险，没有养老金，引起大量劳资纠纷。经常性的劳资纠纷增加了企业成本，限制了它的发展。但对于目前的中国企业而言，农民工一点也不缺，关键是要有好的经营和技术人员，是他们决定了企业的前途。

严格地说，“经济成分”是政治学意义上的术语，而且其中的成分一词天然地就打着差别对待的烙印，与法律之平等原则是背离的。因此，“经济成分”转换为规范的法律学用语应当是所有权或曰财产权。进入规范，原本的政治含义在应然上已被荡涤剥离，财产权从而成为天生的平等派，质言之，这种规范转化的目的就在于：在法律中扫除规范外可能出现的成分差别事由。因此，当退化到“经济成分”或财产权人的基点上进行差别对待，使得前述转化成为徒劳无功之举，更遑论这一差别是否合理。

加入WTO也为民营经济获得“国民待遇”赢得了契机。WTO最主要是两个基本原则，可以归纳为自由经济和所有规则，而后者就是公平的竞争。对公平竞争的强调，首先是体制上的公平。这在WTO框架中的具体要求之一就是，任何国家的企业不能有政府的支持，这个政府支持就包括政府的补贴，更不用谈政府拥有这些企业。由此，WTO可以视为一个民营企业的组织，是一个市场经济的组织，[58]我国愿意接受这些规则，对消除民营经济的不公平待遇将是莫大的助力。

以财产权为标准界定民营经济，意义不仅在于摆脱经营、所有之争，还在于突出考察民营经济当下的权利保障的状况重点所在，遴选问题实质所涉的民企财产权以及与此相关联的差别对待现象，进行规范法学意义上的剖析。

---

〔58〕 海闻：“WTO与中国民营经济”，资料来源：http：//old. ccer. edu. cn/faculty/haiwenc. htm.

六、民营经济的权利制度的重构

本课题的权利制度的重构思路，将围绕着民营经济的合法性问题来展开，其基本思路是：①按照经济立宪的逻辑，确立宪法上的经济中立原则；②在此基础上重构与民营经济相关的权利制度，其中的权利形态包括私有财产权、经济自由权、平等竞争权和司法救济权；③从法的精神而言，最后应从法律制度上取消有关民营经济的国家政策性规定。重构民营经济的权利制度，对于推动我国市场经济的健康发展和践行法治国家的伟大方略都具有非常重要的理论意义和实践意义。

（一）确立宪法的经济中立原则

自建国以来，我国在宪法上对民营经济的合法性问题始终保持着小心翼翼的心态，民营经济在现行宪法每一次修宪中所获得的合法性始终都没有跳出社会主义公有制经济占主导地位的制度前提，以至于我们在法律文化与法律心理学意义上，仍然没有确立民营经济的合法性。

在民营经济的合法性问题上应确立宪法上的经济中立原则。所谓经济中立，就是指作为竞争的基本规则的宪法，并不涉及社会经济制度和国家经济政策，对各种经济主体一律给予平等保护。德国联邦宪法法院在1954年投资援助一案的判词中指出："基本法在经济事务上的中立立场仅仅在于这样的事实：即'制宪权'并没有采纳某种特定的经济制度。这样立法机关就可以在不违背基本法的前提下，实行它认为合乎具体情况的经济政策。"[59] 近代宪法产生于自由市场时期，当时个人权利与自由备受青睐，立宪国家都奉行不干预市场、放任经济自由发展的政策。英国、美国和法国等早期立宪国家的宪法都力图对经济事务保持中立原则。即使到了当代，美国等西方立宪主义国家在适用和解释宪法时，也都倾向于在经济政策问题上保持中立的立场。同时，西方立宪国家的宪法文本之中基本上都没有关于生产资料所有制等基本经济制度方面的规定，[60] 其总体架构贯彻的是立宪主义的近代课题即控制国家权力以保障公民权利。

应当指出，我国宪法中确立经济中立原则并不存在不可逾越的障碍。事实上，如果说新中国成立以来的历次立宪贯彻的是政治立宪的逻辑，那么现行宪法的四次修改就已经在很大程度上体现了经济立宪的逻辑。[61] 而经济中立正是经济立宪所应贯彻的基本精神。从经济宪法学的角度来看，宪法并没有全面统制经济、解决一切经济问题的巨大魔力，宪

---

〔59〕［美］路易·亨金、阿尔伯特·罗森塔尔编：《宪政与权利》，郑戈等译，三联书店 1996 年版，第 174 页。

〔60〕据笔者所掌握的资料限制，在发达资本主义国家宪法中，只有葡萄牙在其宪法中直接规定了生产资料所有制，规定了拥有生产资料的三大部门：即公营部门、私营部门、合作社与社会的部门。参见许崇德主编：《宪法学》，高等教育出版社 1996 年版，第 156 页。

〔61〕有学者把迄今为止的世界立宪史归纳为以下几个递进的过程，即人权立宪、政治立宪、经济立宪和知识立宪。根据这种观点，社会主义国家在立宪过程中一般把公民的政治参与权放在首位，真正地实现了政治立宪，而所谓经济立宪就是指各国在制定或修改宪法时把重点放在经济建设上，呈现出宪法之经济化。参见李龙：《宪法基础理论》，武汉大学出版社 1999 年版，第 278 页以下。

法规制经济的主要方式应当是保障个体和组织的经济权利和经济自由，限制国家的经济权力，并由法院来实施这些经济规则。[62] 西方立宪国家并不特别规定国家的经济政策和社会经济制度，生产资料私有制已经成为它们公开的事实，因而并不需要再为宪法套上经济制度和经济政策的枷锁，可是立宪国家并不因此而疏于保障私有财产权。我国直到第四次修宪才把私有财产权的宪法保障置于其中。

据此，我国确立经济中立原则的正确抉择乃在于把修宪中的经济立宪精神贯彻到底，对所有经济主体一律实行平等对待，彻底改变民营经济依附于公有制经济的状况。

（二）公民私有财产权保障的重构

民营经济是天生的市场经济。[63] 市场经济的两大支柱就是财产权和契约自由。市场经济是平等权利主体之间的交易经济，财产权乃是市场经济的逻辑起点。市场交易不是物与物之间的简单转移，而是财产权利的相互让渡。制度经济学的奠基人康芒斯指出，市场交易“不是实际‘交货’那种意义上的‘物品’交换，它们是个人与个人之间对物质的东西的未来所有权的让与和取得”。[64] 新制度经济学继承并发展了康芒斯的这一思想，科斯也说：“我们会说某人拥有土地，并把它当作生产要素，但土地所有者实际上所拥有

〔62〕 参见赵世义：“经济宪法学基本问题”，载《法学研究》2001 年第 4 期。

〔63〕 李振杰：《私营企业透视》，经济管理出版社 1999 年版，第 78 页。

〔64〕 ［美］约翰·康芒斯：《制度经济学》上册，商务印书馆 1962 年版，第 73 页。

的是实施一定行为的权利”。〔65〕资源配置的市场化必然要求权利配置的法治化，完善私有财产权保障制度是民营经济发展的内在要求。

2004年十届全国人大二次会议通过的现行《宪法》第22条修正案规定：“公民的合法的私有财产不受侵犯。”“国家依照法律规定保护公民的私有财产权和继承权。”“国家为了公共利益的需要，可以按照法律规定对公民的私有财产实行征收或者征用并给予补偿。”本条修正案克服了原有条款的结构缺失，〔66〕确立了相对完整的私有财产权条款结构，即不可侵犯条款、制约条款和收用补偿条款，这是我国宪法在私有财产权问题上的首次突破。

然而若从比较法学的观点来看，本条修宪案所确立的私产条款结构仍然只是一种有限的进步，〔67〕其问题在于内中的制约条款和收用补偿条款内容直接合而为一并且与成熟立宪国家尚有很大距离，使不可侵犯条款的规范效力大打折扣。

关于财产权的制约条款，国际上的通行做法是财产权不

---

〔65〕［美］科斯：《论生产的制度结构》，上海三联书店1994年版，第190页。

〔66〕有关我国宪法此次修正案通过以前在财产权保障上的问题状况，参见林来梵：《从宪法规范到规范宪法——规范宪法学的一种前言》，法律出版社2001年版，第209页以下。

〔67〕值得一提的是，我国现行《宪法》第12条对公有财产的表述中的“神圣”二字一向为人们所诟病，于是有人一直在建议我国宪法中应当确立类似效力的“私有财产神圣不可侵犯”条款。其实，无论是公有财产还是私有财产，问题都不在于是否“神圣”不可侵犯，而是要对财产的侵犯（比如收用）加以限制，从而体现基于权利的限制的规范精神。

再是绝对不能限制的，从而肯定了财产权的公共制约。观其条文表述，主要有以下几种类型：①“伴随义务”型。例如，《魏玛宪法》第153条第3款规定：“所有权伴随着义务”。1949年的《西德宪法》在其第14条第2款中直接沿袭了这一表述。类似的表述亦见诸于1946年的法国第四共和国宪法的序言之中，其第9段规定：“一切的财产、一切的企业的收益，都具有国家的公共义务和事实上的独占的性质……”。②“公共福利”型。例如，《魏玛宪法》第153条第3款中规定，所有权的“行使，同时必须有利于公共福利”。这一规定同样为战后《西德基本法》第14条第2款所沿袭。《日本宪法》也沿用了“公共福利”的用语，其第29条第2款中规定：“财产权之内容，应适合于公共福利……”。1947年《意大利宪法》则采用“社会机能”这一用语，其第42条第2款中规定：“法律确实保障私有财产的社会机能……”。③“由法律规定”型。例如，《魏玛宪法》第153条第1款中规定：“所有权……其内容以及其界限，由法律规定”。其后的《德意志联邦共和国基本法》第14条第1款亦基本上沿袭了这一规定。《日本宪法》第29条第2款中也规定：“财产权之内容……由法律规定之。”《意大利宪法》第42条第2款中则更具体地规定：“法律确实保障私有财产的社会机能……规定其取得、享有的方法及其限制。”

关于财产收用补偿条款，国际上亦有成熟立法和相关制度经验可资参考。所谓收用补偿条款，即规定国家根据公共的需要而对私人财产进行收用时必须予以正当补偿的条款。综观西方多个主要国家的宪法，征用补偿条款存在两个重要的典范。第一个典范是德国式的征用补偿条款，其特点是条文的表述比较具体详尽。例如，《魏玛宪法》第153条第2款规定："公用的征用，仅限于裨益于公共福利及有法律根据时，始得行之。为公用的征用，除联邦国家有特别规定外，应予以相当补偿。有关补偿的金额，如发生争议，除联邦法律有特别规定外，可向通常法院提起诉讼"。原《西德基本法》第14条第3款基本上沿袭了这一条款。第二个典范则可见诸美国宪法第五修正案，其中规定："没有正当补偿，任何人的私有财产均不得被征用为公共使用"，故又称"征用条款"。《日本宪法》第29条第3款规定："私有财产在正当补偿下得收为公用。"该规定相当简约，显然是受到美国式征用条款的影响。

设立补偿标准是各国财产收用补偿条款的重中之重，各国一般都规定国家或其他公共权力对私人财产的收用等制约行为，必须给予正当补偿。然而，"正当补偿"是一个抽象的概念，不同的国家可能有不同的解说。在现代美国，最高法院对正当补偿的确定，通常依据公正的市场价格对财产所有者的损失进行评估。[68] 日本宪法中的征用补偿条款可能受到美国的影响，但其正当补偿的理论则吸收自德国。这两个国家有关"正当补偿"的理论，主要存在"完全补偿说"和"适当补偿说"两种学说。[69]

另外值得注意的是，为了防止国家公权力不当地侵害私

---

〔68〕 参见［日］松井茂记：《美国宪法入门》，有斐阁1992年版，第231页。

〔69〕 有关这两种学说的整理和分析，参见林来梵："论私人财产权的宪法保障"，载《法学》1999年第3期。

人财产权，世界各国都在部门法规定以公共利益目的作为政府或其他公共机关启动收用程序的唯一正当理由。[70] 例如，《意大利民法典》第834条规定：“不得全部或部分地使任何所有人丧失其所有权，但是为了公共利益的需要，依法宣告征用并且给予合理补偿的情况不在此限。”1804年《法国民法典》采用的是“公用”的措辞，其第545条规定：“任何人不得强制让出其所有权。但因公用，且受公正并事前的补偿时，不在此限。”但是20世纪以后，法国公用征收的目的限制即“公用”概念就不再局限于公产、公共工程和公务观念了，行政法院认为只要能够满足公共利益就是达成公用目的。在美国，联邦宪法第五修正案规定：“……不给予公平赔偿，私有财产不得充作公用”。从1954年Berman v. Parker一案以后，美国“公共目标”的概念也从原来的“公用征收”扩展到“公益征收”。

然而，由于“公共利益”具有高度的不确定性，通常也很难判定哪些内容可构成公共利益以及哪些对象可以享受公共利益。为了防止不当解释和征收权的滥用，世界各国对公共利益都作了具体规定。其立法体例可分为两种：①概括

---

〔70〕 例如，世界上很多国家均制定了单行《土地征用法》或《土地征收法》。然而必须指出，由于西方国家存在土地私有制，因而其《土地征用法》或《土地征收法》的立法意旨无疑也包含了本文所论的私有财产权的保障问题。尽管我国已经废除了土地私有制，但考虑到现行《宪法》第10、13条所确立的收用条款在立法旨趣上具有共通性，为节约立法成本起见，可以把私有财产权的收用制度一并写入到将来的《土地收用法》之中，对土地（私有财产）收用权的运作进行统一规定，首当其冲的就是明确规定哪些事项属于公共利益的要求。

式规定，如《德国民法典》；②列举兼概括式规定，如《日本土地征收法》、《韩国土地征用法》等。

综上所述，我国重构私有财产权法律保障制度，可以分成两步走：

第一步，完善现行《宪法》第13条第3款，将其修改如下："国家为了公共利益的需要，可以依照法律规定对公民的私有财产实行征收或者征用并给予公正补偿。"由此确立宪法上的完整的私人财产权条款结构。

第二步，制定单行《土地收用法》，把政府征收（用）私人财产的内容置于其中，明确符合"公共利益"的具体事项范围。具体来说，我国可以借鉴日本、韩国等国家的相关立法经验，对符合"公共利益"的事项进行列举兼概括式规定。规定以下事项属于"公共利益"的范围：①国防、军事事业；②铁路、公路、河川、港口、城市上下水道、电气、燃气、广播、气象观测等建设事业；③根据宪法、法律可以进行收用的其他公益事业。

我国将来的《中华人民共和国民法典》中也应贯彻这一立法精神。诸如规定"公民的私有财产权受宪法保护，非依法律规定不得侵犯、限制或者剥夺"，"国家为了公共利益的需要，可以依照法律规定对公民的私有财产实行征收或者征用并给予公正补偿。"

（三）公民经济自由权保障的重构

经济自由是指在市场经济条件下，人们自由开展经济活动，不受政府干预的权利。按照美国学者查尔斯·林德布洛姆的说法，"人们追求个人自由的更加充分发展的很大一部分内容，是从事贸易的自由，建立企业以追求贸易收获的自由，这种自由还有在市场进退的自由，是保持个人收入和财产的自由，是不受专横勒索的自由……市场制度要求普通劳动者也拥有最低限度的自由”。[71] 经济自由实际上是一个权利束，包括契约自由、贸易自由、迁徙自由、工会自由和罢工自由等权利形态。

1. 契约自由是经济自由的核心

市场经济是契约经济，契约不仅是交易的一般形式，也是形成自发经济秩序、社会秩序与政治秩序的制度安排。契约不仅仅发挥着经济有序化的作用，同时还具有广泛的社会与政治整合功能。美国契约法学家帕森斯指出：“全部的社会活动都要利用它、依靠它。由于有了明示或默示的，宣告的或会意的契约，才产生了所有的权利、所有的义务、所有的责任和所有的法律。”[72] 契约自由是一切个人权利与自由的灵魂，是经济自由的核心。

民营经济需要的是个人意志的自由，而不是国家意志的自由。如果国家的意志不受宪法和法律的约束，民营经济就难以成长发育。我国经济体制的转轨已经否定了少数掌权者按照一己意志随意运用国家权力干预经济的必要性，也就是说，在市场机制充分发挥作用的情况之下，国家权力必须受

〔71〕［美］查尔斯·林德布洛姆：《政治与市场：世界政治——经济制度》，上海三联书店、上海人民出版社1994年版，第238页。

〔72〕［美］伯纳德·施瓦茨：《美国法律史》，中国政法大学出版社1990年版，第71页。

到强而有力的制约；另一方面，市场机制又需要作为经济主体的分散的个人充分运用自己的理性能力，承认每一个社会成员依据自己的理性判断管理自己的事务，自主选择、自主参与、自主行为、自主负责。保护个人经济自由权利、制约国家经济权力是市场经济条件下宪政建设的基本要求，是厉行法治的关键所在。就当下情势而言，保障社会成员的契约自由还应作如下努力：

（1）清除市场交易领域的公权力因素。由于公共权力与国有财产权利结合在一起，掌握公共权力的公法人在从事纯粹市场交往时，常常会不自觉地把权力因素引入契约关系。公共权力的介入使合同主体间的平等关系受到破坏，等价交换原则丧失效力。更有甚者，就是以权谋私、公开的权钱交易，把公共权力作为换取掌权者个人利益的资本。为此，必须从立法上健全国有财产的代理运营管理机制，控制代理者身上的“道德风险”，从制度上为公权力干预市场规则设置警戒线，保障市场领域的契约自由。

（2）健全民商事立法，遏制经济主体间的投机活动。尽管在世界范围内都不乏商业性欺诈，但是在我国市场经济发育初期，商业性投机对契约义务的损害更为严重。我国基本上还没有真正完成“从身份到契约”的进步，个人在人际交往中常常以感情为依托而不是以公平和诚信为准则，善于处理家庭、家族和村落等狭小领域内的人际关系。我国现阶段很多民营企业都采用“家族管理”的运营方式，善于凭借温情脉脉的传统家族伦理信用来维持组织内的团结，画地为牢，很难与其他经济主体建立起符合市场规则的商业诚信机制。我国应当加紧出台相关民商事法律，引导经济主体在理性核算自身利益的基础上达成有约束力的契约关系，建立起法律导控下的商业信用体系。

(3) 健全民营经济发展所需要的法治环境。市场是不确定的，契约被用来应付不确定性以减少交易费用，但人的理性的有限性使交易主体难以准确预测对方的交易动机，加之长期契约本身就不可能对未来的全部细节进行安排，从而使契约的未来约束力也具有某种不确定性。法律的目的在于安排未来，它期待着未来的人们遵循现有的规则。市场的缺陷呼唤着健全的法治环境。没有健全的法治环境，法律规则就不可能帮助人们预测未来，充其量只能成为人们行为的参照。我国日益崛起的民营经济对良好的法治环境已经形成了很强烈的制度需求，其中包括规范市场交易主体的法律、规范市场交易规则的法律、规范市场交易主体违法责任的法律和救济市场交易主体权利的程序等。

2. 贸易自由是经济自由的先导

商品交换是经济自由的先导，是市场经济的起点，也是我国民营经济的起点。没有自由交换商品的市场体制，就没有保障个人权利与自由的宪政制度。主体的自由始终与客体的流动联系在一起，只要有商品交换的市场，必然也存在贸易自由。市场机制不仅排除交易者相互间的暴力强制，也拒绝不必要的国家暴力的干预，因而有助于把个人从暴力强制的威胁与重压下解放出来。

事实上，民营经济在我国的产生和发展也早已否定了那种把自由贸易说成资本主义社会中的邪恶因子的陈腐之见。在经济全球化的今天，北美自由贸易区早已悄然崛起，约旦

—叙利亚自由贸易区也已正式运营，而日本—韩国自由贸易区和中国—东盟自由区也处于筹划之中。民营经济是我国融入国际市场的一支非常重要的力量，无论是从统一国内市场还是从开放国外市场来看，我国在当下都必须承认社会成员的贸易自由权。因此，进一步强化宪法和法律的权威，用法律调控取代权力调控、用权利界定权力干预，是引导民营经济真正融入国内外市场、繁荣我国市场经济的关键。不能把国家当作唯一的救“市”主，从制度创新的层面上看，资源配置的市场化就是资源初始配置的权利化，国家权力不再直接配置资源，而是通过民主的方式合理配置权利与义务，为资源的市场化配置创造法治环境。只有用法律明确规定并通过执法切实保障个人和企业的经济自由，降低或者消除很多人为形成的交易费用，才能使经济效率得到有效提高。

3. 迁徙自由是经济自由的延伸

迁徙自由是市场经济和民主政治的产物，是由物质资本和人力资本自由流动的客观需要产生的。19 世纪早期，世界各国宪法和宪法学理论都把迁徙自由视为经济自由，从 19 世纪中叶以后，迁徙自由就被看成是一项个人自由了。康德曾经把能否自由迁徙作为区分主体与客体的基本标志，他说：“一个臣民有移居出境的权利。因为他所在的国家不能把他看成似乎是它的财产而留住他”。〔73〕 在 20 世纪中叶以后，经济自由重新受到强调。日本宪法及宪法学理论已经

〔73〕［德］康德：《法的形而上学原理——权利的哲学》，商务印书馆 1991 年版，第 172 页。

把迁徙自由作为经济自由的组成部分，不再视其为个人自由。[74]

迁徙自由是选民表达民意和“用脚投票”的一种方式。在市场上，个人或企业不仅可以拒绝交易，也有进入或退出市场的自由。从宪法上看，选民在自己的意愿不能通过表决程序来实现时，不仅可以用弃权的办法退出政治决策，而且可以用迁移的方式退出政治疆域，这就是迁徙自由。如果把迁徙看成是用脚投票，那么一个迁徙行为实际上投了两票：一票是对迁入地的赞成票，另一票是对迁出地的反对票。从功能上看，迁徙自由不仅能够增加迁徙者自身的福利，而且也化解了公民与政府间的矛盾。自由迁徙是对集会结社、游行示威、请愿，甚至反叛或革命等危及国家稳定的极端行为的替代。

国家没有义务为社会成员改善自身福利境遇效劳，迁徙自由正是社会成员寻求改善自身福利状况的基本方式。在厉行法治的国家，迁徙自由是补救民主制度固有缺陷、缓解政府与社会、国家与公民之间张力的重要途径，迁徙自由是公民自立、自强，通过自身努力追求和实现幸福生活的基本条件。若没有迁徙自由，贸易自由、选择职业和工作单位的自由、营业自由、进入与退出市场的自由以及劳动权的保障都会大打折扣。

---

〔74〕《日本宪法》将居住、迁徙与职业自由均放在第22条加以规定，芦部信喜教授则把迁徙自由作为一种经济自由：“选择职业自由、居住迁徙自由与财产权，总称为经济自由权”。[日] 芦部信喜：《宪法》，月旦出版社1995年版，第199页。

如果说在国家权力高高在上、公民权利备受冷落、由行政权力配置资源的严格计划经济时代，迁徙自由是派不上用场的奢侈品的话，那么在市场经济和民营经济高歌猛进的今天，我国必须与国际接轨，[75] 在宪法上确立公民的迁徙自由权，恢复1954年宪法对迁徙自由的规定。

（四）民营经济平等竞争权保障重构

市场经济是宪治经济，宪治经济的基本原则是经济中立。如前所述，世界各国大都确立并严格奉行经济中立原则，对所有经济主体一律给予平等保护。由于我国宪法上还没有确立起经济中立原则，民营经济迄今还不能与其他经济主体享受同等待遇。我国民营经济缺乏平等的竞争环境，主要表现在市场准入资格受到限制和财税政策上没有享受同等待遇。为此，重构民营经济参与市场的平等竞争权，必须取消其在市场准入资格上的不平等待遇，统一税制安排，扩大民营经济主体的留存收益。

1. 取消所有制不平等，准许民营经济实体参与公用事业经营

按照国际通行惯例，市场准入包括四个方面：①政府补

---

〔75〕 我国已于1998年正式签署了《公民权利和政治权利国际公约》。该公约第12条规定：“①合法处在一国领土内的每一个人在该领土内有权享受迁徙自由和选择住所的自由。②人人有自由离开任何国家，包括其本国在内。③上述权利，除法律所规定并为保护国家安全、公共秩序、公共卫生或道德、或他人的权利和自由所必需且与本公约所承认的其他权利不抵触的限制外，应不受任何其他限制。④任何人进入其本国的权利，不得任意加以剥夺。”

贴要取消；②减少行政许可；③配套条件要公平；④价格。因此，扩大民营经济主体的市场准入权，就是要保障上述四个方面的公平，维护公平竞争的市场环境。

WTO规则倡导非歧视性原则，提倡要降低市场准入的门槛，公平竞争。在我国，由于所有制不平等，相对于民营企业的市场准入门槛太高。我们目前存在六大垄断行业：电信、金融、保险、民航、邮政和电力。六大公用事业长期国有官办，垄断经营消除了竞争，实际上保护了低效率。2002年底在武汉市随机抽选50户民营企业进行的问卷调查表明：62%的企业希望实行公平的税费政策；58%的企业认为“竞争环境有失公平”。提高我国现行六大垄断行业的经营绩效的最佳选择就是先将这些行业对本国的民营经济主体开放，增强民族产业的竞争力，然后再到国际市场和国外企业竞争。我们应该在这些领域尽早地打破垄断，降低民营企业进入这些行业的门槛和成本，让民营企业率先进入，打破垄断。

又如，在土地批租、劳动就业、生产经营许可证发放、自营出口经营权获得等方面，尽管我国民营经济主体可以涉足的范围已经有所放开，可是仍然存在许多不平等政策，民营经济还不能与公有制经济平起平坐。为此需要采取以下措施：①加快政府机构改革。凡是依靠市场能够解决的，政府要放开市场，让市场主体之间自由竞争。政府必须走出既当“运动员”又当“裁判员”的角色，把主要精力放在提供公共服务上。②尽快打破所有制界限，对市场准入实行国民待遇原则。彻底改变计划体制下按照所有制性质和企业隶属关系及其行政级别分别享受不同政策待遇的非市场行为。除关系国家安全和国计民生的重要领域需要实行国有独资外，其他一切行业都要向社会开放，允许民间资本合法进入。即使一些基础领域和基础行业，也应逐步开放，以投资新建、合营、参股经营等方式鼓励民间资本进入。

2. 修改完善税制安排，扩大民营企业留存收益

1994 年，我国对税制进行了重大改革，总体上看这一改革是成功的，但也确实存在对民营经济主体过于苛刻、严厉的问题：①对民营企业实行双重征税。如对合伙制和个人投资企业，既征个人所得税又征企业所得税，加重了民营企业的负担，限制了民营经济的获利与留存空间。②对“一般纳税人”的认定标准不合理。因为依据此项标准，众多中小型民营企业，特别是民营科技企业和个体私营企业都只能纳入“小规模纳税人”的范畴，不允许其使用增值税专用发票，不允许其抵扣进项税额，这不仅增加了民营企业的负担，而且也人为地减少了民营企业的业务交易量。③对民营企业的税外收费杂乱失控。各种形式的税外乱收费、乱摊派，压得很多民营企业喘不过气来。

为促进我国民营经济的健康发展，使其享有平等参与市场竞争的权利，必须对现行税制进行如下修改和调整：①取消对部分民营企业双重征税的不合理规定，对任何形式的民营经济应当只限于征收企业所得税。②增值税改革，应通盘考虑民营经济的不公平待遇问题。建议取消增值税一般纳税人的认定标准。企业部分不分所有制，也不论其规模大小，只要财务制度健全，会计核算资料齐全，有固定经营场所，都应享受一般纳税人的待遇。③建立统一的企业所得税。不再分内资、外资、国有、私营，也不论股份制还是混合经营，对各类企业都应执行相同的所得税制。逐步实行各类企业所得税在税率、税基及其他政策待遇方面的一视同仁。④在统一内外资企业所得税的基础上，借鉴国外经验，加强立法，对中小型民营企业实行优惠税率，强化对民营经济实体的财税支持与援助。⑤通过立法规范收费行为，取消各种形式的税外不合理收费。

（五）民营经济司法救济权保障的重构

法治国家所奉行的基本之道是“无救济则无权利”。鉴于前述，市场经济背景下的民营经济在享有其各项实体权利的同时，没有理由成为我国司法救济系统的弃儿。

1. 破除基于所有制的不平等，给予民营经济实体平等司法保护

在民营经济权利司法救济的问题上，必须自觉破除在所有制方面“非我族类，其心必异”的传统观念的束缚，树立起公私无别、法制统一、公正透明的现代司法理念。在司法实践中要充分体现“私有财产与公有财产一体保护”的原则，切实实行“法律面前人人平等”的原则，一视同仁地对待各类市场经济主体。平等保护各类市场主体的诉讼权利和合法权益，防止在司法实践中对民营经济实体实行差别待遇和“双重标准”。

法院必须充分发挥刑事、民商事、行政等各项司法职能的作用，及时、准确、公平地处理各种争议，重塑社会信用体系和商品交易安全秩序，创造一个平等竞争的市场环境和公正、诚信、高效的投资环境，为民营经济拓展经济发展

空间。

在民商事司法实践中，必须依法保护民营经济实体的知识产权。依法运用各种民事司法措施，制止假冒、盗版等侵犯知识产权的行为和各种不正当竞争行为。对于胜诉的民营经济实体，要加大回收债权的执行力度，切实保障私人资本与投资的合法权益。

在行政司法实践中，对以民营经济实体为原告的起诉有关行政机关涉及税收、行政收费、工商管理、质量监督、海关检查、经营自主权等行政案件，法院应把行政行为的合法性作为司法审查的重点，不能把重点放在作为原告的民营经济主体的行为是否违法上。

在刑事司法实践中，依法打击侵犯民营经济企业主人身和财产权利的犯罪行为。对于涉及民营经济主体的法律政策界限不清、罪与非罪不明的问题，应按照罪刑法定的刑法基本原则处理。严格区分经济纠纷和经济犯罪的界限、合法的劳动收入与贪污受贿、侵占挪用、私分国有资产的界限、经济活动中的不正之风与经济犯罪的界限。

2. 关于民营经济业主所谓的“原罪”问题

如何对待一些民营经济业主的“原罪”[76] 问题，近年来引起了很大争议。有人认为，应追究所有民营经济业主的“原罪”，也就是说，主张对民营经济最初的资金来源进行司法追查，对其在财富原始积累过程中实施的犯罪行为追究

〔76〕 这里的“原罪”是借喻。用《圣经》上关于人类背离上帝命令的故事来隐喻民营经济业主最初致富的资金来源合法性上所存在的问题。

法律责任。我们认为，司法机关对此问题应慎重处理。

在此，必须首先从观念上重构我们对民营经济的“原罪”问题的立场。众所周知，对于资本原始积累下的混乱和罪恶，马克思早就有过深刻的揭露。然而经典作家在另一地方也曾指出：“每一种新的进步都必然表现为对某一神圣事物的亵渎，表现为对陈旧的、日渐衰亡的、但为习惯所崇奉的秩序的背叛……正是人的邪恶的情欲——贪欲和权势欲成了历史发展的杠杆。”〔77〕恩格斯在1893年2月24日致尼·弗·丹尼尔逊的一封信函中再次重申：“历史可以说是所有女神中最残酷的一个，她不仅在战争中，而且在‘和平的’经济发展中，都是在堆积如山的尸体上驱驰她的凯旋车。而不幸的是，我们人类却如此愚蠢，如果不是在几乎无法忍受的痛苦逼迫下，怎么也不能鼓起勇气去实现真正的进步。”〔78〕就我国民营经济实体的历史来看，其成长和发育恰恰是源于对一种“陈旧的、日渐衰亡、但为习惯所崇奉的秩序的背叛”，它正是在“几乎无法忍受的痛苦逼迫下”才在我国市场经济的背景下鼓起勇气实现了真正的进步。事实上，民营经济作为我国当下市场经济中一支重要的力量，其对经济绩效和国库财税收入的贡献已经日益得到人们的认可。

可是这样一来，司法实践中就面临着两难选择：一方面要依法打击少数民营经济组织和业主的违法犯罪行为以维护法治的尊严，另一方面又不能因此而伤及民营经济实体在国

---

〔77〕《马克思恩格斯选集》第4卷，人民出版社1995年版，第237页。

〔78〕《马克思恩格斯选集》第4卷，人民出版社1995年版，第724~725页。

内的投资欲望，造成大量资金外流，以至损害我国的经济发展。

对此难题，美国的做法是“轻罪和解，重罪司法”。比如，美国没有国有银行，政府不直接参与经济，但美国仍然偏向于用花钱赎罪的方式解决不严重的经济犯罪问题。美国证监会处理股市交易中轻微的不法交易也倾向于采用以钱赎罪的方式。

我国可以考虑借鉴美国“轻罪和解”的做法，同时结合刑法上的罪刑法定原则谨慎处理民营经济的所谓“原罪”问题。具体来说，可分为以下几种情况：

(1) 1997 年刑法典生效以前发生的行为，当时的法律不认为是犯罪，而新刑法认为是犯罪的，应当使用当时的刑法，不追究刑事责任。比如，有些民营企业家在我国证券市场成立之初进行投机活动，利用内幕消息，操纵证券交易价格，获取不正当利益，按照新刑法的规定，情节严重的就要追究刑事责任。但是当时我国证券法律制度并不健全，对这样的行为是否应该追究法律责任并无明确规定，根据从旧兼从轻的原则，即使他们的第一桶金是不干净的，那么现在也不能追究其刑事责任。

(2) 当时的法律认为是犯罪，而新修订的刑法不认为是犯罪的，只要这种行为未经审理或判决未确定的，则适用新修订的刑法，也不能追究刑事责任。

(3) 当时的法律和新修订的刑法都认为是犯罪，如果当时的法律处刑较轻，则适用当时的法律；如果新修订的刑法处刑较轻，则按照新刑法处理。同时，在具体量刑时，如果罪行不是特别严重，应尽量独立或附加适用罚金刑。

（4）当时的法律和新修订的刑法都认为是犯罪，但如果已过诉讼时效，则一律不追究刑事责任。

（5）当时的法律和新修订的刑法都不认为是犯罪，根据刑法基本原则，显然也是不能追究其刑事责任的。比如，很多民营经济实体在创业初期因资金不足，采取向银行借贷的方式投资经营（即所谓“借鸡生蛋”）。有的把资金投向房地产等行业，集聚大量资财。我国法律从未明确禁止过民营经济主体的融资行为，更不应追究其刑事责任。当然，对于民营经济主体在融资过程中行贿官员、非法圈地、虚假投资、欺诈造假、借债不还甚至携款外逃等不法行为，则应依法追究其刑事责任或民事责任。

我国曾经一度在法律制度上没有对民营经济的规定，然而，民营经济在我国经济体制转轨的时代背景下的崛起和重生正日益得到人们的认可。这是社会经济发展中的“倒错现象”。正本才能清源，名正才能言顺。民营经济权利在我国真正获得平等法律保护的关键乃是在宪法上确立并践行经济中立原则。人们对民营经济生存空间的一次次呼吁，恰恰是对民营经济生存状况的一次次否定。正如身体机能健全的人常常不会有治病的概念一样，只有当我国语境中的民营经济不需要经常怀疑自身的生存状况的时候，也就是说其在根本上获得合法存在的权利的时候，有关民营经济权利保障的申辩才为多余。我国确立宪法中的经济中立原则，将是一个长远而值得期待的过程。

附录

关于“权利保障与民营经济的发展”的调查问卷

尊敬的______________________________：

我们是浙江大学法学院“权利保障与民营经济的发展”课题组。我们希望通过此调查，了解民营企业在日常经营中遇到的各种问题，最后形成《中国民营经济促进法（草案）》，并提交国家有关部门，以进一步促进我国民营企业的发展。请贵企业能协助我们的调查，如实填写您的想法和遭遇，我们承诺，调查资料仅用于学术用途，并且，我们会对调查的资料严格保密，未经贵企业书面同意，我们不会将调查的直接资料提供给任何第三方。

您只需要在您认为合适的答案上打“√”或者“○”，然后把问卷放入我们随调查问卷寄来的信封内（已贴好邮票），投入信箱，就可以了。

谢谢您的协助，万分感谢！如有什么疑问，或者对我们研究的具体内容感兴趣，欢迎跟我们直接联系。

浙江大学法学院

“权利保障与民营经济的发展”课题组

负责人：孙笑侠教授

电话：0571－88273144

email：fxys@ zju. edu. cn

通讯地址：浙江大学法学院，310028

您所在的企业的基本情况：

企业名称：________________

企业员工总数：________________

企业去年销售额：________________

企业去年总资产：________________

所处城市地区：________________省________________市________________区（乡、镇）

注册资金________________

1. 您认为，我国民营企业发展的外部环境：

A. 越来越好

B. 越来越差

C. 有些方面变好，有些方面变差

D. 没有太大变化，一直不好

E. 没有太大变化，一直很好

2. 您认为，在有利于民营企业发展的各种外部条件中，哪些条件比较重要：

A. 政府切实保护民营企业的权利和利益

B. 政府给予民营企业各种优惠待遇

C. 只要政府对国有企业和民营企业一视同仁就好了

D. 企业发展靠自己，跟政府没多大关系

E. 社会上不存在“仇富心理”

3. 您认为，创造有利于民营企业发展的外部环境，主要取决于：

A. 主要靠党的政策

B. 主要靠国家立法的保护

C. 主要取决于我们当地的领导

D. 主要取决于主管的直接政府部门

E. 主要取决于当地的经济状况

F. 主要取决于企业自己，与外部环境关系不大

4. 您认为，我国民营企业确实受到歧视，发展的外部环境不如国有企业吗？

A. 民企确实受到歧视

B. 民企实际上受到优待

C. 总体上差不多，各有各的难处

5. 根据您的体会，以下哪些情况，企业需要花费更多的时间和金钱去进行处理？

A. 来自政府部门或者官员对企业权利的干扰或侵害

B. 其他企业或者个人对企业权利的干扰或侵害

C. 以上两种差不多

6. 您的企业在经营过程中碰到过以下哪些情况：

A. 政府部门或官员来企业报销发票

B. 企业的车辆被政府机关或官员借用

C. 过年过节的时候一般都需要对有关部门送点东西意思意思

D. 政府官员直接向企业索要好处

E. 摊派

F. 明显不可能取得回报的强行集资

G. 迫于政府有关单位和个人的压力，安排其亲友工作

H. 借钱给政府部门或官员

I. 政府对企业的承诺经常不能兑现

J. 提前征税

K. 每次政府部门检查都要好好招待一番才行

L. 为了获得政府的审批（开业审批、项目审批等），不得不送礼

7. 如果您所在的企业遇到上题所提到的情形，会采取哪一种办法解决问题？

A. 没办法，只能尽量满足政府部门或者官员的要求

B. 坚决按照法律所规定的办，不该给的就不给

C. 看具体情况，有些满足，有些拒绝

8. 根据您所在企业的经验，您认为，遇到上面第6题所提的侵害企业权利的情形，可以通过下面何种途径解决问题？

A. 到法院起诉

B. 到相关的上级部门投诉、上访

C. 联系记者，让新闻媒体介入

D. 给熟悉的领导写信、打电话

E. 求助于私营企业协会或者行业协会

F. 求助于人大或者政协

G. 没有什么办法，只能忍受

9. 如果您所在企业，遇到上面第6题所提的侵害企业权利的情形，不去法院起诉的原因是：

A. 法院也得听政府的，没用

B. 告到法院，就会把关系闹僵，以后的关系就不好处理了

C. 即使法院的判决下来了，也执行不了

D. 法院没有权力受理这样的案件

E. 法院审理的时间太长

10. 您认为，作为民营企业家，可能会遇到下面那些情形？

A. 被人暗算，企业整体被非法接管

B. 被人陷害，企业被迫停产或关闭

C. 自己所持的企业股权被别人占为已有

D. 按照不合法的行业惯例进行商业操作，遭到刑事起诉

E. 不会遇到上述任何一种情形

11. 您认为，遇到上面第6题和第10题所提到的情形，采取下面哪些措施来规避，效果会比较好？

A. 最好与当地领导搞好私人关系

B. 最好办一个外国护照，有备无患

C. 尽量利用当地资金，减少自己的资本投入

D. 把自己的资金往国外转移

E. 把企业迁往保护状况好的地区

F. 投资外地，办分公司

12. 根据您的体会，您认为，民营企业发生上面第6题所述现象的多少，主要与什么因素有关：

A. 企业所在地区的经济状况越好，发生这些事情要少一些

B. 政府的财政收支状况比较好的话，发生这些事情要少一些

C. 所在地区民营企业越多，发生这些事情越少

D. 我所在的行业属于政府管制行业，所以发生这些事情比较多

E. 政府官员搞政绩工程，不得不向企业摊派或者拖欠企业的工程款

F. 我所在的地区盈利企业比较多，所以类似的事情的发生比较少一些

13. 您认为，上面第 6 题所提的侵害企业权利的情形，对您所在的企业产生了什么样的影响？

A. 企业老总不得不花很多时间，以保持与政府部门或者官员的良好关系

B. 企业利润被摊薄了

C. 错过了很多发展机会

D. 企业因此举步维艰，甚至陷入困境

E. 没有什么太大影响

14. 您认为当地民营经济发展状况，与政府对民营企业的权利的保护力度有没有关系？

A. 起决定性作用

B. 有一定的影响

C. 没什么关系

D. 不好说

15. 您所在的企业的老总，把多少时间花在与政府官员保持良好关系？

A. 1% 以下

B. 1% ~10%

C. 10% ~20%

D. 20% ~30%

E. 30%以上

16. 您所在的企业如果尽量与政府官员保持良好关系，期望获得什么？

A. 关系好，政府部门就不会来故意刁难

B. 关系好，政府部门就不会动不动来企业检查

C. 关系好，办事方便一些

D. 希望能获得政府给予的额外优惠

E. 希望政府部门能帮助企业获得贷款

17. 您认为，您所在的企业，如果有人当上了人大代表或政协代表，或者有人在政府部门工作过，对企业有什么样的好处？

A. 去政府部门办事方便

B. 来刁难的部门少

C. 政府各部门很少来企业检查

D. 没啥明显好处，主要是看个人能力

18. 您认为，下列那些事情上特别需要得到政府的帮助？

A. 获得土地

B. 获得开业审批

C. 获得银行贷款

D. 上市融资

E. 保护企业的知识产权

F. 解决劳工问题

G. 企业经营过程中的很多事情都离不开政府

H. 上面所提的事情都不需要特别帮助，照章办事就可以了

19. 根据您的体会，政府收缩银根的时候，与其他类型的企业相比，您是否认为民营企业总是首先吃亏？

A. 是

B. 不是

理论探讨

经济发展与权利假说：以中国问题为例*

唐纳德·C. 克拉克（著）
邵亚萍 杨吉（译） 方立新（校）**

一、引言

在大多数制度经济学家看来，健全而稳定的制度体系不仅能给经济发展提供一个良好的发展环境，而且更为重要的是，它可以为有效地保障私有产权创造一种可能。毫无疑问，倘若法律制度在市场机制形成过程中是缺席的，那么，它所带来的消极作用往往是阻碍资本的流转和专业化的形成。一般而言，在验证这个理论命题真伪与否时，我们通常

---

* 本文原名 Economic Development and the Rights Hypothesis：The China Problem，载“The American journal of comparative law”，Vol 51，89 ~ 111（2004）.

** 唐纳德·C. 克拉克（Donald C. Clarke），华盛顿大学法学院教授。邵亚萍，浙江大学城市学院法学系，讲师。研究方向：法理学、宪法与行政法。杨吉，浙江大学法学院法学理论硕士研究生。研究方向：法律社会学、法学方法论、实用主义法学。方立新，浙江大学法学院教授，研究方向：法学理论和法律史。

会把关注目光放在那些西方国家上（同样也包括日本，尽管它很少被提及）。于是在本文里，我把这个陈述（命题）称为“权利假说”（rights hypothesis）。“权利假说”的理论要义在于，当一个投资环境因缺失有效的法律秩序时，人们会因为担心存在许多我们所无法估量的金融风险而放弃大规模交易。于是不难想象，在一个熟人社会里，由于缺少必要的法律规则，出于交易安全的现实考虑，人们理所当然地更倾向于同自己人进行商业往来，而整个社会也因此陷入了一个只有短线买卖的商业圈中。[1]

经济、社会、法律，马克斯·韦伯对此早有过精辟的论述。[2] 对于法律在经济发展中扮演着怎样一个重要的角色，韦伯的观点是：“由于法律的功能在于提供一整套理性而又完善的规范制度，所以一般而言，一个稳定有序的市场通常对法律秩序的建构尤为重视”。[3]（在随后的分析中，我将证明权利假说理论并非如同韦伯所说的那样“只需要一种法律所赋予的权利”即可。）20世纪60年代，随着法律经

---

〔1〕 See Knack & Keefer, “Institutions and Economic Performance: Cross - Country Tests Using Alternative Institutions Measures”, 7 Econ. & Pol. 207, 210 ~211 (1995).

〔2〕 See generally, Max Weber on Law in Economy and Society (Max Rheinstein ed., 1954); Trubek, “Max Weber on Law in Economy and Society and the Rise of Capitalism,” 1972 Wisc. L. Run. 720 (1972).

〔3〕 Max Weber on Law in Economy and Society, supra n. 2 (emphasis in original). See also Max Weber, the Protestant Ethic and the Spirit of Capitalism 25 (Talcott parsons trans., 1958)（它的原话是“Modern rational capitalism has need, not only of the technical means of production, but a calculable legal system and of administration in terms of formal rules”）.

济分析法学的发展，这方面大量理论著作应运而生。与此同时，问题的分析和理论的提出从那个时代看来已经具有了相当的前瞻性："通过契约和产权制度的相继建立，法律可以为促进经济健康稳定的发展提供坚实的制度保障"。[4] 近年来，制度经济学对权利假说学说有了新的理论突破。在道格拉斯·诺斯看来："双方的交易行为通过一整套完备的法律制度得到了有效地保障，而且它为减少交易成本并且促进现代经济发展提供了扎实的基础。"[5] 诺斯还进一步认为："社会运作本身的低效率和契约缺乏有效的法律保障，两者共同构成了第三世界历史上停滞不前和当下发展缓慢的根源。"[6] 由此可见，诺斯及其他制度经济学家共同的理论出发点在于极其强调产权制度的重要性："如果一国政府在行使公权力时表现得恣意妄为，那些企业会出于资产安全的考虑，会逐渐减少对该国的投资（包括那些人力资源、机器设备在内的特殊资本）直至撤离全部资本"。[7] 这么来阐

---

〔4〕 Trubek, "Toward a social Theory of Law: An Essay on the Study of Law and Development", 82 Yale L. J. 1 (1982) (criticizing this conception). For a list of representative studies in this vein, see id. at 3, n. 7. 对法律和经济发展之间辩证关系的讨论请参见 Trubek & Galanter, "Scholars in Self - Estrangement: Some Reflections on the Crisis in Law and Development Studies in the United States," 1974 Wisc. L. Rev. 1062 (1974) and Burg, "Law and Development: A Review of the Literature and a Critique of 'Scholars in Self - Estrangement'", 25 Am. J. Comp. L. 492 (1977).

〔5〕 Douglass C. North, Institutions, Institutional Change and Economic Performance 35 (1990).

〔6〕 Id. at 54.

〔7〕 Knack & Keefer, supra n. 1, at 219.

释权利假说，似乎显得有些偏颇，所以在这里我有必要对该理论进行进一步地解释[8]：“生产性资本需要有系统的法律制度来予以配备，而只有这样，契约和产权才能得到更为有效的保护和贯彻实施。”[9]

二、以中国为例

自毛泽东时代以来的中国经济体制改革，在一定程度上给“权利假说”理论提供了丰富的研究素材。[10] 结合本文的语境，回顾并反思这段历史，对此我们可以归纳出两个显著的特征：①制度的建构伴随着一种自上而下的政府权力主导，而法治的观念则相对淡泊，由此表现在对公民个人权利

---

〔8〕 在本文中，我会用“司法执行合同”这个概念来帮助分析在权利假说语境中，契约是如何在法律制度的有效保障下得以履行的。

〔9〕 Upham，“Speculations on Legal Informality：On Winn’s ‘Relational Practices and the Marginalization of Law’”，28 Law & Soc’y Rev. 233，237（1994）. As Sussman and Yafeh note，“那种认为产权对国家经济和财政起着相当重要作用的观点近几年深刻地影响了经济的发展”。Nathan Sussman & Yishay Yafeh，Constitutions，Commitments，and the historical Evidence on the Relation between Institutions，Property Rights and Financial Development（January 7，2003）（unpublished manuscript，on file with author），available at http：//papers. ssrn. com/sol3/papers. cfm? abstract_ id = 347640.

〔10〕 对在一些东亚国家法律是如何影响经济发展的定性研究，see Katharina Pistor & Philip A. Wellons，The Role of Law and legal Institutions in Asia Economic Development（1999）；See also Ohnesorge，“The Rule of Law，Economic Development，and the Developmental States of Northeast Asia”，in Law and Development in East and Southeast Asia 91（Christoph Antons ed.，2003）

保护上的不利[11]（它会直接影响一个展开资本投资和市场交易的热情，而这也正是权利假说的真实内涵）。[12] ②从当前来看，通过20多年改革开放的深入继续，中国确实从积极有效的经济政策中得到了长足的发展。[13]

通过以上考证，我们可以通过以下几条路径来进一步解释权利假说。

（1）如果假说是成立的，那么对于权利行使的效果就不会发生根本性偏差，或者至少不会不完善。权利需要被有效地保障以适应这个极具变动的社会。尽管有时候法院系统并没有完全做到这一点，然而现实告诉我们，权利履行却通过各种机制的运作得到了加强（这些机制由当事人双方的契约关系建立起来，而本身却并没有包括法院系统的参与）。然而，在本文中我认为仅仅把行使权利作为一种思考

〔11〕 想要进一步了解中国法院是如何进行强制执行的，see Clarke，"Power and Politics in the Chinese Courts System：The Enforcement of Civil Judgments，" 10 Colum. J. Asian L. 1.（1996）and Randall Peerenboom，China's Long March Toward Rule of Law 326～328（2002）.

〔12〕 See Johnson，Mcmillan & Woodruff，"Courts and Relational Contracts，" 18J. L. Econ. & Org. 221，227（2002）（in the theory of repeated games，"the relevant question is . . . what [the entrepreneur] believe would happen if there is a dispute in the future"）.

〔13〕 限于篇幅，我对那种认为中国的法律不能提供强大的力度来保障权利的履行和那种认为在改革开放时期中国只关心经济发展的观点，不再赘述。当然，这并不意味着它们不重要，相反，就我所知，已经有大量文献对其进行了深入研究。

的基点显然是有失偏颇的。[14] 但这并不意味着用以行使权利的机制由于法院不属于该机制之内而完全地否定它单独存在的可能性。

(2) 如果权利假说成立，那么是否更容易对经济数据做出曲解呢? 虽然目前中国的经济保持了持续稳定的增长，也许在另外一种不同的法律制度下它可能增长得更快。而后面这种情况在我们权利假说理论中认为，在社会转制过程中由于法律制度本身的滞后性导致的缺席所产生的经济发展毕竟只是一种暂时性现象而已，最终它会因为制度的健全和完善驶入历史的“死胡同”。这种推论并非是危言耸听抑或自以为是，而是基于这样的事实，即在中国的改革初期，由于政府严格的宏观经济政策，导致了国内市场在计划体制中发展的不均衡，尤其是表现在对家庭生活产品和服务领域，供

〔14〕 例如，在文学作品中当法律不能保证权利得以实施时，它通常转化为犯罪团伙用自定的潜规则来取代法律的地位。See, e. g. , McMillan & Woodruff, “Private Order Under Dysfunctional Public Order”, 98 Mich. L. Rev. 2421, 2457 ~2458 (2000) (viewing mafia as an element of “private ordering” that arises when legal systems do not function costlessly); Leitzel, Gaddy & Alexeev, “Mafiosi and Matrioshki: Organized Crime and Russian Reform”, 13 Brookings Rev. (Winter 1995), at 26, 28 (“[P] erhaps [the mafia's] main benefit is contract enforcement.”); Hay, Shleifer & Vishny, “Toward a Theory of Legal Reform”, 40 Eur. Econ. Rev. 559, 560 (1996) (认为组织犯罪有时候是纠纷解决机制的一种表现形式). 文学作品一般不区分在用违法手段实施的执行和由其他不正式参与者实施的执行，譬如同辈之间，商会，氏族长辈等。犯罪分子往往不顾忌权利的缘由和争执的根源，甚至包括支付他们行动费用的组织。也就是说，违法之下的强制执行，执行的不是权利而是需要；他们不关心这种需要是否符合道德要求或法律许可。

给远远落后于需求。后来，政策的相对放宽，给那些早期进入市场的个人（如修鞋匠、理发师等）提供了赚取丰厚的利润的商机——渐渐地，贫富差距开始扩大，于是拿低薪的工人和知识分子开始怨声载道，对此表示不满。可以想象，这种差距会吸引越来越多的人加入市场化的大浪中，而数据统计表明我们的预测后来确实得到了证实。[15] 与此同时，我们还发现，那些低成本运作的行业领域都陆续被后来者占据，至于那些投入成本较大、需要明晰的产权保护以及法律予以保障其契约履行的行业则明显发展缓慢。在这一点上，如果权利假说成立的话，那么根据假说推断，这种模式的经济发展应该会逐渐停止。

(3) 如果这个假说不成立，那么权利维护与经济增长之间就不再有必然的联系，于是也就没有必要去有意识地建立和健全相关的法律制度。David Trubek 教授在 30 年前就已经指出，在马克斯·韦伯看来，市场需要一整套完备的制度来保障产权的安全和契约的履行，除非我们认定经济只有通过市场化运作才能得以发展，否则这与经济发展本身需要法律并不是同一回事。[16] 同时，前苏联和中国的历史告诉我们当一国发展到一定规模，经济增长完全可以在没有市场作用的前提下单靠政府行政指导来实现。[17]

---

〔15〕 See Barry Naughton, Growing out of the plan 150 ~ 151 (1995).

〔16〕 See Trubek, supra n. 4, at 15.

〔17〕 See, e.g., Naughton, supra n. 15, at 53.（“除去制度不说，中国经济向来表现出强大的发展潜力。即使在改革开放之前，中国经济也一直保持在一个可观的增长率上”）

而且，如果缺乏一整套完备功能的法律制度，要形成一个完善的市场体系则往往要经过一段漫长的探索期。譬如McMillan和Woodruff两位教授在对几位越南的企业经理人拜访后得知，事实上在他们中没有一个人有解决纠纷需要司法介入的观念，法院在当地人们心中的地位由此可见一斑。[18] 可以推断的是，在越南现有制度下去推行产权制度不是一件轻而易举的事情。由此及彼，我们也可以断言，尽管各个时代意义不同，但与过去2000年封建中国时期相比，在已经具备相当制度体系的当代中国，契约履行的保障则显得更为有效。当然，如果把“因为缺少契约的缔结”认为是“造成第三世界在历史上停滞不前或发展不均的根本原因”，则未免有些小题大做。[19] 我们建立起相关制度以盼望能给予坚实的保障，在此之下，所有当事人地位平等、权利义务对等，这有助于契约的有效履行。无论如何，与缺乏制度保障相比，它总是被现代文明所认可和贯彻实施的。[20] 当然，理智告诫我们，制度并非万能。经济的增长一方面出

---

〔18〕 See McMillan & Woodruff, “Dispute Prevention without Courts in Vietnam,” 15. J. L. Econ. & Org. 637, 639~641 (1999).

〔19〕 有关清朝契约履行制度，see generally Philip C. Huang, Civil Justice in China: Representation and Practice in the Qing (1996) (arguing that the traditional Chinese legal system was more concerned with civil matters than previously believed); 有关汉代契约履行情况，see Scogin, “Between Heaven and Man: Contract and the State in Han Dynasty China”, 63 S. Cal. L. Rev. 1325 (1990) (making a similar argument); see Scogin, “Civil ‘Law’ in Traditional China: History and Theory”, in Civil Law in Qing and Republican China 35 (Kathryn Bernhardt & Philip C. Huang eds., 1994).

〔20〕 North, supra n. 5, at 54 (emphasis added).

于制度的“保驾护航”，另一方面，它也是同样需要其他一些非制度因素的共同作用才有最终的成就。

对此，韦伯曾有过一段精辟的阐述，然而这个重要的言论经常被后来者所忽视。韦伯认为，法律制度并不一定都能提供可以行使的权利——那是因为，在特殊情境下，权利的行使需要寻求国家的强制力在可预计的方式下（以免政府权力的滥用）运作，以此来得到保障。所以，权利假说如果过分地强调特殊情况（如上所述）则会因为解释不通而显出该理论的正确性不足。[21]

不难发现，以上三个对权利假说作出的不同解释初看起来似乎都有些道理。而在另外一方面，它们又不都是十全十美的。在接下来的篇幅里，我将试着通过解析中国的法律制度来谈谈制度对于交易（尤其是对投资）的影响，如果我的努力没有证明它们彼此其实有一种内在的和谐联系，那么至少我也纠正了那些认为两者间缺乏有机统一关系的片面看法。以此为契机，同时我也会对权利假说理论进行二次解构，从而进一步强调产权安全（也就是实质地重视法律制度的建构）对契约权利履行的积极意义。

三、进一步分析

在我看来，权利假说的主要问题也许是在于它太过纠缠于本应彼此独立的概念。对权利假说持肯定态度的人常常忽略了市场体系与经济发展、权利与可能、契约与财权之间的

---

〔21〕 See infra text accompanying nn. 64 ~ 67 for further discussion.

联系。[22]

(一)契约和产权

权利假说的赞同者认为一个健全的法律制度对资本主义经济发展至少有着两个重要意义：强制义务人一方履行其义务以及保障个人的产权安全。所以，一旦毁约，一方将因此受到损害或者不同程度地被侵权，而另外一方也不会因为违约而被政府或者对方任意地没收财产。

然而，事实并非如我们想象那样简单。有一个原则性的思维需要我们掌握，那就是法律对除当事人以外的第三方不具有任何约束力，而政府也没有权力在此时恣意妄为地征收违约方的财产或默许对方去进行这样的行为。在这种制度下，我们看到的往往是在经济活动中需要保证私人财产免受政府任意征收，而不是第三方要在法定范围去协助履行契约。

那些谈及社会潜规则的大量文献，都在不断重复着这样一个思想，那就是尽快建立起自我督促保障契约履行的有效机制，并且还认为一旦缺失有效的法律机制，市场将会混乱

---

〔22〕“契约权利”（contract rights），是指那些需要兑现承诺的平等的法律主体；“财权安全”是指这样一种可能性，即个人财产不会在没有合法理由的情况下被政府没收或被其他主体侵犯，同时政府也没有资格任意地介入个人财产权的形式。有征兆性的征收因为其内在的经济性可以很容易地与税收，尤其是滥设的税收等政府的经济活动区别开来，而这不是本文所要探讨的。

不堪以及无所作为。[23] 这在与一个有毁约倾向的非熟人间所缔结的短期性契约中表现得更为明显。在其他一些交易中，原则上需要有一种机制用来对抗私欲以保护财权[24]（然而，在现实意义上这些机制的运行成本有时会远远高于交易所能获得的收益）。[25]

当在缺少契约履行所必需的制度情况下去评定它对经济的影响，人们禁不住会去质疑一次性交易在经济发展中到底具有怎样的价值地位。在诺斯以及其他一些制度经济学家看来，这些交易在资本主义经济制度下尤为普遍。对这种交易作出精确的定义和估量不是一件轻而易举的事情，于是对于

---

〔23〕 See, e. g., Black & Kraakman, "A self - Enforcing Model of Corporate Law", 109 Harv. L. Rev. 1911 (1996); Bull, "The Existence of Self - Enforcing Implicit Contracts", 102 Q. J. Econ. 147 (1987); Greif, "Contracts Enforceability and Economic Institutions in Early Trade: The Maghribi Trades' Coalition", 83 Am. Econ. Rev. 525 (1993); Telser, "A Theory of Self - enforcing Agreements", 53 J. Bus. 27 (1980); Winn, "Relational Practices and the Marginalization of Law: Informal Practices of Small Businesses in Taiwan", 28 L. & Soc. Rev. 193 (1994); and sources cited in North, supra n. 5.

〔24〕 虽然听起来有些夸张，但我相信只要我们重视"从不"（never）和"原则上说"（in principle）等限制性条件时，它还是能事先得到预防的。

〔25〕 用另外一种制度来取代原本保障委托代理的做法是备受争议的。大多数人认为正是由于法律制度时有缺陷，因此互惠互利和其他一些正式规则时常能起到一定的辅助作用。See Johnson et al., supra n. 12. See also Kathryn Hendley & Peter Murrell, Which Mechanisms Support the Fulfillment of Sales Agreements? Asking Decision - Makers in Firms (January 23, 2003) (unpublished manuscript, on file with author).

这个问题的深入不得不付诸实证主义的考察。[26]

至于产权，试问哪种经济活动会更加强调享有自由安全以避免政府任意地征收（或者是哪些授权于政府而为的行为）？答案显而易见，那些短期契约更加强调自身的安全。换句话说，越是短期投资则越是担心政府任意地征收。这实际上是一种理性的经济思维——周期长回报慢同周期短回报快相比，人们毫无疑问地会选择后者。

总而言之，我认为契约权利与产权安全彼此包含了不同的结果，因此需要从概念上予以分清而不是混淆。我也认为不管契约权利与产权相比是否需要更少的法律保障，缺失有效的司法制度，对契约的履行是不利的，同时对保障私有产权免受公权力恣意妄为的征收也是不利的。

（二）权利观念与经济预见

假设我们承认权利假说命题为真，那么对此深信不疑要比不相信更加有利于经济的发展。需要确信的是，预见性有其一定的经济价值。举例来说，商人们为了确定人们是否愿意购买他们即将投入生产的产品，经常需要花大笔钱来进行市场调研。然而，对权利假说来说，更为重要的是，经济发展往往基于个别领域的可靠性预见：如契约是否会得到有效履行，私人产权是否会受到法律的有效保护等等。

这么一来，感觉权利假说并不能很好地揭示预见与权利

〔26〕 See, e. g., Macauley, "Non – Contractual Relations in Business: A Preliminary Study", 28 Am. Soc. Rev. 55 (1963)，不过，它没有对陌生人之间短期合作进行分析说明。

之间的内在联系。就像农民没有更多的法律所赋予的权利保护，所以发展农业则更需要有一定的预见性，譬如冬去春来，种子何时播种，何时丰收。以此，我们可以构想一个没有权利而只有在可预见方式下运作的法律制度。正如韦伯在《经济与社会》中写道："这些规则使对政府权力的约束更加具体，与所谓的'要求权规范'（claim norms）不同的是，它对建立个人权利体系没有太多帮助。"[27] 完备的制度在原则上是能对市场运作给予充分的所预期的稳定保障。[28] 然而，只是单纯地以为有制度的存在就必然能完全地保障权利，这种看法未免显得幼稚和有失偏颇。因此，我们必须清楚地看到，所有政府机构的价值在于定纷止争以及调控资源有效配置。

（三）权利假说的重构

以上的分析意在表明权利假说作为一个完整的理论体系，其内部有着一些难以克服但彼此并不冲突的问题局限。在这个段落中，对于有关学说尤其是那些认为保障产权的安全要比法律制度的建构更有利于经济发展的判断，我将作出进一步的论证。

众所周知，道格拉斯·C. 诺斯是最早系统性提出权利

〔27〕 Max Weber on Law in Economic and Society，supra n. 2，at 42.

〔28〕 韦伯进一步评论道，"私人利益更需要保护，这种保护不是名义上的权利担保，而是法律约束之下实质的保障"。Id. at 44. 换言之，如果法律监管是有效的，那么私人利益即使在缺少权利支持的情况下也能得到保障。

假说的学者。在诺斯看来，契约的履行和产权安全对经济发展来讲是必需的。[29] 通过数据搭建的演示模型，诺斯认为产权制度的建立是使英国在经济上持续稳定地发展，而西班牙却停滞不前的根本原因。在英国斯图亚特王朝时期，“接连的财政危机使得王室债务累身，于是不得不抛售垄断利益、提高税费征收率，以此期望来度过难关。可以想象，产权的保障在当时简直是奢望”。[30] 诺斯把接下来发生的光荣革命看作是一种制度变革的尝试，“是努力着去为制衡王室恣意妄为的权力行使而斗争”。[31] 这场革命的最终胜利，在诺斯看来，为资本市场的迅猛发展解开了束缚，同时也为新政府创造了更为充裕的运作资金。而这一切都应该归功于出借人“有一个清晰的直觉，直觉于政府完全能够以自己的信誉保证债务的按时清偿”。[32] 基于此，诺斯总结道：“私人产权的安全和资本市场的发展不仅对英国过去的经济历史来说至为关键，而且对它提高政治权威以及最终统领当时世界也是如此”。[33]

---

〔29〕 See, e. g., North, supra n. 5, and Douglass C. North & Robert P. Thomas, The Rise of the Western World (1973).

〔30〕 North, supra n. 5, at 139.

〔31〕 North, supra n. 5, at 139.

〔32〕 North, supra n. 5, at 139.

〔33〕 North, supra n. 5, at 139. 英国法律的至善性表现在产权能得到制度的切实保障，它因此降低了向政府和私人借贷的成本，然而 Sussman 和 Yafeh 在最近的一项研究中对这个经验论调提出了质疑。他们的理论基础建立在诺斯的制度变革上，supra n. 5, and North & Weingast, supra n. 9，一个世纪以来，英国政府一直被高赤字困扰。See Sussman & Yafeh, supra n. 9. The same authors make similar findings with respect to Japan in the Meiji

当把注意力放到西班牙在 17 世纪，作为罗马帝国沦为二流国家后，西方最为强盛的国家衰落的内在根源时，诺斯引用犹太人被驱逐离开故土的事实，归结出一个结论：落后的根源在于经济生产受到了严重阻碍。[34]在《西方世界的崛起》（The Rise of the Western World）一书中，诺斯和另一位作者同样指出“圈地运动”使得西班牙农业发展进一步受阻。[35]

这些例子有一个共同点，即它们在本质上包括了政府不但有责任保持资产的价值，而且也应该保障个人资产不被他人侵犯。[36]同时，通过分析这些例子我们也知道了法律制度价值在于以强制力保障契约履行、产权安全以及避免第三人介入稳定的法律关系。

史蒂芬和菲利普也曾对政府任意征收行为中的自由性问题进行了研究。[37]而且，他们把最终得出的结论同样用于权

period. See Sussman & Yafeh, “Institutions, Reforms, and Country Risk: Lessons from Japanese Government debt in the Meiji Period”, 60 J. Econ. Hist. 442 (2000) (finding that institutional change, reforms, a constitution and other similar factors had little impact on the interest rate on bonds issued by the Japanese government between 1870 and 1914). See also Stasavage, “Credible Commitment in Early Modern Europe: North and Weingast Revisited”, 18 J. L. Econ. & Org. 155 (2002) (also casting doubt on specific empirical premises).

〔34〕 See North, supra n. 5, at 115.

〔35〕 See North & Thomas, supra n. 29, at 4.

〔36〕 Writes North, supra n. 5, at 63.

〔37〕 See Knack & Keefer, supra n. 1.

利假说的实证考量。

作者在研究中再次证明了产权安全和契约履行对经济增长的重要性，此外他们在研究过程中还指出，不管测算几次，有一点不可置疑，那就是契约履行在经济增长和私人投资方面所起到的作用也是有限的。

Knack 和 Keefer 教授在对国际投资风险进行比较分析后得出两组参数。对此，他们认为该系数能直接测量出诺斯和其他经济学家所重视的产权安全的部分属性。第一组参数来自于国际国家风险指导组织（International Country Risk Guide）[38] 和征收风险、法治程度、政府对契约的合法性认定、政府腐败以及机构组织的行政质量等五个变数。第二组参数则来自于商业环境风险机构（Business Environment Risk Intelligence）[39] 和契约履行、基础建设质量、国家发展潜力和政府机构的迟滞等四组变量。他们发现关于国际国家风险指导组织和商业环境风险机构的参数要比以前对契约和产权研究得出的参数好得多，并且那个国际国家风险指导组织的参数被证明在经济增长上是最佳的，而商业环境风险机构的那组参数则被证明在私人投资上是最佳的。[40]

---

〔38〕 See PRS Group, International Country Risk Guide, http://www.prsgroup.com/icrg/icrg.htnl.

〔39〕 See Business Environment Risk Intelligence, http://www.beri.com.

〔40〕 虽然这些参数不能说明更多问题，但是作为分析财产和契约权利在政治生活中的存在状态是极具参考价值的。See, e.g., Barro, "Economic Growth in a Cross Section of Countries", 106 Q. J. Econ. 407 (1991) (using measures of political violence) and Gerald W. Scully, "The Institutional Framework and Economic Development", 96 J. Pol. Econ. 652 (1988) (using measures of civil liberties).

在书中，他们没有严格地区分财产权利与契约权利，譬如，他们认为，我们平时所期望的经济安全并不是为了避免政府专断的行为而只是为了保障契约的有效履行。他们试图把政府承诺的不确定性与第三方承诺的不确定性联系在一起，此时声称“个人不能指望政府去全面地保护他们之间的契约，同样，他们也不能去指望政府介入其中，代替契约的履行”。[41] 这个论断仅仅停留在表面的分析上，所以并不一定正确。至于国际国家风险指导组织和商业环境风险机构的参数，在不可预知的政府征收中呈现出了似是而非的安全。国际国家风险指导组织没有使契约得到履行的能力，而商业环境风险机构的参数却可以。因此，当 Knack 和 Keefer 从产权角度对权利假说命题进行研究时，显然他们没有充分考虑到契约权利的重要性。而且，在诺斯、Knack 以及 Keefer 看来，产权安全在法律制度的建构中影响甚微。相反，它更像是一个政治制度下的问题。[42]

其他的一些研究，不管它们最后得出来的结论是什么，事实上它们的基础是建立在对产权安全的命题假设为真的前提之上。比如，洛瑞克（Rodrik）与其同事最近的一项研究便是如此。在该项研究中，他们对地理环境、制度建设以及开放程度对经贸发展的影响逐一进行了考察，得出的结果是制度的有效性比任何发展因素都要来得重要。然而，有一种观点却认为制度环境没有这么意义重大，它只是像“投资者期待得到的，政府可以随时征收的，法律需要切实保护的

〔41〕 See Knack & Keefer, supra n. 1, at 210.

〔42〕 See Weingast, supra n. 9, at 286.

投资回报而已”。[43]

简而言之，通过大量研究文献表明，当权利假说命题在用以保护产权和契约的法律制度语境中被展开论述时，它更多地关注产权如何避免恣意征收的安全性问题，而事实上对于产权安全到底是来自健全法制还是来自一个明智政府的有限行政，它没有作出任何评判。至于契约权利，它更是没有进行有效的关注。

（四）中国问题

现在我们可以回到第二部分中一开始提出的那个问题了，也就是“作为强调政府征收之下私有财产安全与自由重要性的权利假说，它在中国的土壤上具有什么样的含义?”

假设在中国的某一个农村，有两块相邻的土地。其中一块土地被用来建设厂房，使用权人是当地一家生产纽扣的乡镇企业。[44] 而另外一块土地住着一个农民。不管是工厂还是农民，他们都在同一个政府的管理和引导下“各行其道”。如果他们之间发生了纠纷，也是同一个法院受理（或

---

〔43〕 Rodrik, Subramanian & Trebbi, “Institutions Rule: The Primacy of Institutions Over Geography and Integration in Economic Development”, (Nat'l Bureau of Econ. Research, Working Paper No. W9305, 2002), available at http: //www. nber. org/papers/w9305. For another study in this vein, see Acemoglu, Johnson, & Robinson, “The Colonial Origins of Comparative Development: An Empirical Investigation”, 91 Am. Econ. Rev. 1369 (2001) (using an index of protection against expropriation).

〔44〕 在原文中，克拉克教授用“TVE”这个专有名词来特指由当地政府另行组成相关部门投资运营的企业，而根据具体语境，在翻译中，我们把它理解为乡镇企业。（它的原文是：TVE is the general term used for township

拒绝受理）裁判。换句话说，从法律保护产权能力这个角度来看，他们是处在同一个位阶上的。但是，令人不得不关注的是，当乡镇企业近些年来随着整个国家经济上升的势头发展得越来越快之时，[45]农民们在农业经济上独有的优势同

and village enterprise：businesses that are typical founded and run by local government. Technically they belong to the collective sector，as opposed to the private sector or the state sector，and are therefore said to be "owned" by the citizenry of a particular locality. This ownership is for all intents and purposes meaningless even as a formality；all the important indices of ownership rest with local government.）Naughton，"Chinese Institutional Innovation and Privatization from Below"，84 Am. Econ. Rev. 267（1994）. Indeed，TVEs have been plausibly characterized as similar to subsidiaries of the township，viewed itself as a diversified corporation. See Oi，"Fiscal Reform and the Economic Foundations of Local State Corporation，in China"，45World Pol. 99（1992）；Nee"Organizational Dynamics of Market Transition；Hybrid Forms，Property Rights，and Mixes Economy in China"，37 Admin. Sci. Q. 1（1992）. 同时也可以参考：China's Rural Industry：Structure，Development，and Reform 225（William Byrd and Q. Lin eds. 1990）. See Weitzman & Xu，"Chinese Township - Village Enterprises as Vaguely Defined Cooperatives"，18 J. Comp. Econ. 121，135 ~ 136（1994）.

〔45〕通过我所掌握的数据得知，在这10年来（1990 ~ 1999年），乡镇企业在固定投资、流动资金、投资收入、商业利润、产品价值上都得到了长足的发展。同时，虽然乡镇企业的数量有所减少，但就业率却从1993年起保持着稳步的增长。具体请参见《中国乡镇企业年鉴2000》，15 ~ 18（2000）. See Wang & Kalirajan，"On Explaining China's Rural Sectors' Productivity Growth，" 19 Econ. Modelling 261（2002）；农业部乡镇企业局信息统计处："2001年度全国乡镇企业发展统计公报"，载《中国乡镇企业会计》2002年第6期，第4 ~ 7页。

20世纪80年代相比却明显后劲不足了。[45] 为什么会是这样的结果呢？

当然，面对这样一种繁杂的现象我们不可能期待会得出一个终极的答案。道理很简单：①乡镇企业和农民在法律保障契约得以履行的强制力上并不处于完全同等的地位。因为乡镇企业较之农民，它的社会作用更加显著，资本更加雄厚。②正是由于乡镇企业有农民无法比拟的优势，譬如机器厂房、设备资金等，因此在同等机会下乡镇企业的缔约能力将明显强于农民。[46] 这些解释并不矛盾，反倒成了一种权利假说的"变体"。尤其是当我们看到陌生人之间契约履行有时较少依赖法律强制力保障时，这一点更加明显。

---

〔45〕 See generally Li, Rozelle & Brandt, "Tenure, Land Rights, and Farmer Investment Incentive in China", 19 Ag. Econ. 63 (1998). 在1955～1980年期间，人均谷物所有量是1.3千克。而在1980～1984年4年间，人均拥有量逐步增加至16.2千克。1984～1993年，虽然有农业政策支持，但数字一下子降低到2.9千克，因为成本和收益悬殊对比让一部分农民放弃了农业生产。See Prosterman, Hanstad & Li, "Can China Feed Itself?" Sci. Am. 90 (1996)，对此解释我们需要联系到家庭联产承包责任制。在1980年年初，1%的农民尝试转制。到1984年底，转制的农民比例达到99%。Lin, "Rural Reforms and Agricultural Growth in China", 82 Am. Econ. Rev. 34, 38 (1992). 很明显，转制的完成意味着很多原本从事农业生产的农民改而从事工商业生产，农作物的减少因此也是情理之中的事了。

〔46〕 为了更清楚乡镇企业的种种优点，同时也为了能更加明确权利假说对其的适用，see Jin & Qian, supra n. 44. 对乡镇企业这种形式是否有效，学界对此尚有争论。See, e. g., Whiting, "Contract Incentives and Market Discipline in China's Rural Industrial Sector", in Reforming Asian Socialism: The Growth of Market Institutions 65～67 (John McMillan & Barry Naughton eds., 1996).

从投资回报角度来看，由于中国目前的农业发展水平不高，过去低投入高回报的黄金期已一去不回，可以这么说，现在的中国农业经济发展遇到了一定的困难。然而，根据调查表明，中国的农业还是有很大的发展空间的，换句话讲，它的投资回报率还是应该被看好的：许多中国农业专家一致认为农业产量将比现在提高3倍。农民也承认他们的农地质量可以生产出更多的作物。事实尽管如此，然而却很少有人主动去改善耕种以此来提高产量。[47]

面对如此丰厚的收益，却没有人愿意去投资，这是为什么呢？“农民不愿意投入大量的人力、物力和财力，是因为担心客观环境（主要是政策）的变动会让他们最终入不敷出（发生的变化有可能使得他们血本无归，即使重整旗鼓重头再来，等到有些好转的时候那又得是好几年的事了）。1984年中央政府颁布了相关法规，把原有的土地承包期限延长了15年，但是当地政府却没有很好地贯彻这项政策。按照规定，农民应该和政府签订相关契约，政府赋予农民在相当一段时间内拥有对土地的使用权。但实际上，契约在随时有可能被征用面前变得一点用处都没有，而且这些征用条令的颁布往往没有事先的通知预告，其结果往往便是农民实际享有的土地使用权的期限大大少于政府当初承诺同时也是契约约定的。”[48] 在 Li，Rozelle 和 Brandt 的研究中对这个

〔47〕 Prosterman et al.， supra n. 46， at 93.

〔48〕 Id. 需要注意的是这里所说的契约不是指一般意义上规范平等民事主体法律关系的商业合同，而是与政府这非对等主体之间签订的长期土地使用权出租合同。所以，政府违反该契约义务在某种程度上可视为对私有产权的侵犯，它其实同政府任意征收在本质上并没有太大区别。

分析结论给予了进一步修正。[49] 虽然他们不认为缺少确定的土地使用权期限会带来高昂的谈判成本，但有一点他们是承认的，那就是有确定期限的权利和对土地投资的程度有着必然、紧密的联系。[50]

当农业经济增长速度明显放慢的同时，乡镇企业却在持续稳定地发展。很明显，乡镇企业（或者更准确地讲是那些投资者和部门经理）并没有像农民一样担心农作物被随时征收的疑虑。这一点如果作为解释乡镇企业与普通农民本质上最大的不同，毫无疑问，于情于理都是讲得通的。因此，同乡镇企业相比农民要面对更多种前程的不确定，其中一种就是在政策不稳定的前提下开荒灌溉、大量投入是否值得。假设经济发展是良好的，投资者关心的只是他们的财富是否安全。[51]

乡镇企业是否仅满足于投资安全这一点是有争议的。事实上，大量的只从产权层面论述权利假说的论文基本被乡镇

---

〔49〕 Li et al. , supra n. 46.

〔50〕 学界对此已经基本形成共识 supra n. 46。詹姆斯·昆（James Kung）和刘寿英（Liu Shouying）在文章中对地租保障和农业生产进行了比较分析，并对农民不选择私有权而更偏爱于定期按照家庭成员情况分配土地提出了质疑。Kung & Liu，“Farmers’ Preferences Regarding Ownership and Land Tenure in Post - Mao China：Unexpected Evidence from Eight Counties”, 38 China J. 33（1997）. 然而在两位作者的结论中也有相当的缺陷，那就是作者认为农民的这种优先选择会影响农业生产投入。作者在文章中对此有比较详细的论述，然而，它却违背了他们写作研究的初衷。

〔51〕 这种担心对投资的形式不会有太多实质的影响，因为不同的形式其实都会有相同的风险。对当地政府来说，避免被认为任意征收的最好办法（唯一途径）就是把征收所得用在公共性支出。

企业的成功发展驳倒，我们从中不难看到，乡镇企业除了关注产权安全之外同样也关注客观环境的稳定。在这一类文章中，它们往往把分析的重点流于表面，而没有彻底研究各种所有权内在的本质，因此也就不可能对权利假说中产权这一要素给予必要的深入。

怀泽曼（Weitzman）和徐（音 Xu）两位教授通过研究社区（the community）所有权的不足和缺陷，进而总结到"当前乡镇企业实际上并没有掌握传统产权理论的精髓"。[52] 多数乡镇企业排斥当地政府行政权的介入，因此也就往往缺少一定独断力（强行力）的支持：在发展过程中，它们会被职工分流下岗等问题所限制，比如说，在创办乡镇企业时就得把本厂职工劳保福利等优先权利考虑在内。[53] 在这一点上，私营企业则不同，它们有很大的自由裁量权。如果把社区居民的观点完全考虑在内，有时候连设立一家企业都会很难，更别提是在具体经营过程中及时作出决策了。怀泽曼和徐显然没有能够准确地定义出什么是当地政府应该去做的以及什么样的政策是明智的。当然，对政府来说它们是清楚明白的，有时候，出于公共利益的考虑，即使是在违反民意的前提下也会坚持改革的（譬如税费制度）。

怀泽曼和徐不认为政府对乡镇企业享有占有、管理、使用和处分的权利，借助乡镇企业作为评价对象，他们诉诸于"文化倾向"（culture propensity）的一个概念来解释当前乡镇企业内部合作的现状。他们因此断言，传统产权理论要求的合作进

---

〔52〕 Weitzman & Xu，supra n，44，at 132.

〔53〕 Id. at 134.

一步限制了规避和投机行为的产生。在他们看来，中国乡镇企业的成功恰好说明了在一个讲究高度合作利益关联的社会体系中，法律规则的重要性不是我们起先想象的那么重要。

然而它的不足在于，就理论本身而言，对好多问题不能作出清晰的解答。怀泽曼和徐用“合作文化”来解释为什么相同条件的企业却有各不相同的收益。然而，解决这个疑问的关键就在于我们是否考虑到了另外一些因素。如果这些因素正如我们所预想的那样，是同乡镇企业的发展休戚相关的，那么所谓的合作更多的是意味着我们用来回避难题、转移话题的方式而已。换句话讲，合作只是一种措辞、一种搪塞之语。事实往往是，一个人越是重视企业发展中确定的影响因素，他就越轻视合作文化本身的地位。但这并不是说我们可以忽略这种文化。

在一篇引用率很高的文章中，大卫·李（David Li）反复提到产权界限的不确定性。他说：“没有人会认为中国企业的产权是明晰的。不管是集体组织还是私营企业，对内部员工的管理分级是相当懈怠的。社区居民（all residents in community）便是对其最好的一个例证。”[54] 大卫·李建构了一种理论用来解释为什么这种模糊不确定性有时候也是有益的。然而，这个解释是有瑕疵的，原因就在于李对乡镇企业所有权不确定性的分析，其立论点本身就已经错误了。在我以为，因为“社区居民”提法的欠妥性，使得人们很容易想当然地把乡镇企业的所有者（企业主）也以居民身份

〔54〕 Li，“A Theory of Ambiguous Property Rights in the Transition Economies：The Case of the Chinese Non－state Sector”，23 J. Comp. Econ. 1，2（1996）.

看待。企业主的这种所有权跟一般意义上的所有权没有本质区别——也就是说，我们并不是从法律分析或经济分析的角度来审视它。所以，有时候我们可以这样定位非国有部门里的产权性质：

当地居民对乡镇企业不享有等同于职工的权利，职工也不享有参与管理企业的权利。已经一再被证明的，不管是城市的政府机关还是乡镇的政府机关，在各自的管辖区内它们拥有行使产权不可或缺的成分的权力：监管剩余收入；处分资产；在必要时候任命或解雇经理。[55]

至于其他一些学者，如 Chang,[56] Che[57] 和 Hong,[58] 他们和大卫·李持基本相同的观点，也是从社区和居民合法

---

〔55〕 Naughton, supra n. 44, at 267.

〔56〕 See Chang & Wang, "The Nature of the Township - Village Enterprise", 19 J. Comp. Econ. 434, 447 (1994). 作者认为乡镇企业所有权分离的问题症结在于过多受控于政府的管制。由于这种管制多流于形式，因此结果往往是无效率的。同样的观点可参见 Lin, Cai & Li, "Creating an Environment for Fair Competition Is the Core of Enterprise Reform", In The Reformability of China's State Sector 47, 55 (Guanzhong James Wen & Dianqing Xu eds., 1997).

〔57〕 See Che & Qian, "Institution Environment, Community Government, and Corporate Governance: Understanding China's Township - Village Enterprise", 14 J. L. Econ. & Org. 1 (1998). 在文中，作者把乡镇企业比作股份有限公司，因此当地政府就好比发起人，而公民就是公司股东。我认为从现实立场出发，把公民比作股东这样的类比是很难被认可的。毕竟，公民并不像股东那样完全享有对自己财产行使占有、使用、收益、处分以及请求保护的权利。道理很简单，当政府的支出并不足以保护公民产权，公民权利的行使就会受到很大的影响。

〔58〕 See Hong, "The Shareholding Cooperative System and Property Rights Reform of China's Collective Township - Village Enterprise", 23 Asian Profile 359 (1995).

所有权立场出发来反对政府行政权的扩张。

正如我一直所坚持的，乡镇企业的所有权并不像有些学者以为的那样是模糊、不确定的，那么来自于对乡镇企业和私营企业区别比较得出的结论告诉我们，乡镇企业其实无需担心政府过重的税费以及其他一些恣意妄为的征收。[59]

目前，任意征收带来的危害其实并不来自中央政府，而是来自地方政府。[60] 地方政府相对来说，更熟悉所在管辖区内各家企业的经营情况，再加上本身具有的行政权力（职能），使得政府与当地企业之间的关系尤为密切。至于政府参股的企业，它们在这一点上更是如此，因为政府把自己的意志和决策内化在企业收益的分配上。毕竟，政府投资企业总是期待着有丰厚的回报。于是考虑到如果有高效政府参与介入的这个因素，可以想象那类企业的产权配置往往是有活力和效率的。[61] 和低效率、没什么太多作为的政府相比，那些高效政府即使是征收也会给予被征收者相应合理的行政补偿。

考虑到风险，地方政府一般不会投入比企业家更多的资本，但是政府还是想方设法能使其利益最大化。正如Knack和Keefer教授指出，出于避免征收带来的巨大损失，投资者很少愿意投入专业化资本（譬如高级人才），因为这样便

---

〔59〕 具体参见Jin & Qian，supra n. 44.

〔60〕 See Chang & Wang，supra n. 57，at 447.

〔61〕 See generally David Granick，Chinese State Enterprises：A Regional Property Rights Analysis（1990）and Naughton，supra n. 15，at 43.

于在必要的时候迅速转移阵地。[62] 然而，这样做不仅使企业不能得到充分有效的发展，而且还不利于企业成长中的革新，要知道，这种革新只有在明确的分工和专业的发展当中才能出现。

经济发展到底需不需要权利保障或一定的政策可预见性？中国的例子给予了我们足够多的启发。中国的法律看起来不能很好地保护产权以及经济发展，但通过它我们却能得出一个相对合理的关于中国现实的内在解释。

已有的大量对中国法律制度的讨论往往建立在一些因素的“缺席”上：缺少有效的司法执行；缺少必要的法律意识；缺少训练有素的法官。[63] 所有一切都是真实的，在那些法律研究者和司法工作者看来，现实情况有可能更为严峻。这一部分原因是因为中国在建构本土的司法制度时，只是表面化地借用了英美法系中“法庭”（courts）、“法官”（judges）、“法律”（laws）等概念，而本身没有深入地研究过这些概念是否符合中国的国情。也就是说，中国目前正在行进的法治建设并不完全是英美学者所称道的法治路径。作为社会制度的一种，法律只能在已有制度基础上的得以运行。由于权利假说在于保障投资者在投资经营过程中遇到的不确定性风险，因此剩下的问题不是中国是否缺少保障行使权利的法院，而仅仅是投资者和其他从事投资经营的人员是否有满足其需求的足够可能性。

---

〔62〕 See Knack & Keefer，supra n. 1，at 219.

〔63〕 See Clarke，supra n. 11. 对此，克拉克教授和艾伦·赫兹（Ellen Hertz）有过深入的探讨。

包括中国在内的一些国家，为了法律制度的完善，需要面对的问题很多。[64] 倘若对此进行进一步的深入研究，我们便不难发现其实对需求满足可能性的关注要比可行使的权利是否存在来得有用、直接。[65]

我们对可能性的质疑同时也滋生出了一个疑问，即这种可能性是对谁而言的？权利假说的支持者多数认为这种可能性是对私营投资者而言的，因为他们认定经济发展需要成熟的市场和活跃的投资者。把经济发展是否真的需要市场这个问题暂且放在一边，我们可以肯定的是，一个市场不能没有私营经济的参与，不能没有低买高卖、富有活力的竞价机制的存在。而在中国，那些以政府为主导的乡镇企业则证明了这种形态的企业组织是能扮演好自己在市场当中的角色的，也是能繁荣整个市场经济的——即使是在缺少私营经济成分的前提之下。[66] 所以，即使私人投资者对未来产权保护和

---

〔64〕 See Clarke, "Justice and the Legal System", in China in the 1990s (Robert Benewick & Paul Wingrove eds., 1995). See Thomas B. Stephens, Order and Discipline in China (1992).

〔65〕 正如 Albert Chen 指出的，现代法律社会学理论虽没有否认法律对推动经济发展的重要性，但很多人却否认存在于西方社会中的法律是自治的、理性的和确定的。因此，他们对权利假说的核心观点纷纷提出了质疑性的理论挑战。See Chen, "Rational Law, Economic Development and the Case of China," 8 Soc. & L. Stud. 97 (1999).

〔66〕 大多数学者指出，乡镇企业和国有企业之间最大的不同在于前者受更多财政预算上的限制。See, e. g., Che & Qian, supra n. 58, at 3; Jin & Qian, supra n. 44; Li, "The Institutional Foundation of Self - Enforcing Contracts: The Township Enterprise", (unpublished manuscript, on file with author) (1997). 但是 Edward Steinfeld 在他的《渐进的中国改革：国有工业的命运》(Forging Reforming in China: The Fate of State - owned Industry) 一书中认为，如今乡镇企业发展规模越来越大，经济效益越来越好，光凭着这点，就可以比较容易地取得央行的财政支持。因此，所谓的财政限制，事实上是不存在的。See also Wang, supra n. 44, at 225.

契约履行并不看好，但决不会影响经济增长。于此，我们可以断言，那些国有成分的投资者（部门）事实上才是促进市场繁荣和经济发展的关键因素。

四、结论

为了能凸显产权免受恣意征收的重要性，也或许是为了能表现权利得以兑现的特色，大多数权利假说的支持者通常喜欢把产权安全和契约履行放在一起论述。然而，他们的谬论恰恰就在于错把结果当作原因。在目前的中国，虽然权利还不能得到理想中的保护，但那里经济正高速发展着，企业组织也不必为政府任意的征收而担忧。可以这么说，在深入研究权利假说的微言大义上，中国的现状给我们提供了一个无价的范例。表面上的私人投资而实体上的政府主导，因此这就注定了像乡镇企业一类的法人，它们只能存在于中国而不能是别的一些发展中国家——作为一个经济活动的参与者，它们只需要服从市场法则即可。

其实在对权利假说的重构过程中，我们也间接地解决了马克斯·韦伯所提出的“英国问题”（England problem）。[67] 韦伯认为，“英国法律的理性程度低于欧洲大陆其他国家，而且其本身的法律形式也与之大相径庭”。[68] 但同时韦伯也观察到，英国资本主义经济的力量对法律的理性化发展起到了一定的均衡作用。当然，在韦伯那里他也许是把法律理性

---

〔67〕 See generally the discussion in Trubek, supra n. 2, 746 ~ 748.

〔68〕 Max Weber, Economy and Society 890 (Guenther Roth & Claus Wittich eds., 1968).

定义得过于狭窄了。另一方面，需要指出的是，英国和其他欧洲资本主义国家有一个相同的地方，那就是如诺斯所说的“政府许诺不任意征收以及不允许其他人有类似的行为”。

契约权利与权利假说之间存在着怎样的联系？直觉告诉我们，在没有法律保障契约履行的制度环境下，富有效率的交易通常是不会发生的。作为权利假说中的一部分，对契约权利的定位如果不是完全错误，那么也没有像权利假说的支持者们所认为的具有强大的解释力。这是为什么呢？

正如前文所论述的，对这个问题的回答也许取决于这样一个事实（如果它真是事实的话），那就是在大多数经济交易中，政府的强制力事实上并不是唯一能促使契约履行的有效因素，因为现实中陌生人之间的单宗交易在现代资本主义经济中并不是一种重要的交易方式。很明显，这个结论需要有大量的经验支持。在中国台湾地区，一个富有成效的名叫“关系实践”（relational practices）的实验向世人呈现了这样一个事实：即使是在缺少有效法律约束的环境下，人们还是有很大的作为，还是有很多的活动空间的。[69]

我们的分析除在学术层面探讨之外，更多的还有对政策的解读。譬如说，世界银行向会员国发放贷款过程中需要考量的其中一个因素便是该会员国是否具备了法治条件，具体来说，它包括以下这么几个标准：法律是否事先公开；法律是否具有效力保证；法律是否在合法的程序下实施；法律适用过程中冲突的解决是依靠独立法院还是任意个人；法律的

〔69〕 Winn, supra n. 23, at 193.

修改是否是在既定的程序下进行。[70] 尽管能符合这些标准的法治有多么的令人向往，但在现实中，它对世界银行决定是否发放贷款以及如何推动世界经济发展更多的只是一种纸上谈兵。[71]

法律如果不能对契约权利予以有效的保障，其结果往往是一系列政策方针的相继颁布。如果一国政府只用极其有限的资源来完善组织机构建设，那么这些资源将更多地被用于建立一种预防任意征收的有效机制（也可能是用来预防国有资产流失、贪污受贿以及滥设的税费制度等），借此弥补司法系统对纠纷裁判和判决执行的不足。对法院来说，它们的使命在于公平而又有效率地解决纠纷，与此同时，大量事实表明尽管那些非政府机构不像国家机关那样享有垄断性的法律强制力，但他们也在尝试着建立一种可以取代法院的民间机构，用来辅助纠纷的有效解决。然而，在这之中没有比对个人投资征收的补偿显得更为重要和紧迫的了。因此，商业贸易更需要有政府的保护。从应然角度出发，经济越发达，契约保障越完善。然而事实是，即使在一些经济发达的国家（地区），还是有大量的商业行为在不诉诸于法院裁判的情况下自行完成的。[72]

---

〔70〕 Shihata, "The World Bank and 'Governance' Issues in Its Borrowing Members", in The World Bank in a Changing World 85 (F. Tschofen and A. R. Parra eds., 1991), cited in Upham, supra n. 9, at 233. Shihata 在做这项课题时的身份是世界银行的顾问。

〔71〕 法治与经济政策的制定，尤其是与世界银行之间是怎样的动态关系？关于这一方面的评论请参见 Ohnesorge, supra n. 10.

〔72〕 See, e. g., the landmark study by Macauley, supra n. 26, at 55.

在一定程度上，在一个没有章法的社会中经济发展的进路又会是怎样，而这又不是社会习惯或其他规则所能完全替代的。但持这种想法的人又往往会进入一种认识的误区，即对在一个缺少有效法制环境下的经济发展本身所需要面对的现实问题予以忽略。社会需要契约权利的执行来确保经济发展，而这又回到了社会同时是否需要司法力量的辅助这个老话题上。需要论证的是，社会需要用一些商业法则、有效的税收体系，以及财政支出来支付法院、法官、行政机关、控制打击犯罪，以及其他一些必要的费用——简言之，现代社会已不同于以往，它是一个全新的经济社会。[73] 假设这个所谓的新社会是真实存在的，那么我们在评述经济增长的同时很容易忽略一点：在剧烈的社会变化中，要给契约履行加上一个必要的法律保险。

---

〔73〕 对此更深入的研究请参见 inter alia，Hall & Jones，“Why Do some Countries Produce So Much More Output per Worker than Others?” 114 Q. J. Econ. 83（1999）（measuring “social infrastructure” favorable to production）；Acemoglu et al. ，supra n . 43；Rodrik et al. ，supra n. 43（认为组织机构性质的重要性要远胜于地理环境、贸易开放性程度等一些因素）；Rodrik，“Institutions for High－Quality Growth：What They Are and How to Acquire Them”，35 Stud. Comp. Int’l Dev. 3（2000）.（认为没有一种标准化模式来定义什么是好的政府，但毫无疑问的是，一个民主的政府对机构组织的发展是起着决定性的作用的。）

财产权与知识利用

——以经济学和哲学解释学为知识背景的初步研究

孙笑侠　钟瑞庆*

一、导论

本文试图增进对财产权的社会功能的理解。也就是说，不是从财产权有助于发展个人自由的角度去理解财产权的功能，而是从一个技术性的角度，去理解财产权的社会功能。在这种理解下，财产权作为一种方法，可以有效地达到协调个人行动的目标。

理解财产权与经济发展之间的关系的研究，最为经典的路径，是法律的经济分析（economic analysis of law）或者说

* 孙笑侠，浙江大学法学院教授，法学博士。钟瑞庆，浙江大学法学院博士后，法学博士。

法律经济学（law and economics）。[1] 这是由科斯开创、波斯纳发扬，目前在美国已蔚然成风的打通经济学与法学之藩篱的富有成果的尝试。法律经济学的主要宗旨，是希望能“像经济学家那样来理解法律规则”（think like an economist about legal rules），[2] 也就是说，把法律问题理解为一个经济问题：法律上的决定（立法及具体的裁判）都用经济学的分析方法——本质上是成本—效益的对比——按照效率的标准来加以分析和评价。很明显，法律经济学增进了我们对法律的理解，尤其是法律对经济效率所具有的影响，同时也有助于打破法律自足性（autonomy of law）的幻想。

然而，法律经济学存在两个比较明显的缺陷：①法律经济学，已经内含了效率优先的价值取向，排除了其他可能的价值取向。如果我们同意拉伦茨的见解，认为法学乃是“价值导向”的思考方式，[3] 那么，价值之间的衡量，乃是法学所面临的主要任务。预先设定某种价值取向，进而排除其他价值取向的可能性，与法学所面临的真正任务不相吻合。②法律经济学采取的是一种从外部视角切入的研究路径，最终，不管结论如何重要，都难以在法律实践中——在

---

〔1〕这两个术语含义基本相同，只不过前者（法律的经济分析）更为强调方法，而后者（法律经济学）则强调其学科属性，因此，无论是刊物，还是各法学院所成立的研究中心，都以法律经济学来命名。可参见 Nicholas Mercuro & Steven G. Medema, Economics and the Law, From Posner to Post-Modernism, Princeton University Press, 4~5 (1997).

〔2〕Polinsky, A. Mitchell, An introduction to law and economics, p. xiii, Boston: Little, Brown, (1989).

〔3〕[德] 卡尔拉伦茨：《法学方法论》，陈爱娥译，商务印书馆 2004 年版，第 95 页。

法律解释和适用过程中——获得直接的影响。举例而言，法律经济学在考虑惩罚的时候，考虑的乃是所谓的最优惩罚，即能够最有效地防止被惩罚行为再次发生的惩罚水平。为此，在设计和解释惩罚的规则时，必须考虑惩罚的概率和惩罚的程度，惩罚概率越低，则惩罚程度就必须越高。依照这种思路，立法者或者法官在立法或者释法时应当已经掌握了与惩罚概率和惩罚程度相关的知识，具体地说，必须知道可能的犯罪者如何理解某个设定的惩罚水平（例如死刑），也就是说，必须知道某个设定的惩罚水平——如死刑——会给特定的犯罪者带来多大的副效用，才能知道这个设定的惩罚水平是否足以阻止其犯罪。倘若无法获知关于这种设定的惩罚水平会给罪犯带来多大的副效用，那么，这种分析就只能停留于抽象分析的水平，而无法用以指导具体的立法和司法的决策。事实上，掌握与最优惩罚相关的具体知识（惩罚概率和惩罚程度，尤其是后者）是不可能的，[4] 因此，这种方法自然无法进入到针对具体案件裁判的法律推理之中。[5] 换言之，法官在进行具体的法律解释乃至最终的裁

〔4〕 这是法律经济学的致命缺陷，其实也是其完全照搬经济学分析方法所带来的必然结果。就如哈耶克所分析的那样，例如，经济学中最后的结论总是存在某种均衡，如均衡的价格，但是，这不等于说，有谁能知道这个具体的均衡价格究竟是多少。误以为能够知道这个具体均衡价格的存在，正是导致认为计划经济可以很好运行的原因之一。可参见哈耶克："经济学与知识"，载［英］哈耶克：《个人主义与经济秩序》，夏道平译，远流出版事业股份有限公司 1993 年版。因此，某个最优的惩罚概率或者最优的惩罚程度可能确实存在，但谁也不可能知道这个最优的惩罚概率，究竟是多少。

〔5〕 国内注意到此问题的学者似乎很少，笔者仅见朱庆育明确意识到此问题的存在。可参见朱庆育：《意思表示解释理论——精神科学视域中的私法推理理论》，中国政法大学出版社 2004 年版，第 181 页。

判时，依赖的将仍是传统的教义学所教给他的知识，或者是他自己的直觉。既然法律经济学无法内化进法学思考的程序之中，法律经济学就只能以经济学分支的形式出现，而与法学无关：法律经济学的问题意识，以及学术评价标准，都直接来自于经济学。

在我们看来，经济学的知识整合进法学，必须经过某种转换，而不是直接的应用。这种转换的需要，是由不同学科所面临的任务决定的。经济学的根本目的，在于像物理学那样解释世界，具体应当如何进行决策，不是经济学所要解决的问题。然而，法学却是一门实践性的学科，它不能置法官应当如何判决这样的问题于不顾，而满足于根据某种行为科学的原理来解释法官的实际行为。根本原因在于，与经济学从一种外在的观点来看待规则不同，法学则从内在的观点来理解规则。因而，法官如何判决，涉及的是规则本身是否得到遵守的问题。那么，经济学与法学的内在结合，是否完全不可能呢？实际上，如果我们尊崇哈耶克关于经济问题的理解，即经济问题也就是知识的利用（the use of knowledge）问题，〔6〕并且接受一个基本事实，即与经济决策相关的知

〔6〕 这里所说的“知识”，并非是我们一般意义上所理解的系统化的知识，如物理学知识等等，而是个人对自己以及周围环境所了解的情况，例如，个人的偏好及其排序，个人所了解的不为他人所知的其他信息等等。所以，有时哈耶克也称之为数据或者说基料（data）。有关这个词的讨论，参见哈耶克：“经济学与知识”，载［英］哈耶克：《个人主义与经济秩序》，夏道平译，远流出版事业股份有限公司 1993 年版，第 57～82 页。

识是分散的,[7] 那么,在此学术脉络下,经济学与法学的内在结合乃是可能的。进而言之,既然知识是分散的,与知识利用相关的决策权的分配,当然也应当是分散的。而财产权的作用,就是实现决策权的分散化。当然,在决策权分散化的条件下,分散的个人之间,就不可避免地面临冲突,进而产生纠纷。而当纠纷产生时,一般而言,就必须由法官根据法律来居中裁决,确定冲突各方的行为。换言之,法官在进行判决时,必须作出决定(decision),必须确定冲突各方行为的具体内容和具体方式。那么,此时是否产生了一种决策权的转移,即由冲突各方将行为的决策权——至少在一定意义上——转移给了法官?如果法官必须以判决的方式作出决定,那么,法官作出此决定的根据是什么?

既有的法学理论提供了两种答案。第一种答案是,由制定法来直接提供法官判决的依据。于此,制定法成为法官判案的知识来源。面对具体个案时,法官所要做的,不过是充当孟德斯鸠所谓“法律的代言人”,[8] 将既定的制定法规范直接运用于个案。然而,现在这种答案已不能令人信服。越来越多的研究成果表明,在判决作出之前,法官必须对所

---

〔7〕 哈耶克:“散在社会的知识之利用”,载[英]哈耶克:《个人主义与经济秩序》,夏道平译,远流出版事业股份有限公司 1993 年版,第 105~120 页。

〔8〕 [法]孟德斯鸠:《论法的精神》上册,张雁深译,商务印书馆 1993 年版,第 163 页。

涉相关法律规范作出解释，才能得出具体的裁判根据。[9] 既然借以解释法律之根据不是直接来自于制定法本身，因此，问题就变成，法官是如何解释法律的，法官根据什么来证明其解释的正确与否？第二种答案以批判法学为代表，这种观点认为，法官判案所依据者，非为法律，而是个人所持"感情、直觉、偏见、脾气以及其他非理性因素"。[10] 也就是说，法官乃是根据其个人的知识来作出判决的。由此导致的结果，必然是决策权的移转，由法官来替代当事人进行决策，法官成了决策的中心，从而在实际上否定了决策权的分散化。这既与知识分散的事实相矛盾，也导致无法在事后对法官的判决进行理性的验证，因而是不可接受的。

我们认为，从哈耶克的知识论立场出发，制度运作中必须考虑的知识可以分成两种，一种是特定知识，这种知识是赖以作出经济决策所需的知识，如个人的各种偏好。这种知识的分布是分散的，并且也无法有效地收集。利用这种知识的最好机制，就是财产权制度下的分散决策制度。另一种知识乃是同一秩序下人们所享有的共识，这是一种公共知识，如在同一文化下的人们，对特定情形下应当如何行为，都会有一定的共识。

在与经济决策相关的知识是分散的条件下，法官的判决

---

〔9〕［德］卡尔拉伦茨：《法学方法论》，陈爱娥译，商务印书馆2004年版，第152页；朱庆育：《意思表示解释理论——精神科学视域中的私法推理理论》，中国政法大学出版社2004年版，第56~59页；［德］亚图·考夫曼：《法律哲学》，刘幸义等译，法律出版社2004年版，第72~73页。

〔10〕Jerome Frank 语，转引自 Mercuro and Medema，Economics and the Law，10.

应当有助于——而不是代替——分散决策制度的运作。因此，只有法官依赖这种公共知识来解释法律并作出判决，才不会形成对分散决策制度的代替，因为人们利用特定知识，进行经济决策，本身即必须假设这种公共知识的存在，是人们在进行决策时预先设定作为各方行为的前提。

从这里我们可以看出，法官判决的知识基础问题，乃是进行具体裁判的法律推理所必须解决的问题。法官在作出判决的过程中，必然会提出也必须解决其判决的知识基础的问题，才能进行具体的判决，因此，知识论问题与法学的思考，在此乃是内在地结合起来了。相应地，经济学（哈耶克意义上的）与法学，在此也内在地结合起来了。

本文以下沿着哈耶克的知识论的思路展开，分为四个部分：第一部分初步论述规则与知识之间的关系；第二部分则是对财产权方法的一个简要描述；第三部分侧重论述法官在解释法律规范时所需依赖的知识基础；第四部分讨论了财产权方法与知识利用之间的关系；最后是结论。

二、规则与无知

对于规则，法学一般从效力的角度——而不是从其功能的角度——来进行研究。从效力的角度来考察，无论从何种角度对规则进行细分，[11] 都已默认了规则的存在，而没有进一步追问“何以需要规则”这个更为原始的问题。[12]

何以需要规则？一般认为，规则被用来协调人们的行为，化解可能存在的冲突。然而，要协调人们彼此的行动，化解纠纷，未必总是要依赖规则。也就是说，至少在理论上，没有规则的社会生活也是可以设想的：如果有一个全知全能者，知道所有相关的知识（knowledge），并根据此知识来安排人与物的关系，以及人与人的关系，那么，规则也就可以不必存在了。所有纠纷的解决，乃至所有资源的分配，皆由该全知全能者的意志定夺。在这样一个全知全能者存在的情况下，他指导下的生活，其实跟一个完善的计划经济是一样的。因此，如果此全知全能者存在，计划经济也就完全可行了。然而，对于这样一个全知全能者来说，为了达到有效利用资源的目的，需要掌握的相关的知识，远远超出我们的想象：“必须把每件机器、工具或每幢建筑看作不仅仅是物质的同类物件之一，而是一个独特的个体，其效用决定于它的损耗情形、它的所在地等等。对于每一批放在不同地方

---

〔11〕 最为常见的划分，是把规范划分为强制性规范与任意性规范。前者所规定的法律效果在法律要件充足的条件下自动发生，而后者则可由当事人以意思表示排除之。另一种划分，根据规范所约束的对象，可以分为行为规范与裁判规范，前者约束行为人，后者约束裁判者。还有其他的划分方法，参见黄茂荣：《法学方法与现代民法》，中国政法大学出版社2001年版，第110页以下。

〔12〕 考夫曼认为，这个更为原始的问题属于法哲学的范围。而法哲学不是法学，而是哲学的一个分支。参见［德］亚图·考夫曼：《法律哲学》，刘幸义等译，法律出版社2004年版，第10页。

的商品或任何其他方面不同于其他批的商品，也应如此看待。这就是说，为着达成竞争制度所保证的那种程度的经济，中央计划机构必须把现存的统称为工具财的那些东西，看作许许多多不同样的财货（有多少个单位，就有多少不同的样子）所组成的。就通常的商品，即非耐久的半制品或制成品来讲，很明显地，由于这样看待而显出来的区别，要比就它们在物质上的特点来分类而显出的区别要多得多。从技术上看，两件相同的东西，如果所在地不同、包装不同或年代不同，我们就不可能把它们看作效用相等的东西，即令我们只要做到最低限度的有效使用”。[13]

也就是说，抽象看待物件的可能性在刹那间消失了，只剩下具体看待物件的可能性，而且是无比的具体，换言之，每一个物件都是一个独特的存在，而全知全能者必须把握住所有物件的独特性。原来按类来把握和处理的物，现在只能根据其具体组成单位来处理，信息处理量似乎突然间增大了。举例来说，10 个杯子，这是按类来对杯子的把握。而全知全能者，却需要进一步把握这 10 个杯子各自不同的细节，如具体的瑕疵、颜色、厚度等等，因此，增加的数据量不仅仅是 10 倍以上，而是更多。即使我们不进一步考虑这些数据的处理问题，显然，仅仅是收集这些数据，就已非人力所能胜任的了。因此，这样一个全知全能者实际上是不可能存在的。当然，我们很自然会提出这样的疑问，即为什么

〔13〕 哈耶克：“社会主义的计算（2）：辩论的情形”，载［英］哈耶克：《个人主义与经济秩序》，夏道平译，远流出版事业股份有限公司 1993 年版，第 186 页。

全知全能者分配资源的时候，会发生这种数据处理方式上——从抽象到具体——的重大变化呢？抽象看待物件的可能性何以不存在了呢？对这个问题，我们会在后面（本文第四部分）再来详加探讨。

既然全知全能者不存在，每个人对于整个社会顺利运转所需的知识，乃至对于其他人决策时所凭借的知识，都处于一种无知（ignorance）的状态之中。每个人只能根据自己所知的分散的知识为基础进行行动。显然，各自分散行动，在很多情形下不可避免地会产生个人行动间的冲突。例如，两个人同时看中一块地，都希望把这块地占为己有等等。这种冲突即使不以激烈的方式表现出来，后果也会很严重。例如，由于没有界定权利，大家同时有权在某块草地上放牧。结果，为了攫取这块未分割的利益中的较大份额，就会导致过度放牧。这就是著名的所谓公共地的悲剧。因此，在各自分立行动的条件下，必须能够有效地解决彼此行动间的冲突和纠纷。而纠纷的解决则有赖于规则的存在，准确地说，有赖于抽象规则的存在。为什么呢？

我们可以设想，如果根据权威——例如一个全知全能者——来协调不同个人间的行动，那么，这些不同个人间的冲突当然也是由权威的命令来解决，换言之，无需借助于规则。这正是某些非常小的部落社会的情形，以及某些家长在解决小孩之间的冲突时可能出现的情形。然而，如前所说，既然不存在全知全能者，我们就已经否定了这个权威作为整个社会的协调者的可能性。而抽象规则也正是在这种情况下为纠纷的解决服务的。那么，抽象行为规则是如何既有效地解决知识利用的问题，又能够解决纠纷的呢？

哈耶克认为，抽象行为规则乃是通过界定个人行动的预期来实现纠纷的解决的。进一步说，抽象行为规则乃是通过界定权利的方式，从而确定“你的”和“我的”的行动范围而实现纠纷的解决和冲突的防止的。哈耶克甚至说，财产权的方法，“乃是人类在面对如何于实现个人自由的同时又不致相互冲突这个问题的方面，迄今为止发现的惟一一种解决方法”。〔14〕

现在，我们需要追问的是，财产权的方法，为什么可以有效地解决知识利用的问题，并且可以有效地解决纠纷，防止冲突的重演？在解答这些问题之前，我们必须先了解财产权方法是如何运作的。

三、关于财产权方法的一个简要描述

财产权方法的顺利运作，必须解决两个基本的问题：①权利是如何界定和配置的？②权利作为界定个人行动范围的方法，其运作必须具备什么条件？我们以下分为三个方面来解答上述问题。

（一）权利的配置与尊重权利的义务

如前所述，财产权方法是根据权利来确定某个人的行动范围的。问题是，权利应当如何配置呢？答案很简单，权利的配置，并不是由法律直接决定的，而是基本上以私法自治的方式通过法律行为来进行的，也就是说，权利的归属

---

〔14〕［英］弗里德利希·冯·哈耶克：《法律、立法与自由》第1卷，邓正来译，法律出版社2000年版，第169页。着重号为本文所加。

（以及归属是否发生变化或移转，即变化或移转的条件）是由当事人自行界定的。

显然，在权利范围内，权利主体可以按照自己的意思行使权利，他人不得干涉。因此，界定了权利，也就界定了权利主体自主行动的空间。对于非权利人而言，则必须被课以尊重他人所享有的权利的义务。倘若非权利人没有被法律要求承担这种义务，则权利人的权利随时可能被侵害，那么，权利也就无法成为划定权利主体自主行动空间的界限。因此，康德说，“所有的权利都伴随着一种不言而喻的资格或权限，对实际上可能侵犯权利的任何人施加强制”。[15]

尊重他人权利的义务，是法定义务。并且，这是我们能设想的财产权方法下的惟一可能的法定义务。[16] 为什么要由法律来规定而不能由当事人自行设定呢？由前述可知，尊重他人权利的义务，是人们可以通过自行设定权利来界定各自自主行动空间的条件。个人通过法律行为来为自己创设权利、承担义务，从根本上讲，取决于这个条件能否得到维护。如果这个条件得不到维护，私法自治下的法律行为制度，也就没有任何意义了。你通过买卖契约并通过卖主而获得了某物的所有权，可是，如果其他人也可以任意地使用该物，你所获得的，还是所有权吗？你还会为获得该物的所有权而努力吗？正因为如此，我们也可以称设定此义务的规则

---

〔15〕［德］康德：《法的形而上学原理——权利的科学》，沈叔平译，商务印书馆1991年版，第42页。

〔16〕根据我们这个推理，纳税服兵役等义务，已经属于哈耶克所说的组织规则而不是正当行为规则了。

为框架性规则。法律行为制度，只有在这种框架性规则得到维护的前提下，才能顺利运作。

从内容上看，尊重他人权利的义务，是一种消极性的义务。这些义务，既包括民法上——主要是侵权行为法上——的义务，也包括刑法上所设定的义务。设定此种消极性义务的规则，也就是哈耶克所说的否定性规则。[17] 它只规定了不能做什么，没有规定必须做什么。

根据上述可知，在财产权方法下，对非权利人义务的要求是很低的，只要尊重他人的权利就可以了。当然，这种义务要能够得到履行，义务人就必须能够很容易地辨认出权利的归属。表示尊重之前，必须先找到尊重的对象：如果不能辨认出权利所在，义务人又如何去尊重他人的权利呢？显然，这种辨认不能是很复杂的，因此，只能是根据社会通常的观念去辨认权利的归属。依此类推，当这种通常的辨认标志不存在时，尊重权利的义务也就不存在。我们通过动产所有权的相关规则来说明这一点。[18]

---

〔17〕 关于正当行为规则的否定性特征，哈耶克主要是在《法律、立法与自由》第2卷第八章进行论述的。参见［英］弗里德利希·冯·哈耶克：《法律、立法与自由》第2卷，邓正来译，中国大百科全书出版社2000年版，第49页以下。

〔18〕 其他情况下尊重权利的问题，在民法上，主要是通过侵权行为法来解决。在具体问题上，其确定方法，在实质上仍然是社会观念进行确定，包括对过失的确定，因果关系的确定等等，然而在具体论述时，则因为细节繁多，遂孳生无数争执。例如，对于侵权行为与损害之间因果关系，如果试图按照物理界的因果关系确定，显然是不可能的。侵权行为与损害之间是否存在因果关系，即行为是否导致损害的发生，根本而言，取决于大众对此的看法，而大众的看法则取决于当下已形成的秩序，

我们知道，动产所有权根据占有来进行推定。也就是说，在缺乏其他证据的情况下，占有人即被法律推定为所有权人。[19]反过来，人们也是根据占有的推定来对相应的所有权表示尊重（即不侵犯），占有之所在，即是权利之所在。那么，什么是占有呢？通说认为，占有是对物之事实上的支配力。[20]此事实上的支配力，是物理上的支配力吗？通说认为，不是。事实上的支配力是根据社会观念来加以认定的。[21]也就是说，占有是根据社会观念所认可的人与物的关系，来确定占有之所在的。

社会观念所认可的占有关系，又是一种什么样的关系呢？在具体的情形下如何判定？社会观念所认可的标准，其

也就是说，确定的标准是会随时间和地点的变化而有所不同的。然而，学者却始终试图概括出能够放之四海而皆准的标准，只能是越研究越糊涂。参见曾世雄：《损害赔偿法原理》，中国政法大学出版社2001年版，第112页。而当德国学者终于发现规范目的说时，实际上就是否定了这种获得统一标准的可能性。既然依赖于规范目的，而规范之目的在不同情形下判断未必一致，因此，统一的因果关系的确定标准也就不存在了。在我看来，规范目的说不如根据社会观念来进行认定更有说服力，更能够有效地约束法官的解释空间。关于秩序之变化导致损害赔偿义务认定标准之变化，可参见拉伦茨所举的道路交通的事例。参见［德］卡尔拉伦茨：《法学方法论》，陈爱娥译，商务印书馆2004年版，第226页。

〔19〕［德］鲍尔·施蒂尔纳：《德国物权法》上册，法律出版社2004年版，第61页边码9以下。

〔20〕王泽鉴：《用益物权·占有》，中国政法大学出版社2001年版，第155页。

〔21〕王泽鉴：《用益物权·占有》，中国政法大学出版社2001年版，第155页。

实与此时此地的生活方式有关，在既定的生活方式下，会形成既定的人与物的关系。举例而言，如果大家都没有专门的车库，那么，晚上把车停放在室外，或者一段时间停放在室外，不能认为是放弃了占有。然而，如果某个地方的习惯是，抛弃一辆汽车的占有的方式，就是把汽车停放在室外，那么，我们就可以认为，停放在室外，就表明占有的放弃。因此，在不同的地方，认定占有存在的具体的标准和具体的方法可能是不一样的。但是，对于生活在当地的居民来说，他们都很清楚如何去判断占有的存在。也就是说，如果你生活在此，你无需精通民法，无需去研究民法上关于占有的条文，你仍然能够知道占有之所在，你仍然能够推断出所有权之所在。这个当地的具体确定占有的标准又是如何形成的呢？是由当地的生活秩序形成的，是在人们的互动中形成的一种共识。这种生活秩序，其实就是哈耶克所说的自生自发的行动秩序。因此，确定个人行动空间的标准，最终取决于当地已形成的生活秩序下已达成的共识。这种共识属于这种行动秩序的结果，也是其得以运转的条件。

（二）两种权利配置方式之间的冲突及其解决

论述至此，我们很容易发现可能出现的一种矛盾。我们在前面说，权利乃是由当事人通过法律行为自行配置的。现在，我们又说，权利乃是可以根据人人易知的标志推定的，两种不同的方法难道不会存在冲突吗？例如，甲把电脑出租给乙，乙取得占有，甲仍为所有权人，外部根据占有来推定权利的归属时，就会认为乙是所有权人。此时，第三人丙，既然他不知道内部的租赁关系，同样会尊重乙的占有。但是，如果丙侵害了乙的占有，而此时乙并没有所有权，因此，乙不能而只能由甲来对丙主张权利。当甲由于某种缘故而不能亲自主张权利时，结果就是，对占有的尊重，可能会成为有条件的了。第三人可以进一步考察占有与所有权是否存在分离，来确定自己是否承担对占有的尊重的义务。如果把占有仅仅作为保护权利的手段来考虑，这样的推理当然是成立的：所有权既然不存在，保护占有的意义也就不存在了。但是，作为框架性规则内容中的一个关键成分，对占有的尊重必须是无条件的。因此，法律设定了对占有的保护，来消除这中间可能存在的问题。

在权利取得问题上，也会存在类似的问题。例如，同样是前面的例子，甲把电脑出租给乙，乙取得占有，甲仍为所有权人。如果乙把电脑出售给丙并交付，那么，丙能否取得所有权呢？本来，乙作为无权处分人，既然不享有所有权，当然其行为就不可能产生移转所有权的效果，即丙无法取得所有权，但是，这就与占有对所有权的推定效果相矛盾。也就是说，当外部可认识的占有与所有权分离时，〔22〕就会出现推定上的错误。因此，一般地，法律在此会规定善意取得制度，只要丙不知道乙不是所有权人，丙即可根据善意取得制度取得所有权。

从上述两种情形我们可以发现，在两种方法产生冲突的时候，法律采取的办法一般是维护框架性规则所确定的结

〔22〕 此时所有权人还是占有人，不过是间接占有。但是，间接占有并不是外部可直接认识的，而是必须通过直接占有人这个媒介，即必须透过直接占有人的承认，才是可认识的。

果。也就是说，在出现第三人时，根据社会观念的推定要优先于私法自治原则下的界定。这样处理的原因在于，框架性规则是整个制度得以运行的基础，私法自治乃是在这个基础上运行的，因此应当优先得到保护。

（三）尊重权利的义务与权利价值的确定

在确定权利的归属之后，框架性规则还必须确定权利的价值。这个问题是由义务人违反其尊重他人权利的义务而引发的。本来，财产权方法既然把权利的界定交由当事人自行决定，框架性规则似乎可以不必考虑权利的价值：权利的价值由当事人自行判定。但是，在确定框架性规则的具体内容时，这个问题实际上是无法回避的。当非权利人违反尊重他人权利的义务时，也就是说，侵害了他人的权利时，法律就必须确定他的具体责任，例如，在物的毁损情形下，必须确定损害赔偿的具体数额。要确定损害赔偿的具体数额，就必须先解决权利的价值问题。

权利价值的确定，无非是主观的方法或者是客观的方法。[23] 所谓主观的方法，即根据当事人的观点去确定。主观方法其实就是经济学中的效用评价方法。我们知道，对同一个物，对不同的人效用是不一样的，而且，我们既没有什

---

〔23〕 在民法上，关于主观损害与客观损害的区分，似乎并不清晰。曾世雄将损害之构成因素区分为普通因素与特别因素。普通因素乃是某一损害事故发生之后，不论何人，通常会遭受的损害之构成因素，而特别因素，即某个特定的人才会因损害事故而遭受的损害因素。据此，根据前者来计算损害，是客观计算，而根据后者的计算即为主观计算。在我看来，这样区分的主观客观，实际上是用来确定损害范围，而不是损害的程度。

么根据认为谁的评价更为准确，我们也没有办法去验证谁所确定的具体的效用水平是否真实。也就是说，人们很难就这种方法达成一致。因此，这种方法在纷争出现时，不能够作为纠纷解决的方法。所以，客观的方法才是我们努力的方向。客观的方法是什么呢？就是根据社会观念所理解的权利的价值来进行确定。比如说，物已经毁损，那么，就可以要求其赔偿一个同样的物，或者以市价计算赔偿其价值。根据社会观念来计算损害，也就是不再计算主观上价值的丧失。显然，根据客观方法来确定权利的价值，同样依赖一个既存的行动秩序。例如，根据市价来计算物的损害，而市场价格本身即是一个既存的行动秩序——多次交易确定的——的结果。

既然损害范围本身，无论是主观还是客观，都必须根据事实来确定，因此，这里的主观计算的损害，其实还是客观的。至少对被害人而言，他所发生的损害，是可以用证据证明的。如果是真正的主观，如何能有证据证明呢？因此，更合适的称呼应当是普通与个别，而不是主观与客观。参见曾世雄：《损害赔偿法原理》，中国政法大学出版社 2001 年版，第 161 页以下。也就是说，根据曾世雄的观点，根据主观方法或者客观方法确定损害的范围之后，在计算损害的程度时，则仍然是根据客观标准来计算的。例如，他认为，如以 20 元买一旧画，在交付前因出卖人之责毁失，如用于布置卧室，则其主观价值为卖价 20 元，如用于在出售，则根据一般在出售利润如 100% 计算为 40 元，如证明该画为古董，而购画者为古董收藏者，则按该画之市价计算可能为 2 万元。曾世雄：《损害赔偿法原理》，中国政法大学出版社 2001 年版，第 166 ~ 167 页。三种情形下，确定损害程度的方法都是客观方法，例如，计算古董收藏者的损害是根据市价计算，再出售者的损害根据一般的行业利润计算，而用于布置卧室者，同样是根据一个已确定的价格计算，都是可以用证据证明的。同样显然的是，三者所计算的价值，都不是当事人的主观价值，例如，布置卧室者对画的主观价值肯定高于 20 元，否则，交易根本不会发生。

根据上面的论述可知，社会观念在财产权方法中扮演着一个重要的角色。可以说，没有这个社会观念所提供的相应的知识，财产权方法其实也是没有办法顺利运作的。而社会观念其实是在哈耶克所说的自生自发秩序中产生出来的，因此，对社会观念的依赖，其实也就是对自生自发秩序的依赖。这种依赖就说明哈耶克所认为的，不存在单纯根据规则就可以确定的秩序，规则的运作本身，反而是需要依赖一定的行动秩序。[24] 对此，我们在后面还要作进一步的分析。

四、框架性规则适用中的知识利用问题

个人根据他所拥有的特定知识进行行动。从这个思路上来说，个人之所以拥有个人行动的决策权，其根据是他所拥有的特定知识。当个人行动产生冲突的时候，就需要法官居中仲裁来解决纠纷。那么，法官判决的知识基础是什么？法官显然不可能拥有冲突各方所拥有的特定知识，那么，法官又以什么作为其裁决的合法性根据呢？虽然我们很容易回答说，法官是根据法律来作出裁判的，但我们知道，法律是以一般性命题来表示的，然而，“一般性法律命题并不裁定具体案件”，[25] 换言之，法律需要解释，才能适用于具体的案件。那么，当存在多种解释的可能性时，法官究竟依赖于何

---

〔24〕［英］弗里德利希·冯·哈耶克：《法律、立法与自由》第1卷，邓正来译，法律出版社2000年版，第167页。

〔25〕O. W. Holmes, Jr., Lochner, V. New York, 198 U. S. 45, 76 (1905). 转引自，［英］弗里德利希·冯·哈耶克：《自由秩序原理》，邓正来译，生活·读书·新知三联书店1997年版，第194页。

种知识来确定他所认可的解释结果，并由此进行案件的裁决呢？我们先看看传统解释方法如何来解决这个问题。

（一）传统解释方法及其困境

我们知道，法律解释是法律适用中的核心问题，也是传统教义学研究的核心问题。传统的法律解释方法，是萨维尼的解释方法，即由文法、逻辑、历史和体系组成。这四种方法的特质，一言以蔽之，就是试图在纯规范的范围内解决法律解释问题，法官判决也表现为纯粹的包摄模式："法官的判决系在两个严格相互分离的行为中作成（'应然与实然的方法二元论'许多人将它追溯到 Kant，但这是相当有疑问的）：一方面是探求事实的任务，在此任务上，法官是在一个'纯粹客观的气氛中'、'自信的冷静中'及'内在的自由中'，免去如何的'先前判断'，以'纯粹的认识'来深思熟虑一个对他而言'完全未知的事实'，而且必须不混杂主观因素地带着'真理的欲求'，从过去之中重建这个事实；另一方面则是适用法律，它在时间上跟在探求事实之后，而且其任务在于：免受所有'外在因素的干扰'，完全不受政治立场、带着'正义的欲求'解释地探求一个（或多数）现行的、完备的法律规范的意义"。[26]

进一步说，这种方法下，乃是把法律理解为一个自足的对象，本身已包含判决案件所需的"真理"，就如一株植物，已包含植物学家所需的关于植物的真理，只是等待植物

---

〔26〕 Eb. Schmidt，"法官、司法与国家"，转引自［德］亚图·考夫曼：《法律哲学》，刘幸义等译，法律出版社 2004 年版，第 131 页。

学家去发现而已。法官需要做的，就是从法律条文中去发现这个“真理”。这个“真理”既然已经存在于法律中，法官的任务就与一个自然科学家无异。所谓法律的解释方法，就是发现这个真理的路径或者程序，就如一个科学家所需遵守的研究程序和方法一样。以此观之，法官判决的基础当然是法律中所包含的这个“真理”，并且，这个“真理”，如同自然科学的真理一样，当然应该是唯一的。

法律规则是用自然语言写成的。因此，如果法律乃是自足的对象，语言也就必须承担起记载这种真理的功能。而为了消除可能存在的歧义，就必须达到语言与所指的一一对应，最终目标乃是达到如数学般的精确。这就意味着语言也必须有一个内在的正确意义，如果语言本身是含糊的，或者存在多种理解的可能性，上述目标自然就无法实现。然而，语言的模糊性，是自然语言的天然特性。因此，为了达到消除模糊性的目标，也许只有借助于人工语言了。但是，人工语言，至少其所使用的符号的意义，必须加以定义，而对符号的定义，除了使用自然语言之外，又还能借助于什么办法呢？如此一来，人工语言的存在反而要依赖于自然语言，其解释最终当然也要依赖于自然语言。〔27〕

在法律乃是自然语言写成的现实下，正如维特根斯坦所表明的那样，语言的意义在于使用，换言之，并不存在一个客观的真理内含于语言之中，而是必须透过语言的使用方式，去理解其含义。法律既然是要适用于具体案件的，适用

---

〔27〕 朱庆育：《意思表示解释理论——精神科学视域中的私法推理理论》，中国政法大学出版社2004年版，第47页。

于具体案件就是法律语言使用的具体场景，因此，法律的理解和解释，在不考虑案件事实的情况下，试图在纯规范的层面解决，显然已经不现实了。

然而，如果根据案件事实来理解规范，那么，案件事实本身必须是明确的。然而，案件事实本身，也不是单义的，“横看成岭侧成峰，远近高低各不同”，即使是同一个事物，也存在多种理解的可能性。那么，又如何在这个多种可能性中进行选择呢？

（二）多种理解可能性的存在论根据

为了摆脱这种论证上的困境，我们必须进一步追问：为什么无论是法律规范还是案件事实，都存在多种理解的可能性？也就是说，我们必须追问，“多种理解”，理解的究竟是什么？分歧又是什么？从哲学解释学的立场出发，理解的是“意义”，分歧的也是“意义”。[28] 为了理解这个答案，我们必须简要地回顾一下哲学解释学的基本观点。

我们从一个简单的例子开始。当我们看到一支钢笔的时候，我们的第一反应是什么呢？我们发现的是钢笔，而不是

---

〔28〕 应当用什么术语来表达这里我们试图用“意义”这个词来表达的内容，颇令人踌躇。“意义”这个词本身也是多义的。既可以指词语的含义，也可以指由某个事物所衍生出来的东西，如历史意义。我们是在后一个含义上使用“意义”这个词的。对于这个意思，加达默尔是用效果历史来表达的。在加达默尔那里，正是通过效果历史，才获得处境意识，获得理解的视域，并且才能把理解与应用统一起来。参见［德］汉斯·格奥尔格·加达默尔：《真理与方法——哲学诠释学的基本特征》，洪汉鼎译，上海译文出版社1999年版，第387页以下，第394页以下。

一个纯粹的物。也就是说，我们总是从物的使用可能性来理解物的，而不是从纯粹认识的角度来理解物的纯粹性的。物的使用可能性，被海德格尔称为物的存在方式。钢笔的存在方式就是写字。谁写字呢？是人。人写字，也是人的一种存在方式。这样，钢笔的存在方式就与人的存在方式联系起来了。换言之，人理解物，乃是从自己的存在方式的角度去理解、去看的，而不是撇开自己的存在方式，纯粹地去认识某个物。前者是第一性的，是原始的，后者是衍生的。所以，海德格尔说："哪种存在者应当成为我们的先于课题的对象，哪种存在者应当被确定为先于现象的基地？人们会回答说：物。然而，随着这个不言而喻的答案，所寻找的先于现象的基地可能已经失之交臂。因为把存在者说成是'物'(res)，这种说法中就有一种未曾言明却先入为主的存在论描述。再进一步追问这个存在者的存在，这种分析就碰上了物性和实在。存在论解释可以一步步找到实在性、物质性、广延性、并存之类的存在性质。然而，在操劳活动中，照面的存在者就它的存在而言先于存在论就已经隐藏起来了"。[29]

也就是说，如果我们把钢笔视为纯粹的物，以"纯粹"的态度去认识一支钢笔，显然，分析的就是钢笔的物质性、广延性等等，而钢笔之所以为钢笔的那些属性，自然就隐藏起来，与分析者失之交臂了。所以，在我们的操劳活动中(我们总是处于这样的操劳活动中)，只有用具，而没有纯

---

〔29〕［德］海德格尔：《存在与时间》，陈嘉映等译，生活·读书·新知三联书店 1999 年版，第 79～80 页。

粹的物。海德格尔正是用“用具”这个概念来定义我们在操劳活动中照面的存在者。而用具“本质上是一种‘为了作……的东西’”。换言之，“‘何所用’也就是用具的存在方式”。[30] 谁去使用用具呢？是人。因此，“何所用”其实也就是用具对于人的意义，或者说功能。追问用具的“何所用”，就是追问用具对于人的意义。而这种追问，如前所说，又是从人自身的存在方式出发的。由于每个人各自的存在方式有所不同，因此，同一个用具，对于不同的人，乃至同一个人的不同时期，其所具有的意义是不同的。对用具的理解是如此，对文本的理解也同样如此。实际上，文本也是一个用具，也是我们在操劳活动中照面的存在者。

由于操劳是我们的存在方式，因此，我们总是有所操劳的。相应地，因为总是有所操劳，而在操劳中，就一定会有用具来照面。有用具来照面，就必须去理解这个用具，因此，理解是普遍的。同样地，因为我们操劳活动的内容，随时间的推移会发生变化，因此，我们对用具意义的理解也会发生变化。总之，理解是普遍的，并且，每次理解皆为不同的理解，[31] 这正是哲学解释学的基本结论，而其根源，则是我们作为人的自己的存在方式。

法律规范作为文本，也同样是在我们的操劳活动中与我

---

〔30〕［德］海德格尔：《存在与时间》，陈嘉映等译，生活·读书·新知三联书店1999年版，第82页。

〔31〕这个基本结论可参见朱庆育：《意思表示解释理论——精神科学视域中的私法推理理论》，中国政法大学出版社2004年版，第63页、第135页以下。

们照面的。而根据哲学解释学，每次理解皆为不同理解意味着，不同的人对同一个规范的理解是不一样的。不仅如此，同一个人对同一规范在不同的时候的理解也是不一样的。同样，案件事实也是在我们的操劳活动中与我们照面的，因此，对案件事实的理解同样存在多种可能性。也就是说，规范和案件事实的多种理解可能性的存在论根据，乃是我们作为人的存在方式本身。

（三）多种理解可能性与规范的同一拘束力

如果对规范的理解存在多种可能性，而法律又要求平等适用，对不同的人具有同一拘束力，那么，在此情形下，所谓规范的同一拘束力，又是如何可能的呢？拉伦茨据此批评每次理解皆为不同理解在法学中适用的可能性：“准则”要求：将之一律适用于所有以其为准据的事件。这项要求不可能实现，假使就其内容“在每个时机，质言之，在每个具体的情况，都必须重新作不同的理解的话”，而 Gadamer 明白主张，此种说法亦适用于法解释。的确没有任何一个案件会在所有的角度上与另一案件全然相同。然而，假使仍然应该规定“相同”的准则，便不能容许因任何事件情况的变更，立即对该准则作新的不同解释，否则——作为“正义”的基本要素之——“相同标准”的想法将变成纯粹的幻想。因此，我们必须排除 Gadamer 的若干主张。于此须特别留意，每一个准则的（成功的）具体化，其本身均构成其他——依评价观点而论——同类案件的判断标准。这正是使

“先例”具有重大意义的原因之一。[32]

这就是哲学解释学应用于法律解释时面临的困境。如果每次理解皆为不同理解，那么，法律规范所要求的同一拘束力（法律的一致性），将无法实现。拉伦茨基于法律的同一拘束力的要求，认为“必须排除 Gadamer 的若干主张”，实为无奈之举。可以说，如果将哲学解释学的逻辑贯彻到底，难免要推导出德里达的极端化的结论，即“相互理解是不可能的”。如果相互理解都是不可能的话，那么，对法律的同一理解，或者是出于掌权者的强迫，或者只不过是出于我们自己的想象而已。

因此，如果要使哲学解释学应用于法律解释成为可能，就不能把从个人角度出发（从个人的存在出发）的观点推到极致，而是必须同时承认另一个出发点，即词语本身是一种独立的存在。这个出发点在加上人们总是寻求相互理解的假设，就可以透过理解的循环，来实现更进一步的共识。

从这里可以看出，哲学解释学仍然在试图寻求折衷的结果。在我们看来，如果不承认某种程度的共识，那么，这等于承认社会已经彻底解体，亦同样等于承认，任何规范，都已失去其拘束力。换言之，这就意味着探讨法律规范的固有内容，变得没有意义。也就是说，在德里达的极端观点下，将不可避免地推导出，法律就是暴力，法律规范内容的确定，同样只能是权力运作的结果，而不可能包含任何科学性和客观的成分。我们无法接受这样的推论，因此，我们实际

---

〔32〕［德］卡尔拉伦茨：《法学方法论》，陈爱娥译，商务印书馆 2004 年版，第 104 页。

上也只能支持折衷的伽达默尔的结论。在承认存在共识的前提下，我们就可以寻求进一步的理解。

很有意思的是，这一假设，与哈耶克的观点不谋而合："除非一个群体的成员已持有一些比较吻合的意见，否则该群体便不可能就阐明的规则达成共识。因此，意见之间的这种吻合必定先于人们就阐明的正当行为规则所形成的明确共识，尽管这不是人们就特定的行动目的所达成的共识"。〔33〕

我们用"社会观念"这个概念，来指称哈耶克所称的"比较吻合的意见"。〔34〕这些社会观念，就是在解释法律规范时，大家所接受的作为解释法律的前提。哲学解释学本身并不试图寻求解释这些前提是如何形成的。以下我们仅根据哈耶克的观点略作解释。

（四）社会观念与社会秩序

既然社会观念是对规则的理解达成共识的前提，那么，社会观念本身又是如何形成的呢？我们认为，这种共识是在长期互动中形成的，换言之，它的具体内容，取决于已形成的行动秩序。既然任何秩序的形成，都必定依赖于对规则的遵守，因此，社会观念的形成，也已经默认了对规则的遵守。这似乎构成了一个循环：要对规则的理解达成共识，要求有共同的社会观念，而要形成社会观念，要求已经形成一

〔33〕［英］弗里德利希·冯·哈耶克：《法律、立法与自由》第1卷，邓正来译，中国大百科全书出版社2000年版，第154页。着重号为本文所加。

〔34〕社会观念这个概念，并不是说有"社会"这样一个实体，其所具有的观念，而是指在社会中的个人所共有的观念和知识。详见下述。

定的秩序，而形成一定的秩序，又要求遵守一定的规则。有人难免要提出这样的疑问：在规则获得遵守之前，难道人们不需要对规则达成共识吗？

然而，这种循环是表面上的，因为，对一个特定的规则的理解问题，之所以能够被提出，就已经假定了一个行动秩序以及与此相关的规则系统的存在。如果不存在一个已经形成的行动秩序以及与此相关的规则系统，也就根本不存在某个特定规则应当如何理解的问题。举例而言，当一条船沉没，甲为了他的生命而推倒另一个人，使后者从木板中掉入水中，而他自己在木板上免于死亡。康德说，在此情形下，事实上没有任何刑法会对甲处以死刑。为什么呢？因为“在紧急状态下没有法律”。〔35〕实际上，在紧急状态下，已经不存在一个平常状态下已经存在的秩序了，因此，与平常状态相关的法律规范的理解问题，也就根本不存在了。〔36〕

也就是说，对一个特定规则的理解，就必须基于既定的秩序及其相关的规则。然而，人们对于一个既存的秩序，不可能知道全部的细节，而是只能知道与此相关的抽象的关系。也就是说，最终形成的只是一些意见，关于“对不同

---

〔35〕［德］康德：《法的形而上学原理——权利的科学》，沈叔平译，商务印书馆1991年版，第47页。

〔36〕正因为如此，如果以紧急状态作为理解法律的前提，对法律的真正功能的理解，就会差之毫厘，谬以千里。而施密特的政治法学，正是以紧急状态作为理解法律的前提。可参见哈耶克对施密特的批评，［英］弗里德利希·冯·哈耶克：《法律、立法与自由》第1卷，邓正来译，中国大百科全书出版社2000年版，第109页；也可参见［德］卡尔·施米特：《政治的概念》，刘宗坤等译，上海人民出版社2003年版。

形式的行动或某些种类的行动是否具有可欲性的看法”。[37]既然行动的可欲性是根据对行动的“意义”的理解而得出的结论，那么，关于行动可欲性的共识就包含对行动的“意义”的共识。而对行动可欲性的“意义”的认识，也就是对行动的评价，已经披露了必须遵守的相关的规则。例如，如果将行为的可欲性评价为负面，那么，就意味着该行为是不应该做的。这样，个人在决策时，无需去仔细考察刑法典的条文，根据其所拥有的社会观念，就可以知道必须遵守什么规则。

（五）社会观念与法律适用

在具体的法律适用过程中，如何去发现这种共识呢？这可以区分英美法和大陆法两种情形来加以讨论。

在英美法系存在陪审团的情况下，是由陪审团来表达这种共识的。在表面上，陪审团只认定事实问题。然而，在认定事实过程中，不涉及对法律规范的解释几乎是不可能的。当然，陪审团对法律的解释，既然他们在法律上只能对事实进行认定，是以隐藏的方式进行，并且是依照他们的社会观念——或者说是民情（托克维尔的术语）——来进行解释的。陪审团成员的挑选过程，又可以基本保证他们代表的是当地的主流意见。正因为如此，托克维尔把陪审团制度理解

〔37〕［英］弗里德利希·冯·哈耶克：《法律、立法与自由》第2卷，邓正来译，中国大百科全书出版社2000年版，第18页。

为政治制度，具有维护人民主权的功能。[38] 实际上，在陪审团制度下，就可以基本上做到判决结果与一般的正义感相互一致。

在大陆法国家，共识的发现，是由法官按照一般人的思维模式来类推进行的。同样地，在这里，法官根据他所发现的共识来对法律进行解释，也经常是隐蔽的，这里我们以德国刑法解释学上引起激烈争论的盐酸案为例来加以说明。

案情是某人携带盐酸抢劫。依德国刑法典的规定，携带武器强盗，应当加重处罚。但现在他携带盐酸进行强盗，是否构成加重强盗罪呢？引起争论的问题是，盐酸是否属于武器？如果盐酸是武器，当然，携带盐酸强盗，自然构成加重强盗罪。可是，根据什么来确定盐酸是否是武器呢？考夫曼认为，“根据字面及可能的字义，盐酸都不是武器。另一方面，不考虑规范，事实的认定也导不出是否‘盐酸是武器’的问题”。因此，“只有当我们把携带盐酸强盗这个现象，‘先前理解’（设证）为加重强盗罪的可能案件，我们才会碰到这个问题”。[39] 也就是说，回答盐酸是否是武器，与加重强盗罪的加重处罚，是联系在一起的。如果答案是肯定的，就要加重处罚，反之则否。因此，如何回答，取决于我们对是否应当对携带盐酸强盗加重处罚的答案。而我们又根据什么来决定是否应当对携带盐酸强盗加重处罚呢？取决于

---

〔38〕［法］托克维尔：《论美国的民主》，董果良译，商务印书馆1988年版，第311页以下。

〔39〕［德］亚图·考夫曼：《法律哲学》，刘幸义等译，法律出版社2004年版，第133页。

我们对携带盐酸强盗这个行为的理解。也就是说，如果我们认为，携带盐酸强盗，其恶性程度与携带通常的武器如枪支一样，我们就会肯定携带盐酸强盗也要加重处罚，从而认为盐酸也是武器，反之，答案则会相反。也就是说，争论的最终解决，必须诉诸于某种大家可接受的共识。

与普通法下通过陪审团来表达共识不同，在法官根据一般人的思维模式进行推理时，很可能会出现“依照个案来选择这些解释方法，以获致令人满意的结果”。[40] 也就是说，在根据一般的社会观念来进行推理时，就会表现成先有结论，而后再进行论证的印象。而这种可能性，也当然是由于正统的法律理论，没有把最需要考虑的解释因素纳入考虑之中的缘故。[41] 换言之，在大陆法的司法制度下，根据社会观念来解释法律，并没有制度上的保证，而是由法官根据自己的个人判断来进行的。

在这种情况下，我们可以看出，当法官根据社会观念来理解规则的意义并进行相应的裁判时，就可以保证同一规则对不同的人在案情基本相同的情况下，产生同样的结果。当然，这并没有保证同一规则对所有人意味着同样的意义。这是没有办法做到的。换言之，每次理解仍然是不同的理解，但规范的同一拘束力却已获得实现。更为重要的是，在知识利用问题上，法官无需依赖特定的知识进行裁判，法官所需

---

〔40〕 K. Engisch 语，转引自［德］亚图·考夫曼：《法律哲学》，刘幸义等译，法律出版社 2004 年版，第 83 页。

〔41〕 参见［德］亚图·考夫曼：《法律哲学》，刘幸义等译，法律出版社 2004 年版，第五章的讨论。

要知道的，其实是一种公共知识，法官维护的也是这样一种公共知识存在的意义。法官没有也无需进行特定知识的利用。而在这样的理解下，我们对规则与行动之间的关系的理解，也将与传统的看法有很大的不同。

（六）规则与行动

传统的看法认为，对于强制性规范而言，其目的是强制人们采取某种行为。[42] 可足以支持这种观点的推理逻辑是：人们必须遵守法律所规定的义务，进而推导出，人们一般会因为法律的规定而改变自己的行为，最终，立法者就可以通过立法来改变人们实际的行为模式。确实，法律规定，尤其是法律所规定的制裁，会影响人们行为的决策，但这并不意味着人们会完全按照立法者所设想的那样行为。换言之，即使框架性规则在效力上是强制规范，但是，根据框架性规则本身，却不能直接决定人们会采取何种行为。这是因为，即使是强制性规范，所能够强制的，只能是法律效果在法律规定条件下自动产生，却不能强制行为人采取何种行为。实际上，行为人在进行应当采取何种行为的决策的时候，除了考虑强制性规范外，还必须考虑其他因素，主要是哈耶克所说的“情势”。例如，在租金管制条件下，人们（包括出租方和承租方）并非完全遵守法律关于租金的限制，而是会通

---

〔42〕 可参见朱苏力：“变法，法治及其本土资源”，载朱苏力：《法治及其本土资源》，中国政法大学出版社 1996 年版，第 3 页；朱庆育：“谁应当遵行民法?”，载郑永流主编：《法哲学与法社会学论丛》第 6 期，中国政法大学出版社 2003 年版，第 363 ~ 380 页，相关讨论在第 381 页以下。

过各种方式来实现更高的租金，如钥匙费之类。[43]

我们知道，一个完整的规则包括构成要件与法律效果。而法律效果与构成要件对当事人的意义，要取决于具体的情势。也就是说，单纯根据法律效果与构成要件的关系，并不能直接决定当事人是否会从事某项行为。因此，在同样的规则下，当情势发生变化时，规则导致的行为会发生变化，因此，在原来可以有效地避免冲突的规则，在后来却会导致冲突的加剧，因而要求原有规则的改变。例如，在香港，在房屋租金管制条件下，在电梯使用之前，房东驱赶房客重建房屋的激励有限，而在电梯使用之后，由于楼房高度增加，重建的利润增加，导致房东与房客之间的冲突激化，并进而导致相关规则的改变。[44] 在历史上，例如，死刑的威胁本来可以有效地防止某些立法旨在禁止的行为，然而，如果遭遇大旱或者其他大的灾害，则死刑也不足以起到这种效果：在某种条件下，就会产生“民不畏死”的情势。换言之，死亡所具有的意义，已发生了变化。

情势本身是在不断变化的，因此，即使强制性规范的目的是“使由之”而不是“使知之”，试图达到改变人们行为的目的，其目的能否实现，也是难以预料的。更容易出现的情况是，为了达到改变人们行为的目的，管制者就必须进一

〔43〕 可参见张五常：“租管与重建：香港战前物业的战后经验”，载张五常：《经济解释——张五常经济论文选》，易宪容、张卫东译，商务印书馆2001年版，第270～305页。

〔44〕 可参见张五常：“租管与重建：香港战前物业的战后经验”，载张五常：《经济解释——张五常经济论文选》，易宪容、张卫东译，商务印书馆2001年版，第270～305页。

步控制情势的改变，换言之，要固化可能影响强制性规范的管制效果的情势变动。比如说，对房屋租金进行管制，本来是房源不足情势下的一种应对措施，然而，由于租金管制，建房（包括新建房和重建房）利润也被固定，建房激励不变甚至会下降，从而，进一步加剧房源不足之情势。为了改变这种情势，管制者的选择无非是，自己直接去建房，补贴建房者，或者通过管制措施，例如，价格管制降低建筑材料成本等等。简言之，由管制衍生进一步的管制，但除非达到管制一切的程度，否则，管制者试图达到的理想的管制效果，就无法实现。当然，当最终达到管制一切的程度时，也就已经变成计划经济，变成在全知全能者协调下的生活了。因此，即使是强制性规范，也既不应该也不可能完全决定个人的行为。强制性规范，如果有目的的话，也只能是防止冲突、解决纠纷，最终实现预期的一致。

在情势不断变化的情况下，人们的共识——用本文的术语，即社会观念本身——实际上也是在悄然发生变化。相应地，人们对既定规范的理解也在不断地发生变化。也就是说，社会观念本身并不是僵化不变的，而是会根据情势的变化，吸收新的信息而进行调整。社会观念就像市场价格一样，会根据新的情势，吸收新的信息，不断地变化。相应地，规则也就在——实质上而不是文字措辞上——发生变化。当情势和规则都在发生变化时，人们的具体的行为，当然也就已经与以往有很大的不同。

在法官根据社会观念来理解规则的条件下，行为人无需细致地考察法官究竟是如何裁判的，就可以知道真实的规则，并据此来调整和决定自己的行为。当法官脱离社会观念而按照某种固化的思维来理解规则时，就会与人们的预期相冲突：他们理解的规则的实际内容，与法官的不同。在这种情况下，也就会对人们的行动产生巨大的干扰。从这里我们可以看出，法官依赖社会观念来解释规则，而行为人则是根据社会观念来发现规则，法官和行为人同样都依赖社会观念所包含的规则。当法官脱离社会观念来进行裁判时，也就是哈耶克所谓的脱离一般的正义感进行裁判时，〔45〕因为打破了这种知识上的依赖机制，所以会对人们相互间的行动秩序产生最大的干扰。因此，只有在法官根据社会观念理解和解释法律规范的情况下，法官才成为内在于这个秩序的一部分，不会成为这个秩序的干预者，而个人才能始终根据自己所拥有的特定知识进行行为的决策，并实现行动秩序的自动演变。

（七）财产权与知识利用

从上面论述我们可以看出，个人在做出决策时，实际上是依赖于两种不同的知识，一种是个人所拥有的特定知识，而另一种则是大家所拥有的共识。在某种意义上可以说，人们是在共识和特定知识之间的差异中进行套利的交易。在这种情况下，每一个决策者，都只要消化和理解两个变量——个人所拥有的特定知识和大家所拥有的共识——就可以做出决策。而这一决策变量的简化的实现，又是以财产权方法为前提的。

---

〔45〕［英］弗里德利希·冯·哈耶克：《法律、立法与自由》第1卷，邓正来译，中国大百科全书出版社2000年版，第181、183页。

如前所说，在非财产权方法下，包括存在一个全知全能者和计划经济的情况下，都不存在抽象方法，而只能通过具体的方法去分配资源和使用知识，而这意味着必须考虑无数的决策变量。但在财产权方法下，通过抽象方法可以有效地实现决策变量的简化。

抽象方法，实际上是把一类具有某种共同特性的物视为同一种物的方法，类似于数学中的提取公因式的方法。虽然组成同一类物的各个具体的物，仍然会存在各种各样的差别，但在抽象方法下，却被视为同一种物。通过这种方式，就可以极大地减少决策变量。

例如，我们想到笔，就想到书写，即从书写的角度来理解笔。但是，取得笔当然是需要花费资源的，那么，我拿什么来换取笔呢？我必须对换出的物作一个评价，而且，对换入的笔也要作一个评价。这个评价，在财产权方法下，一般是用货币来表达并加以衡量的。这样，决策的量，就是两个(笔的价值以及换出物的价值)。然而，如果没有财产权，这种评价行为是不可能的，因为，根本就没有“我的和你的”这样的概念。如果我希望获得某支笔作为书写工具，那么，如何来确定我是否应该获得呢？如果要达到理想的分配效果，这个分配资源的权威，就必须知道这支笔的细节，知道我的有关细节，例如，我是否会书写，习惯的书写方式，书写的频率等等。并且，如果另外一个人（例如甲）也提出了同样的要求，那么，他也得知道甲在书写方面的相关细节，并且，将甲的这些细节与我的相比较。这样，关于一支笔的使用的配置的决策变量（配置的不能是权利，而只是具体的使用而已），显然，不仅仅是两个，而是可能多达十几个甚至还不止。

财产权方法达到的决策变量的简化，是由于在财产权方法下，物乃是透过“我的和你的”这样的方式来进行界分。物不再是一个纯粹的物，而是“我的”或者是“你的”。这样的话，首先要考虑，如果物是我的，就必须考虑物对于我的意义，用经济学的术语来讲，就是物对于我的效用。如我们从经济学那里学到的，效用是可以用数字来表达的，而数字本来就是抽象的，因此，效用是物的具体性转化为一种抽象性的表现。通过转换为效用，物就可以进行抽象的比较了。并且，在市场经济条件下，这种效用的比较，最终可以用货币化的数字来表达。通过这种货币化的数字表达之后，物与物之间的具体的差别就不见了，可见的就只是物的抽象价值，从而，不同的物就变得可以比较了，而这种变得可以比较的过程，同时也就是简化决策变量的过程。最后，单个主体在作某个资源配置的决策——例如是否出售某物——的时候，他只要参考两个变量就可以了：此物对他的效用与此物的市场价格。如果他觉得市场价格高于他的效用，他就选择出售。虽然，市场价格会发生相应的变动，但是，每一个人决策时，都只是考虑这两个变量，而不需要考虑更多的东西。当然，为了获得更多的利益，他可以进一步考虑未来市场可能会发生的变动，为了发现未来市场可能发生的变动，他需要知道的变量就很多了。实际上，完全预测未来的变动基本上是不可能的，因为市场价格本身是反映了众多的人对此物的主观评价的信息，而单个人无法获得所有与此相关的信息。无论如何，只要考虑两个变量，就可以做到决策的基本正确。

从上述我们可以知道，个人决策乃是透过一个市场化的结果——价格——来进行的，而市场所做的，乃是极其复杂的资源配置，但是落实到某个具体的环节，却总是很简单的：个人的效用与市场价格两个变量的衡量。这就是我们在前面所说的，个人决策必须同时考虑两个变量，个人所拥有的特定知识——个人的效用，以及大家所拥有的共识——市场的价格。也就是说，个人决策也同样依赖于一个既存的秩序（即市场）的结果（即价格）。复杂的是由市场来完成的，在这个市场存在的情况下，个人所要完成的，变得非常的简单。这正是由财产权方法带来的。

五、结论

本文借助于经济学和哲学解释学所提供的基本结论，来理解规则与知识利用之间的关系。虽然在表面上看，经济学与哲学解释学之间的距离，相隔甚远，但两者对法律的理解，却又暗中相通。经济学对法律规范的理解，不能脱离相关的行为人，用经济学的术语，总是要考虑对相关行为人的效用的影响。而哲学解释学，同样强调相关的行为人在理解和解释法律过程中的重要作用。简言之，两者都不承认，纯粹地根据法律规范本身，可以实现对法律规范的理解和适用，而后者正是法律实证主义以及分析法学的基本观点。[46]

在这样的知识背景下，我们探讨了财产权与知识利用的关系。本文认为，经济发展所需的知识，乃是分散的而不是

---

〔46〕 参见朱庆育：《意思表示解释理论——精神科学视域中的私法推理理论》，中国政法大学出版社2004年版，第62页。

集中的。在财产权方法下，通过把财产划分为“你的和我的”，实现了决策权的分散化。一方面，由个人根据其所拥有的特定知识来进行决策，形成了使用知识的激励机制；另一方面，简化了在知识使用过程中所需考虑的决策变量。而且，这种决策权的分散化乃是极其彻底的，即使法官作为纠纷的仲裁者出现，也没有干扰这种决策分散的体制。相反，长期以来，无论是大陆法还是英美法，都发现了让法官依赖当事人所具有的公共知识来进行法律解释，最终据以进行具体判决的方法，特别是在英美法系，这一点通过陪审团制已经在审判程序中制度化了。可以说，知识利用也是法官适用法律过程中内在的组成部分，只不过在以往的法律理论中，这一点被长期掩盖了而已。法官利用公共知识来解释法律规范，既有效地解决纠纷，又不会形成对秩序的干扰，而成为秩序演变过程中的内在组成部分。

民营经济与宪政

关于民营经济的宪法论
——基于奥尔多学派的慎思与重构

林来梵 刘义 *

一、问题的提出

众所周知，自20世纪80年代至今，在改革开放和社会主义市场经济的合力推动下，我国经济建设取得了举世瞩目的成就，民营经济已经赫然成为中国市场经济大潮中一支极具活力的经济主体，其对我国社会财富的总量增长具有不可磨灭的贡献。民营经济是天生的市场经济，[1] 市场经济是非政治化的经济（de－politicized economy），市场经济的核心要义是资源配置的市场化而不是政治化。经济自由和平等竞争是民营经济发展的题中之义，具有中立性或开放性特征

---

* 林来梵，法学博士（日本），浙江大学法学院教授，博士生导师。刘义，浙江大学法学院博士研究生。

〔1〕 李振杰：《私营企业透视》，经济管理出版社1999年版，第78页。

的宪法秩序乃是确保民营经济主体坦然进取的基本架构。[2]

然而，毋庸讳言，我国经济体制转轨过程中民营经济的每一次进取几乎又都是以其与现行宪法秩序的深刻紧张为背景的，我国现行宪法若干修正案对民营经济宪法地位的逐步肯定恰恰反过来又成为对其在现行宪法秩序内生存境况的自我否定。这在世界近现代立宪主义史上都堪称极为罕见而又值得慎思的宪法现象。

那么，我国当下民营经济与现行宪法间的紧张关系缘何而起？缓解此间张力的有效路径是什么？迄今为止，我国民营经济的发展现况与未来仍然是一个尚待解决的宪法论题。

二、民营经济之宪法命运考

如果对新中国成立以来宪法对民营经济法律地位的相关规定作全景式鸟瞰，可将其宪法命运归纳如下：从有限承认到彻底禁止，再到逐步重新承认并加以保障。

《共同纲领》第 26 条确认了“公私兼顾、劳资两利、城乡互助、内外交流”的经济政策，并把农民和手工业者的个体经济、私人资本主义经济和国家资本主义经济与国营经济、合作社经济相并列，从而在所有制层面有限地承认了民营经济在当时的法律地位。

我国 1954 年宪法大体上沿袭了《共同纲领》中有关经

---

〔2〕 值得注意的是，经济自由和公平竞争也正是 WTO 的两个基本原则。参见海闻：“WTO 与中国民营经济”，http：//old. ccer. edu. cn/faculty/haiwenc. htm. 可见，我国加入 WTO 乃是一个伟大的宪法抉择，从宪法上回应我国民营经济发展所面临的问题无疑也就成为其中的当然论题。

济制度的规定，其第5条规定："中华人民共和国的生产资料所有制现在主要有下列各种：国家所有制，即全民所有制；合作社所有制，即劳动群众集体所有制；个体劳动者所有制；资本家所有制"。第10条规定："国家依照法律保护资本家的生产资料所有权和其他资本所有权。国家对资本主义工商业采取利用、限制和改造的政策……限制他们不利于国计民生的消极作用，鼓励和指导他们转变为不同形式的国家资本主义经济，逐步以全民所有制代替资本家所有制。"

在极"左"思潮的推动下，后来的1975年宪法和1978年宪法都从所有制上彻底禁绝了民营经济主体的宪法地位。1975年宪法第5条规定："中华人民共和国的生产资料所有制现阶段主要有两种：社会主义全民所有制和社会主义劳动群众集体所有制。国家允许非农业的个体劳动者在城镇街道组织、农村人民公社的生产队统一安排下，从事在法律许可范围内，不剥削他人的个体劳动。同时，要引导他们逐步走上社会主义集体化的道路。"1978年《宪法》第5条除个别字句有变动外，其对民营经济的宪法规定与1975年《宪法》第5条完全相同。

直至1982年宪法才开始逐步重新确认民营经济的宪法地位，其第11条规定："在法律规定范围内的城乡劳动者个体经济，是社会主义公有制经济的补充。国家保护个体经济的合法的权利和利益。国家通过行政管理、指导、帮助和监督个体经济"。1988年通过的第1条修正案规定："国家允许私营经济在法律规定的范围内存在和发展。私营经济是社会主义公有制经济的补充。国家保护私营经济的合法的权利和利益，对私营经济实行引导、监督和管理。"1993年通过的第7条修正案第1款规定："国家实行社会主义市场经济"。尽管此次通过的其他诸条修正案涉及到公有制经济政策的调整，私营经济政策则维持不变，但社会主义市场经济体制的确立无疑已经为以后修正经济政策指明了方向。1999年通过的第16条修正案规定："在法律规定范围内的个体经济、私营经济等非公有制经济，是社会主义市场经济的重要组成部分。""国家保护个体经济、私营经济的合法的权利和利益。国家对个体经济、私营经济实行引导、监督和管理。"2004年通过的第21条修正案规定："国家保护个体经济、私营经济等非公有制经济的合法的权利和利益。国家鼓励、支持和引导非公有制经济的发展，并对非公有制经济依法实行监督和管理。"

对特定经济制度大规模之宪法规定，发端于前苏联社会主义宪法，而前苏联立宪模式具有强烈的抗议性。1918年由列宁起草的《被剥削劳动人民权利宣言》就迫不及待地把苏俄共和国的基本任务确定为"消灭一切人剥削人的现象，完全消除社会的阶级区分，无情镇压剥削者，建立社会主义社会的组织，使社会主义在一切国家中取得胜利"。〔3〕前苏联1936年宪法对社会主义经济制度的规定达到了新的高度，其所体现的抗议性也较为明显。斯大林在1936年11月25日所作的《关于苏联宪法草案》的报告中把该宪法的

〔3〕 其引人注目的具体宣言内容有第二部分的第1条："为实现土地社会化而废除土地私有制……一切全国性的森林……均宣布为国家所有"；第3条："准备把一切银行收归国家所有，以此作为使劳动群众摆脱资本压迫的条件之一"，等等。

特点归结为六个,[4] 其第一个特点就是“把事实上已经获得和争取到的东西登记下来,用立法程序固定下来”,他在后五个特点的阐述中都无一例外地强调社会主义宪法与资本主义宪法有何不同。

在社会主义经济建设问题上,斯大林早在1930年苏共十六大政治报告中就曾经断然指出:“我国工业化的特点在于它是社会主义工业化,是保证工业中的公营部分战胜私营部分、小商品经济部分和资本主义部分的工业化”。[5] 50年代的苏联政治经济学教科书进一步发挥了斯大林的此种观点并声称:“在过渡时期中的经济生活的一切领域中,都按照‘谁战胜谁’的原则展开着社会主义和资本主义之间的斗争。”[6] 毛泽东对苏联教科书中“过渡时期经济的基本矛盾是社会主义和资本主义之间的矛盾”[7] 的提法原则上持肯定态度,众所周知,我国当时以过渡时期总路线为指导思想的1954年宪法就曾受到前苏联1936年宪法的影响。我国后来的几部宪法在民营经济合法性问题上始终都没有避开苏联宪法抗议性立场。

我国宪法在民营经济的合法性问题上始终保持着小心翼翼的心态,即使是当下我国民营经济在现行宪法修正案中所获得的合法性地位,也都没有跳出社会主义公有制经济占主

---

[4] 《斯大林选集》,人民出版社1985年版,第398~402页。

[5] 《斯大林全集》第12卷,人民出版社1955年版,第234页。

[6] 苏联科学院经济研究所:《政治经济学教科书》,人民出版社1959年版,第341页。

[7] 苏联科学院经济研究所:《政治经济学教科书》,人民出版社1959年版,第341页。

导地位的制度前提，以至于我们迄今在法律文化与法律心理学意义上，仍然没有确立起民营经济的合法性。

三、慎思与重构：以奥尔多学派理论为路径

民营经济的迅猛发展对我国现行宪法的周期性冲击，其实质是经济自由与宪法秩序之间的紧张关系。

我国市场经济的发展过程，事实上也是从政治立宪到经济修宪的转变过程。[8] 博登海默认为，所谓秩序（order），是指“法律制度的形式结构，特别是在其履行其调整人类事务的任务时运用一般性规则、标准和原则的法律倾向”。[9] 如何厘定缓解经济自由与宪法秩序间紧张关系的“一般性规则、标准和原则”的路径，应当成为我国当下宪政建设的要务所在。奥尔多学派理论对我们的路径选择颇有启发意义。

奥尔多学派又称弗莱堡学派（Freiburg School），是以弗莱堡大学经济学教授瓦尔特·欧肯（Walter Eucken）和法学教授弗兰茨·伯姆（Franz Böhm）为首的一个学术团体。该学派以其对自由与秩序两者关系以及秩序政策的精辟见解著称，故又称秩序自由主义学派（Ordo liberal School）。该

---

〔8〕 有学者把世界立宪史分为以下几个阶段：人权立宪、政治立宪、经济立宪和知识立宪。并认为，社会主义国家在立宪过程中一般都把公民的政治参与权放在首位，真正地实现了政治立宪。参见李龙：《宪法基础理论》，武汉大学出版社1999年版，第278页以下。本文在此姑且沿用此说法。

〔9〕 ［美］博登海默：《法理学：法律哲学与法律方法》，邓正来译，中国政法大学出版社1999年版，第219页。

学派成员的共同学术旨趣是市场经济和实定法秩序的关联，“研究应该如何安排一个运行的市场经济的制度结构问题。这个集团的特征是新自由主义的态度，并致力于形成一种构成一个整体而又由某些原则所指导的经济政策……根据经济行为的要求为经济设计法律框架”。[10]“秩序”（Ordo）的概念是该学派展开论说的基石，根据欧肯的界定，“奥尔多秩序”是指“合乎理性或人和事物的自然本性的秩序”。[11]

弗莱堡学派属于新自由主义流派。新自由主义是指产生于20世纪30年代以后形成的自由主义思潮，它继承了17世纪以来哲学家、经济学家关于个人主义与行为自由的解释。弗莱堡学派不同于其他新自由主义的特色在于，他们强调如果没有国家法律所维护的正常秩序，就没有市场经济的正常运行。主张只要国家的作用限于维护正常秩序之内，那就不仅是可以的，而且是必要的。弗莱堡学派视野中的国家的作用，既不像计划经济下那样直接从事经济活动、配置资源，也不像凯恩斯主义所主张的那样运用政策调节经济活动、干预市场机制本身，而是运用法律与政策维护市场所必需的正常秩序。

区分“秩序政策”（Ordnungspolitik）和“过程政策”（Prozesspolitik）是奥尔多学派的核心论旨所在。其中，所谓秩序政策是指，“国家必须确定经济主体都必须遵守的法律和社会总体条件，以便使一个有运作能力和符合人类尊严的经济体制得到发展”；所谓过程政策是指，“在既定的或

---

〔10〕 梁小民：《弗莱堡学派》，武汉出版社1996年版，第4页。

〔11〕 左大培：《弗莱堡经济学派研究》，湖南教育出版社1988年版，第24页。

者很少变化的秩序框架和国民经济结构下，所有那些针对经济运行过程本身所采取的、并能影响价格—数量关系变化的各种国家干预调节措施手段的总和”。[12] 我们不难发现，该学派对秩序政策与过程政策的区分与布坎南（James M. Buchanan）的宪政经济学中对“规则间的选择”和“规则下的选择”的区分颇有异曲同工之妙：前者的位阶层次要高于后者，都属于在立宪层次所要解决的问题。

如何在立宪层次厘定秩序政策？奥尔多学派提出了秩序政策的六项构成性原则：[13] ①私人财产；②缔约自由；③个人对其承诺和行动负责；④开放的市场（进入和退出的自由）；⑤货币的稳定（无通货膨胀的货币）；⑥经济政策的稳定。

相应地，奥尔多学派提出过程政策应遵循以下三项原则：[14] ①国家必须限制利益集团的权力；②所有的国家干预必须面向维护经济秩序，而不是面向市场过程；③经济与社会方面的干预政策必须是系统性的，而不是特定性（ad hoc）的或者选择性的（selective）。

弗莱堡学派的上述区分可谓用心良苦，秩序政策的六项构成性原则旨在尊重市场的自由价值，过程政策的三项原则旨在为国家干预划定边界以维护法律的秩序价值。

---

〔12〕 冯兴元：“论奥尔多秩序与秩序政策——从秩序年鉴谈起”，载《德国研究》2001年第4期。

〔13〕 ［德］柯武刚、史漫飞：《制度经济学：社会政策与公共政策》，韩朝华译，商务印书馆2000年版，第383页。

〔14〕 参见冯兴元：“论奥尔多秩序与秩序政策——从秩序年鉴谈起”，载《德国研究》2001年第4期。

弗莱堡学派的这一理论对于我国来说具有两个方面的启发意义：

（1）我国未来的修宪运作应聚焦于完善私人财产权、契约自由、开放的市场等适合市场自由原则要求的基础性架构，使市场领域的所有经济主体在此构架下真正展开富有经济绩效的平等竞争，保障经济自由。根据奥尔多秩序政策观点所确立的适合市场自由要求的宪法上的基础性架构，类似于罗尔斯所言的“纯粹背景程序正义”（pure background procedural justice），[15] 使市场领域平等竞争的任何结果对于任何经济主体来说都具有可接受性。

（2）政府对经济事务的干预政策不能针对特定的或选择性的经济主体，其应当立足于系统性考虑。凡经济微观过程的地方就是政府干预措施止步的地方，政府对市场经济微观过程应保持中立立场。众所周知，我国民营经济主体目前还受到很多差别待遇，不仅在财产权上，在市场准入、融资渠道、税费负担、出口贸易等诸方面都如此，这种差别对待有来自观念层面、政策法律层面以及操作层面。以私有产权为基础的民营经济是在公有制的缝隙中发展起来的，在各种性质的经济形式中，法律上身份待遇最差的就数之。以奥尔多学派意义上的过程政策的观点来看，我国民营经济长期以来被剥夺“国民待遇”的确是很成问题的。

---

〔15〕 See John Rawls, Justice as Fairness: A Restatement, Harvard University Press, 50 (2001).

四、作为立宪主义原则的经济中立：以《德国基本法》前后为例

“道无为而无不为。”

——《老子》第三十七章：中国古人的智慧

经济中立作为世界立宪主义国家在经济事务问题上所奉行的一项基本原则，其实并没有明确表述于宪法规范之中，它是学者们研究和解释宪法条款时所提炼出来的一个概念。所谓经济中立，就是指作为维护市场竞争秩序的基本规则的宪法，在社会经济制度和国家经济政策上不预设特定的价值偏向，也不明确安排某种特定的国家目标形式或政策纲领，对各种经济主体一律给予平等法律保护。英国、美国、法国和瑞士等早期立宪主义国家的宪法都力图对经济事务保持中立原则。即使到了当代，美国等西方立宪主义国家在解释宪法规则时，也都倾向于在经济事务问题上保持价值中立主义的立场。

在贯彻经济中立原则上，对我国最有启发和借鉴意义的立宪主义国家莫过于德国，因为两国的立宪背景乃至其市场经济模式的形成均有相当程度的可比较性。

(一)《德国基本法》确立经济中立原则的思想背景及其立宪意蕴

战后，联邦德国的工业经济饱受战争创伤，德意志民族当时面临着重建社会经济秩序和统一各州的问题，迫切需要制定一部“为过渡时期的政治生活建立新的秩序”的宪法。

从1945~1948年间，人们集中讨论应当选择哪种经济秩序的问题。然而，4年之久的研讨其实并没有达成共识。其间，一种意见是赞成继续实行希特勒政府自1936年以来实施的并在二战期间得以大大发展了的中央集权的经济制度，以路德维希·艾哈德（Ludwig Erhard）、弗莱堡学派和米勒·阿尔马克（Mueller Armack）为首的国民经济学家组成的另一种意见则主张建立现代市场经济。[16] 在后一种意见中，阿尔马克建议采用“社会市场经济”模式，试图以此来冲淡弗莱堡学派的自由主义思想的尖锐性，使“社会有机体论”思想传统根深蒂固的德国较能接受。[17]

上述学者就德国采取哪种经济体制的不同意见显然也影响到了参与立宪议会的各党派代表，各党派代表所达成的唯一共识就是宪法在社会经济体制问题上应保持开放性。因此可以看到，联邦议会于1949年5月8日通过的《基本法》没有像《魏玛宪法》那样设专章来规定国家的经济制度，也没有以某种理想国家目标或政策纲领的形式把经济体制确定下来。联邦宪法法院在1954年Invcstment Aid一案的判词中这样解释道：“基本法在经济事务上的中立立场仅仅在于这样的事实：即‘制宪权’并没有采纳某种特定的经济制度。这样立法机关就可以在不违背基本法的前提下，实行它

[16] 参见［德］克里斯蒂安·瓦特林：“德国的社会市场经济”，王晓晔译，载《外国法译评》1995年第3期。

[17] 参见苏永钦：《走入新世纪的私法自治》，中国政法大学出版社2002年版，第116页以下。

认为合乎具体情况的经济政策。"[18] 德国《基本法》中贯彻经济中立原则具有如下几方面的立宪意蕴：

(1) 由于《德国基本法》在立宪时极力避免了党派价值观上的影响，是价值中立主义的产物，这就使得该法所贯彻的经济中立原则既为学者自由讨论预留了很大空间，也为政党灵活掌握经济政策提供了相当的回旋余地。

(2)《德国基本法》有意使经济制度的具体取向悬而未决，它"至多对一种市场的先决条件搭起构架"，[19] 不主张把后来的立法者限制在特定的经济政策观点上。进言之，当前与后来所奉行的经济政策之间的替代也不至于危及到宪法秩序的稳定性、连续性和权威性，从而在终极意义上缓解了经济生活的动态性、多样性和复杂性与现行宪法秩序之间的紧张关系。

(3) 经济中立原则既不主张彻底的自由放任经济也不主张完全的国家计划经济，而是主张国家在市场自由主义与政府干预主义之间维持恰当平衡，这就在国家（政府）与经济的关系的问题上避免了极端化取向所招致的恶性循环。

(二) 德国"社会市场经济"与经济中立原则之勾连

如上文所述，战后联邦德国其实早在《基本法》制定之前就围绕究竟实行哪种经济体制的问题展开了激烈研讨，

---

〔18〕［美］路易·亨金、阿尔伯特·J. 罗森塔尔编：《宪政与权利》，郑戈等译，三联书店1996年版，第174页。

〔19〕参见罗尔夫·斯特博：《德国经济行政法》，苏颖霞、陈少康译，中国政法大学出版社1999年版，第55~56页。

阿尔马克率先提出了“社会市场经济”的概念。按照阿尔马克的表述，社会市场经济是指“市场的原则和社会协调的原则相结合的经济”。[20] 众所周知，战后德国正是以其所谓“社会市场经济”著称，在由艾哈德推动的一系列经济改革（始于1948年6月20日）的促使下很快使国民经济得以复苏，被誉为“经济奇迹”。艾哈德声称，实行社会市场经济的结果是将在德国建立起一个“有机的社会”（formed society），该社会“不再是由社会阶级所分割的社会”，利益的冲突“不再成为分裂的因素”。[21]

德国“社会市场经济”的成功在根本上应归结于艾哈德及时采纳了正确的经济秩序政策理论，其在主持经济改革后的第8年还说：“经济过程，也就是说生产、物品与收入分配过程，不是由当局的强制措施所控制的，而是一个在经济政策上设置的秩序框架内通过自由价格的运作以及自由的效率竞争的发动机自动运行的”。[22] 艾哈德此言显然是基于奥尔多学派上述就秩序政策与过程政策的区分。

尽管艾哈德主持的德国“社会市场经济”改革在《基本法》通过前就已经启动，可是后来的《基本法》在社会经济问题上不置可否，对于社会市场经济体制既不肯定也不否定。推其因由，盖在于经济模式并不具有唯一性、终极性

---

〔20〕［德］马库斯·陶白：《社会市场经济与中国经济改革》，陈晓昆译，载《经济评论》1999年第1期。

〔21〕Peter J. Katzenstein, Policy and Politics in West Germany, Phiadelphia Temple University Press, 107 ~ 109 (1987).

〔22〕［德］何梦笔主编：《德国秩序政策理论与实践文集》，庞健、冯兴元译，上海人民出版社2000年版，第313页。

和恒定性，而只是根据《基本法》可行的经济制度之一而已。《基本法》更没有为社会市场经济体制预设特定经济目的，显示了其所贯彻的经济中立的立场。

(三)《德国基本法》立宪意蕴对我国经济修宪之借鉴

综上所述，《德国基本法》贯彻经济中立原则所体现出来的立宪技艺上的高超之处就在于，它巧妙地在宪法规范、经济生活和学理研讨三者之间的紧张关系中保持坚定的价值中立立场，并为各自都提供了很大的回旋余地。同时，它又最大限度地在市场自由主义与政府干预主义之间维持恰到好处的平衡架构，市场领域的自由价值得到最充分的尊重，还迫使经济政策掌握者遵循“对所有人不偏不倚”的原则。

反观我国，现行宪法对宪法规范、经济生活与学理研讨的紧张关系的回应尚没有提升到宪法秩序的高度来解决：经济生活持续不断的变迁引起经济政策的更改，经济政策持续不断的更改引起宪法规范的变动，而宪法规范持续不断的变动又引起学理研讨的质疑。[23] 与此同时，随着社会主义市场经济的日益发展，社会“个体”利益主体之间以前的那种高度同质性日益剥落，然而社会“个体”经济利益取向带来社会经济总财富增长的同时也使贫富差距悬殊、资源分

〔23〕 比如有学者就指出，我国现行以“政策性修宪”为主导的修宪模式具有很大的局限性，应当向“制度性修宪”的主导模式转变。参见殷啸虎、房保国：“论我国现行‘政策性修宪’模式的局限性”，载《法学》1999年第12期；另参见“论‘政策性修宪’与‘制度性修宪’”，载《法学论坛》2000年第2期。

配公平正义等社会问题凸现出来。质言之，我国社会主义市场经济的当下发展也面临着如何协调“市场自由原则”与“社会平衡原则”的历史性课题。

我国欲缓解民营经济与宪法秩序之间的紧张关系，应当在现行宪法中引入作为一项立宪主义原则的经济中立。从经济宪法学的观点来看，宪法并没有全面统制经济、解决一切经济问题的巨大魔力，“违背经济中立，不是宪法阻碍了经济发展，就是经济发展损害了宪法的最高权威，迟早会引起宪法危机”。[24]

五、经济自由：以私有财产权和契约自由为焦点

市场经济的两大支柱就是财产权和契约自由，而财产权和契约自由则属于传统宪法学中所说的经济自由。[25] 经济自由是指有关公民经济活动的自由和权利的总和，其作为“近代国家的基石本身”，[26] 在世界近代立宪主义历程中占有非常重要的地位。按照德国学者的解释，宪法中有关社会经济事务的规定越具有开放性或一般性，则越需要确认公民的经济基本权利，因为“经济基本权利给予各个经济公民以主体法律地位”，其作为“经济基本权利能力和经济行为

〔24〕 赵世义：“经济宪法学基本问题”，载《法学研究》2001 年第 4 期。

〔25〕 ［日］参见小林直树：《宪法讲义》上册，东京大学出版社 1980 年版，第 505 页以下。

〔26〕 经济自由作为经济权利总称还包括其他具体权利形态，如职业自由、营业自由、居住和迁徙自由等。参见小林直树：《宪法讲义》上册，东京大学出版社 1980 年版，第 505 页。

上自我实现自由的总和，是市场正常运行的先决条件”。[27]不言而喻，这与宪法上的经济中立原则一脉相承。

众所周知，现代西方立宪主义国家早已经历过近代市民社会与政治国家二元对抗的历史洗礼，伴随着市场经济内生的所无法克服的矛盾，近代“警察国家”纷纷向现代“社会国家”转变，在此过程中，经济自由亦不再是政府全然不能干预的自在领域。然而，正像经济中立原则所昭示的那样，尽管作为维护“私人自治”领域的经济自由权利的范围在立宪主义的现代进程中不再是无所限制，但政府所灵活掌握的对经济自由施以限制的干预措施本身又并不绝对，其意旨乃是构造更精密的保障经济自由的作为“客观价值秩序”的法规范体系。

反观我国，正如笔者曾说过的那样，我国宪政建设至今基本上仍未完成立宪主义的近代课题。[28]

有关经济自由的成熟立宪经验屈指可数。例如，《德国魏玛宪法》第151条第1款就曾经这样写道：“经济生活之组织，应与公平之原则及人类生存维持之目的相适应。在此范围内，各人之经济自由，应予保障”。后来的《德国基本法》第2条第1款则规定：“人人都有自由发展其个性的权利，但不得侵犯他人的权利或触犯宪法秩序或道德准则。”《日本宪法》第13条亦有类似表述：“一切国民作为个人受

---

〔27〕 参见罗尔夫·斯特博：《德国经济行政法》，苏颖霞、陈少康译，中国政法大学出版社1999年版，第151页。

〔28〕 参见林来梵：《从宪法规范到规范宪法：规范宪法学的一种前言》，法律出版社2001年版，第22页以下。

到尊重。对于国民谋求生存、自由以及幸福的权利，只要不违反公共福祉，在立法及其他国政上都必须予以最大尊重。”

（一）私有财产权：基于权利的限制的限制

《人权宣言》在序言中这样写道，“不知人权、忽视人权或轻蔑人权是公众不幸和政府腐败的唯一原因”。宪法上的私有财产权作为私主体针对国家所享有的基本人权，是私人自治的基础，是“界定我们免于强制的私人领域的首要措施”。[29] 近代立宪主义的进程实际上就是一部控制国家的历史，是市民社会领域的平等交往主体资格需求、成功限制“国家的自由”的过程，“自由就在于把国家由一个站在社会之上的机关变成完全服从这个社会的机关；而且就在今天，各种国家形式比较自由或比较不自由，也取决于把‘国家的自由’限制到什么程度”。[30] 当国家不能再任意地侵占、勒索私人财产以后，市民社会领域自利的“经济人”（homo oeconomicus）之间的“绩效竞争”就有了制度基础。

然而，“财产权的不可剥夺性只是一句豪言壮语，在革命的狂热和宪法的曙光中，人们很容易在屋顶上为它呐喊，但是事后冷静下来，真要实践它却几乎是不可能的”。[31] 随

---

〔29〕 Friedrich A. Von Hayek, The Constitution of Liberty, University of Chicago Press, 140 (1960).

〔30〕《马克思恩格斯选集》第3卷，人民出版社1972年版，第20页。

〔31〕［美］路易斯·亨金、阿尔伯特·J. 罗森塔尔编：《宪政与权利》，郑戈等译，三联书店1996年版，第156页。

着近代立宪主义向现代立宪主义的变迁，社会契约论话语中财产权的神圣不可侵犯性已经成为历史上的绝响，西方诸国宪法由此确立了具有内在张力的相对严密、相对自足的三段论式财产权保障规范体系。[32] 而我国现行宪法第四次修宪在完成财产权保障的近代课题方面也已迈出了坚定的一步，其第22条修正案克服了原有条款的结构性缺失，确立了相对完整的私有财产权条款结构，即不可侵犯条款、制约条款和收用补偿条款。

补偿标准历来是世界各国财产收用补偿条款的重中之重，各国一般都规定国家或其他公共权力对私人财产实施收用等制约行为，则必须给予正当补偿（just compensation），正当补偿是构成财产收用的当然要件。然而"正当补偿"是一个抽象的概念，不同的国家可能有不同的界说。在现代美国，最高法院对正当补偿的确定，通常依据公正的市场价格对财产所有者的损失进行评估。[33] 日本宪法中的征用补偿条款可能受到美国的影响，但其正当补偿的理论则吸收自德国。这两个国家有关"正当补偿"的理论，主要存在"完全补偿说"和"适当补偿说"这两种学说。[34] 反观我国此次通过的私产条款，有关财产收用补偿标准的问题被悬置起来了，此缺漏可通过宪法解释论加以弥补。

---

〔32〕 有关于此的比较法研究成果，参见林来梵：《从宪法规范到规范宪法：规范宪法学的一种前言》，法律出版社2001年版，第182页以下。

〔33〕 参见［日］松井茂记：《美国宪法入门》，有斐阁1992年版，第231页。

〔34〕 有关这两种学说的整理和分析，参见林来梵：《从宪法规范到规范宪法：规范宪法学的一种前言》，法律出版社2001年版，第204页以下。

值得吟味的是此次修宪中通过的第13条第1款中加入了“合法的”之定语，虽有累赘之嫌，但却颇有深意，与该条的第2、3款的法律保留精神形成了一脉相承的关系。第2款直接表达了类似于德国式的财产权内容法定主义，而第3款则表达了许多国家均采用的补偿法定主义。统而言之，整个规范采用了财产权法定主义的原则，是法律保留原则的典型体现。依据法律保留式的相对保障模式，财产权“内容由法律规定”、“在法律的限制之内”或“在法律的范围内”予以保障、“其例外依法律规定”以及“非依法律不得限制”等等，从而为其他立法对这些人权的限制留下了余地。其结果是，宪法上虽然规定了各种人权，但这些人权是否得到保障，如何得到保障，在何等程度上得到保障等等，就端视普通法律是怎么具体规定的。这一相对保障模式乃属于直接通过规范对基本人权的保障，〔35〕也有学者称之为“基本权”保障。〔36〕与之相对应的是“制度性保障”（institutionelle garantie）。在宪法教义学上开展“制度性保障”理论的，首推魏玛时期的宪法学者施密特（Carl Schmitt）。其理论主要建立在“基本权”与“制度性保障”的差异上。依其见解，“基本权”是个人针对国家所拥有之先于国家而存在、并立于国家之上的权利（vor－und ueberstaatliche Rechte），其性质是一种针对国家的防卫权。“制度性保障”则涉及，在国家之内（innerhalb

〔35〕 除此以外，属于直接通过规范对基本人权的保障尚有绝对型保障模式、折衷型保障模式。

〔36〕 参见陈爱娥：“‘司法院’大法官会议解释中财产权概念之演变”，载李建安、简资修主编：《宪法解释之理论与实务》。

des Staats）由法律所认可的制度，其目的在于阻止一般立法行为来废弃前述制度；然而——在维持制度本身存续的条件下——立法者仍得借其立法权改变制度的内涵。[37] 它不是直接对某种人权进行保障，而是对某种特殊的制度进行保障，或建立了某种制度，但这类制度的内部结构中存在着与人权有关的因素，为此，通过对这类制度的保障，也会对其中所涉及的人权产生间接性的、补充性的保障。[38]“制度性保障”说在战后德国的公法理论以及判例中有所沿承，也有所嬗变。新说与施密特将制度与自由严格区分的理论构成不同，而是将自由权利本身直接理解为一种“制度”，如出版自由即被认为是一种自由的出版得到保证的制度。这一新理论被称之为“作为制度的基本权”或“制度性的自由”理论。这是结合了基本权保障模式和制度性保障模式的理论取向，也是现行宪法对财产权保障的取向。

我国现行《宪法》第 12 条有关公有财产条款表述中的“神圣”二字一向为人们所诟病，遂有学者吁求我国宪法中

---

〔37〕 参见陈爱娥：“‘司法院’大法官会议解释中财产权概念之演变”，载李建安、简资修主编：《宪法解释之理论与实务》。

〔38〕 该理论的要旨可概括为以下三点：①除了对个人基本权利的纯粹的、直接的保障之外，宪法还对一些在历史上所形成的传统的制度、即特定的“客观的制度”加以保障，如大学自治、婚姻制度等。②然而宪法对该类制度的保障并非保障这些制度的现状，而是保障这些制度的“本质内容”，换言之，国家可根据立法对这些制度的周边部分进行界定和变更，但不可侵害其核心部分。③制度当然有别于自由权利本身，但制度对于个人自由的保护与强化则具有补偿的功能。该理论最初发轫于魏玛宪法时期的德国，卡尔·施密特，并成为当时德国宪法学上的通说。转引自［日］芦部信喜：《宪法学》，有斐阁 1994 年版，第 87 页以下。由于《宪法》第 13 条设置于总纲之中，有学者主张这倾向于制度性保障模式。

应当确立类似表述的“私有财产神圣不可侵犯”条款，以使私有财产获得与公有财产同等重要的宪法地位。其实，在我国的宪政语境中，与其说公有财产的修饰语“神圣”二字具有某种规范效力，毋宁说此乃我国政治立宪思路的写照，其寄予了我国当时刻意要与资本主义国家宪法划清界限的政治豪情。纵观立宪国家财产权条款结构，制约条款无疑是对不可侵犯条款的限制，而收用补偿条款构成对此限制条款的限制。换言之，无论是公有财产还是私有财产，问题都不在于是否“神圣”不可侵犯，而在于是否要对财产的制约行为本身加以再次限制。这才符合现代立宪主义的精神奥旨。

（二）宪法上的契约自由：以美国为例

契约自由作为个人自主发现、实现自我之重要机制，也是私人自治的基础，同样受到世界立宪主义国家宪法的尊重。大凡贯彻经济中立原则的立宪主义国家的宪法，都或明或暗地把契约自由上升为宪法原则加以保障。例如，《德国魏玛宪法》第 152 条第 1 款规定：“经济关系，应依照法律规定，为契约自由之原则所支配”。《德国基本法》没有直接沿袭此条，学者们遂倾向于从其第 2 条第 1 款的开放性表述中解释出“合同自由”条款。[39]

当今《美国宪法》无疑也是恪守经济中立原则的典型，其仅仅用第 1 条第 10 款中的寥寥数语勾勒宪法在私主体之

---

〔39〕 参见罗尔夫·斯特博：《德国经济行政法》，苏颖霞、陈少康译，中国政法大学出版社 1999 年版，第 158 页。

间的经济事务上的立场:“任何一州都不得通过任何……损害契约义务的法律。”只是在第4、5、14条修正案中,人们才能觅得公民自由和财产条款的踪迹,但其仍然保持简明性、开放性的基调。在19世纪30年代后期之前的半个世纪中,美国联邦最高法院基于自由放任的古典经济学理论解释第4、5条修正案时认为,“契约自由(Liberty of Contract)乃是正当法律程序(Due Process of Law)所内涵的关键因素”,契约自由原则一直是联邦最高法院废除管制私人经济活动的联邦和州的法律的依据。[40]

众所周知,美国宪法第5、14条修正案中的“正当程序”分别有两种解释:前者通常被解释为“程序性正当程序”(Procedural Due Process),是指政府在剥夺人的生命、自由或财产之前所必须遵循的程序,如发布通告、举行听证会等;后者则被解释为“实体性正当程序”(Substitutive Due Process),是指地方各州政府在剥夺人的生命、自由或财产时必须要有正当并且充分的理由。根据美国宪政体制,地方各州政府在联邦宪法授权下享有非常广泛的治安权(即警察权,Police Power),可以对私人权利予以限制以促进公共利益。

到19世纪末20世纪初,随着美国自由市场经济的迅猛发展,各大公司和企业越来越不满于州政府治安权对契约自由的限制。在古典经济理论信仰的支配下,联邦最高法院从“实体性正当程序”中又引申出了“经济正当程序”(Economic

---

〔40〕 See Richard A. Posner, Economic Analysis of Law, Little, Brown & Company Limited, 589 (1986).

Due Process)的概念,并在著名的"洛克勒诉纽约州"(1905年)一案中把契约自由原则推到了极致,[41]为当时美国的各大公司企业雇佣者鸣锣开道。然而,在经济大萧条之后的罗斯福"新政"(New Deal)时期,美国政府把凯恩斯主义奉为救"市"圣经,获得全面干预经济的权力,各州政府也都认为自由拥有实施相应调控的治安权。继"西滨旅社诉帕里什"(1937年)案之后,"洛克勒时代"的契约自由原则不再绝对,"经济正当程序"也渐趋衰落,[42]联邦最高法院也从司法能动主义的立场退回到司法保守主义的立场上来。

六、结语

正如身体健康的人不需要经常看医生一样，我国现行宪法唯有在确立经济中立原则并保障经济自由以后才能从根本上缓解民营经济与宪法秩序间的周期性冲突。只有当我国语境中的民营经济不需要经常怀疑自身的生存状况的时候，也就是说其在根本上获得合法存在的权利的时候，有关民营经济权利保障的申辩才告多余。西方立宪主义诸国贯彻经济中立原则和保障经济自由，有赖于其成熟的宪法解释学技艺和具有实效性的违宪审查机制的运作。我国宪法践行经济中立原则并保障经济自由，将是一个期待的过程。

---

〔41〕 Lochner v. People of State of New York,198 U. S. 45

〔42〕 West Coast Hotel Co. v. Parrish,300 U. S. 379

两个村庄的宪政

——以农民的选举权意识为切入点*

郑　磊**

一、问题的提出

民营经济，相当一部分脱胎于乡镇企业，后者扎根于乡村、城镇，尤其是广袤的农村。民营经济的辗转与成长，伴随并促进着农民主体意识的增进，而后者营造着宪政中国的土壤。可以说，民营经济在客观上，于村庄中积淀甚至是开拓着基层宪政。

较之宪政的春秋大义，村庄似乎是个不入时的小词；然

---

* 本文在“论农民的权利意识”（载《浙江社会科学》2003年第6期）的基础上，结合近年的积累和思考修改而成。曾递交于北京大学宪法与行政法研究中心主办的“农村宪政与行政法治”研讨会。文章雏形在写作和修改过程中先后受到孙笑侠教授和林来梵教授的热心指导，在此表示感谢；当然，文责自负。

** 郑磊，浙江大学宪法学与行政法学博士研究生。

则，这一边缘小词若成为宪政大旗的视野盲区，诸如农嫁女、村民自治等本土问题的涌现，会令人措手不及，虽然它们也丰富着探索中国宪政之边缘模式的问题库。不同的语境下，宪政所遭遇的课业显然不同，沿海与内陆、城市与乡村，这些传统的二元范畴之递嬗使宪政可具体化为一对对子范畴，农民的宪政乃此中饶有意义的一个。费孝通先生半个世纪前的判断“中国社会是乡土性的”[1]在当下仍然适用。[2]宪政概念统摄民主和法治，[3]而民主之权利基础乃选举权，于是，本文选取两个案例，关涉中国规模最大的权利主体的选举权意识，以此思考村庄里的宪政问题。

二、两个真实个案的剖析

近年来，有关部门和社会各界在提高农民权利意识方面做了诸多尝试和努力。“成效卓著”的个案和有关数据也频频见报，然而，反面的案例仍屡见不鲜。本文在此选取发生

---

〔1〕费孝通：《乡土社会——生育制度》，北京大学出版社 1998 年版，第 6 页。

〔2〕秦晖：“农民问题：什么‘农民’？什么‘问题’”，载《方法》1998 年第 8 期。中国有 80% 的人口是农民；农民问题在中国语境下的重要性还可以在中国现代、当代历史上不只一次的彪炳史册的“农村包围城市”中找到明证：革命战争时期的农村包围城市，1978 年开始的经济体制改革也是始于农村。夏勇：“乡民公法权利的生成”，载夏勇主编：《走向权利的时代》，中国政法大学出版社 2000 年版，第 616 页。

〔3〕张千帆：“宪政、法治与经济发展：一个初步的理论框架”，载《同济大学学报（社会科学版）》2005 年第 2 期。

在本世纪初的两个案例，均与有“第三次农村包围城市”[4]之称的村民直选有关，但两案中的村民对村民直选的态度截然相反，然而探究两者的原因，却如出一辙。

第一个案件发生于浙江省乐清市乐成镇南岸村。该村是一个有6 000多名村民的大村，分为50个村民小组，需推选出100名村民代表，每个村民小组分到2个名额。第12村民小组，共有28户人家，其中有数户同姓本家，也有几户单姓户，该组采用了“抓阄”的方式，产生村民小组长和村民代表。而第44村民小组采用了“竞标”方式，竞标所得的收入被平分，每户村民分到了270元。据了解，该村有30个以上村民小组采用了抓阄、竞标方式进行推选。

第二个案件是浙江省浦江县黄宅镇六一村在直选村委会主任过程中发生的暴力冲突。方姓是六一村的大姓，因历史积淀，方家分成了比较鲜明的两派。这是六一村第一次村主任直选，经过第一轮选举产生的两名候选人方甲和方乙分属于“新屋里”方家和“老屋里”方家。在第二轮选举时，镇干部和工作人员捧着票箱从村办公室出来，两位候选人的亲戚就紧随其后。当选举工作人员来到第一户轮到投票的方丙家中发放选票时，老两口因不认识字，将两张选票交给正在串门的方丁代写。方丁是候选人方乙的侄儿，因而引起另一方候选人的强烈不满，由此发生争执，并演化为动用器械的群体斗殴。该类斗殴案件在浦江县自村主任直选以来已发生了30多起，受伤人数最多时占据县人民医院骨伤科近一

[4] 参见刘亚伟编：《无声的革命——村民直选的历史、现实和未来》，西北大学出版社2002年版。

半的床位。

就问题的实质而言，本文所要分析的第一个问题是农民行使法律赋予的权利时，是否具有利益驱动，或者说农民是否认同法定权利中的利益因素。根据通常的观点，法律赋予农民的权利是神圣的，是其利益的集中体现，农民应当珍惜，并好好地行使。当闹剧发生了，指责声中总夹杂着“农民权利观念淡薄”、“农民素质有待提高” 等等。或许是对利益的不同理解，现实中，农民所考虑的利益，总是更为现实与狭隘，在应然视角中，这甚至不被视为是一种利益。

村委会主任一职所具有的实权，与案例一中村民们对村委会主任选举的漠然态度所形成的对比令人费解。据南岸村村民介绍，投谁的票并不重要，至于原因，在村民中有两种说法。有的村民说，南岸村太大了，最后谁会选上很难说，也不在乎自己的一票。的确，南岸村有6 000 多人、50 个村民小组，这样的规模使得选举人无以掌握被选举人的充分信息，许多村民小组中的村民都没有明确的选举对象，因而，选举人的投票行为带有随机性，使得选举结果带有不确定性。在这个大规模的传统村落中，信息传播并不发达，加之缺乏选举传统，直接民主就陷入了尴尬的境地。由于最后的村主任人选的不确定性，使得每个村民小组所认识到的村民代表选举的意义也大为降低。精细地权衡后，结论是：保持中立能以最小的代价获取最大的利益。于是，第 12 村民小组付诸“抓阄” 的方式；在第 44 村民小组中，有人有志于当村民代表、村民小组长，又愿意出价，村民们考虑到了面子问题，又有一份额外的收益，这一方式很快就流行了。根据公共选择理论（public choice theory），作为政治市场上的经济人角色的选民，基于个人理性的成本—收益的计算结果，决定是否参加投票和做出何种投票决策。若把选出一位能为自己带来利益或至少不会损害自己利益的村委会主任视为选举行为的预期收益，那么这里的收益是较低的，它低于甚至远远低于投票结果不确定性的成本。在这样的成本—收益的比例下，第12村民小组的村民放弃了合法的行为模式，而采取了谁也不得罪的"抓阄"方式；第44村民小组的村民，更不会愿意不顾面子成本和可以获得一份钱的机会成本而去追求不确定的收益，于是闹剧发生了。更准确地说，这是一种策略性的选择，其表达式为：与其在不确定中一边倒，不如在抓阄中谁都不得罪。如此藏锋守拙、尽量不开罪，不失为高明之举。[5] 另一种说法，可从一些村民的一大堆抱怨中获悉。例如，对一些腐败的村主任的检举、上访因这些村主任"上面有关系"而毫无作用；很多重大问题都是"上面说了算"，而置村民的意见于不顾；村务公开只是在做"表面文章"，其虚假性已成为公开的秘密，等等。一次又一次行使权利的体验，使他们意识到手中的选票与村委会主任的人选之间的关系并不是宣传中所说的那种决定与被决定的关系。随着选举行为与被选举结果之间关系的断裂，权利与利益的联系也割裂了，村民们不再相信权利能为

---

〔5〕 在一些地方，村民自治中广泛出现由家中妇女参加投票的现象，其逻辑与此雷同：根据乡村传统，户主通常是男性，妇女出面投票，万一所选者非任者，尚有余地可周旋。参见杨善华、柳莉："日常生活政治化与农村妇女的公共参与——以宁夏Y市郊区巴村为例"，载《中国社会科学》2005年第3期。

他们带来利益，从而大大降低了村民对选举的预期利益，甚至对宣传中所谓的神圣权利产生普遍的不信任感，这种不信任感加剧了权利与现实利益之间联系的割裂。由此可见，南岸村村民对于选举行为的预期利益和预期成本有自己的判断，即存在对选举权的利益体验模式。村民中的两种说法都反映了权利与现实利益之间的联系的断裂导致村民对选举的漠视，无论这种断裂是由于选举结果，即权利行使的结果与预期利益的不确定性所致，还是由于选举制度框架之外的其他原因所致。

在上述案例二中，六一村的村委会主任一职和其他乡村一样，是一个颇有实权的位置，宅基地审批、各业的承包、计划生育指标的发放等涉及村民切身利益的重大问题都要经过其手。村委会主任一职所能带来的利益使得具有村委会主任选举权的村民小组长、村民代表的选举也显得尤为重要，即选票和利益挂上了钩。据六一村村民所说，村里用集体的钱全凭村主任"一支笔"；当了村主任可以"捞"很多"油水"，甚至"白条入账"也没人进行有效监督。由于缺乏一种健全的程序保障机制和健康的权利意识，权利和利益发生了短路现象。加上村里宗族势力的存在,〔6〕使得这场村民直选演变为一场宗族械斗。的确，村主任权力的失控增加了对村主任这一职位的预期收益，家族争夺的有恃无恐导致对

〔6〕 农村宗族势力的复萌和存在本身就有其利益基础：家庭经营经济是经济基础，农村社会服务的欠缺和市场经济发育不足，使其得以充当维护农民经济利益、保障自身合法权益的角色。参见吴理财："民主化与中国乡村社会转型"，载《天津社会科学》1999 年第 4 期。

非法手段成本的低估，因此在村民的行为预期中，预期收益和预期成本的差值超过了一定的界限，正所谓“重赏之下必有勇夫”。

两个案例中两种相反的行为方式，其实殊途同源，均基于同样的利益体验模式。在两个案例中，利益体验模式的相同之处有：①在利益的认知上相等同。南岸村和六一村村民的预期收益都局限于现实利益；但对于选举权所体现的法律利益不被重视，或者说仅仅被认为是实现其现实利益的手段，而不是被当作选举行为所追求的目标之一，这是一种典型的病态权利意识。[7] ②既然法律意识仅被视为是获取现实利益的手段，而手段具有可替代性，当农民觉得法律利益无法为其带来现实利益或成本过高时，农民就会放弃正当的法律途径，而诉诸于传统的习惯行为方式。③由于缺乏相应的程序保障机制和责任机制，案例中所采纳的这种在法律上不具有合理性的传统行为方式不仅能够达成预期收益，而且被认为所需成本颇低。

综上，村民对选举的参与，不是处于没有利益体验模式的盲目状态，而是具有其固有的、传统的对权利的利益体验模式，故而带有明显的理性色彩。在该利益体验模式中，预期收益局限于现实利益，而忽视法律利益；采纳传统行为方

〔7〕 病态权利意识的另外三种表现是：片面强调自己权利，忽视他人权利；权利受到微小侵害，便提出巨额赔偿要求；自己的非法行为或计划受到阻止，便以维护权利为名，滥用诉讼权利。（高鸿钧：“中国公民权利意识的演进”，载夏勇主编：《走向权利的时代》，中国政法大学出版社2000年版，第104页）从现状来看，后两种体现在农村并不多见；但第一种体现在本文的案例中也得到了印证。

式突破现有法律框架的预期成本较低。

三、三个断面：宏观视角下的把握

从村民行使选举权的行为逻辑中，不难发现：其所关心的利益与国家所定义的利益概念存在着错位：国家考虑的是从农村获得资源、实现积累的同时维持农村社区的稳定，巩固国家在农村的统治基础并保证国家在农村的各项任务的完成；而农民关心的是自家利益的实现和维护，关心的是自家在村落社区中的地位上升和在婚丧嫁娶、盖房起屋这样的礼仪活动中的礼尚往来，这些却往往不在国家的视野之内。[8]于是，与村庄内部的利益、地位和目标紧密相连的众多冲突，难以在宏观的国家宪政话语中寻觅妥帖的解释。虽然，国家宪政的话语形式也会频现于村庄，“但这显然是希望得到重视的武器和方法，并不意味着它针对或分享国家政治中的某种价值或某种利益”。[9] 于是，“村庄的宪政”、或曰“农民的宪政”成为宪政进程中不可替代的本土课业。

然而，暴露在村庄层面的矛盾冲突，其根源却大多来自村庄外部。[10] 因此，在分析方法上，除了前述对农民心理的法律经济学分析外，还有外部环境的法社会学考察，并且两者之间呈现相互呼应的勾连状态。村民自治在内（村党

---

〔8〕 参见杨善华、柳莉：“日常生活政治化与农村妇女的公共参与——以宁夏Y市郊区巴村为例”，载《中国社会科学》2005年第3期。

〔9〕 张静：《基层政权——乡村制度诸问题》，浙江人民出版社2000年版，第249页。

〔10〕 程为敏：“关于村民自治主体性的若干思考”，载《中国社会科学》2005年第3期。

支部）外（乡镇及乡镇以上的政府）两股力量的掣肘和制约下，农民并不能成为一种与国家分享政治权力的自主力量，村民自治组织也不能成为一个真正意义上的完全独立的权力—利益主体，[11] 村庄的宪政遂变形变质为“领导下的民主”、“人治下的自治”。[12] 甚至连闹剧本身也处于某种规划之中：使各种利益表达的一江春水在闹剧中被消耗、懈怠。转向宏观的视野，20 余年的时间跨度中，农民权利意识的提高是显著的，一个根本的原因是在向农民让权放利的过程中，农民从权利中切实体验到了利益。从横向上看，农民权利意识存在着多种不均衡性，这表现为：在农民的各个阶层中，农民私营企业主、农民个体工商户的权利意识明显高于普通农业劳动者的权利意识；在不同的地区，富裕地区的农民的权利意识明显较高；[13] 对于不同的权利，农民的财产权利意识强于政治权利意识和人身权利意识，等等。[14] 从以上比较中，不难发现利益为农民权利意识的改善所提供的契机。在更广阔的论域中，笔者在村庄外选取以下三个较

---

〔11〕 参见程为敏：“关于村民自治主体性的若干思考”，载《中国社会科学》2005 年第 3 期。该文认为，通过党—村关系与乡—村关系两条脉络，才能刻画当前我国农村村民自治所面临的“二元悖论”困境（即强调党的领导就会弱化村民自治、强调村民自治就会弱化党的领导的现象），把握村民自治内在的首要矛盾和基本特征。

〔12〕 叶富春：“村民自治的历程、意义与问题”，载《哈尔滨学院学报》2003 年第 5 期。

〔13〕 陆学艺主编：《内发的乡村》，社会科学文献出版社 2001 年版，第 138 页。

〔14〕 高鸿钧：“中国公民权利意识的演进”，载夏勇主编：《走向权利的时代》，中国政法大学出版社 2000 年版，第 81 页。

为典型的断面剖析农民在行使权利过程中对利益的体验：

第一个断面是农民与土地的关系

农民天生是同土地打交道的，然而在现有的制度框架和社会现实中，农民对这应该是最有感情的东西却在法律上难以体验到相关权利给他们带来的利益。国家对农地使用权多用政策调整，缺少具有较强操作性的法律制度的支持，这在一定程度上限制了农民通过契约转让土地使用权进行资源组合。土地不断的重划和细分，过短的时间间隔使农民减少了肥料投入，增加了滥用土地现象，[15] 也带来了耕作、排灌、管理上的诸多不便，再加上家庭的分散经营、农业技术不到位、缺少城市市场的有力支持等原因，农民很难从土地上获得较大收益。有限的利益使农民的市场交易行为在同一社区用简单的交易方式即可完成，其经济行为预期和利益算度依靠传统伦理和非正式规范即可，无须借助法律，也无须行使法定权利，这在一定程度上节约了成本支出。“土地比较效用的降低，不少农民开始在感情上疏远土地。”[16]

第二个断面存在于进城农民工的群体中

目前，我国法律对进城农民工缺乏应有的关注。由于土地资源的缺乏和家庭联产承包责任制解放了大批农村剩余劳动力，他们涌向城市和乡镇企业，大批精壮劳动力的涌出也

---

〔15〕 曹锦清、张乐中、陈中亚：《当代浙北乡村社会文化变迁》，上海远东出版社 1998 年版，第 60 页。

〔16〕 秦仕宗：“历史的走向和农民的走向”，载《方法》1998 年第 8 期。

使众多农村家庭的经济中心移到了城市。据统计，全国大致有8 800万进城农民工在城市，在乡镇企业的约有1 000万到2 000万人，他们的数量甚至已经超过了传统产业工人的数量。他们为城市的发展做出了巨大的贡献，成为城市经济社会不可或缺的组成部分。然而他们却同时是一个庞大的弱势群体，甚至是边缘群体。从行政管理上看，他们是没有获得城市户口的农民；从政治上看，他们不被承认为工人阶级，因而从理论到现实都享受不到工人阶级所享有的政治权利；从经济上看，他们没有诸如住房、医疗、保险、养老等起码的劳动福利；从法律上看，他们游离于法律的灰色地带，不享有加入工会以及相关的权利、社会保障权利等，甚至一些基本权利也离他们很远。因而，他们行使权利往往成为没有收益的成本付出，当然就体验不到多少利益。进城农民工和雇主之间只有单一的经济关系（即使是这种单一的经济关系，进城农民工的权利也经常难以实现），简单的经济要求和单一的经济关系使法律很少成为农民进行经济行为预期所依赖的制度资源。

第三个断面是农村家庭结构使权利行使对传统伦理的比较效益低下

在农村中，由亲属或准亲属构成的亲缘关系仍然是最基本、最主要的社会关系，这是一张可以无限延伸的亲属关系网络。尽管随着经济的发展，业缘关系的重要性有所上升，但从总体上说，它仍不足以冲击血缘关系的主导地位，婚姻家庭仍是个人与外界联系的枢纽。在家庭联产承包制下，家庭作为完整和基本的生产组织，承担着生产、分配和消费的职能，还承担着生育、抚养、教育、送终、祭祀、情感交流等职能。因而，家庭成为农民最重要甚至是唯一的亲善对象，利益分化无以产生，个人利益往往被忽视，从而使儒家文化得以继续附丽。重义轻利的观念加大了农民行使权利的机会成本。即使在家庭分化中，人们或明或暗的趋利活动，也大都被温情脉脉的亲情面纱掩盖了。[17] 但在经济发达地区，农民更多地参与市场，伦理规范表现出“皮之不存，毛将焉附”的趋势，[18] 农民行使权利的机会成本减少，比较效用增加，因而经济发达地区的农民权利意识就较高。

由上可知，在整个文化环境和法律环境中，农民对权利之利益体验的固有模式仍具有其适应性。农民所面临的简单经济关系和农村社会结构以及国家法律缺乏对农民应有的关注，使其行使权利缺少利益（包括法律利益和现实利益）的驱动，为此就着眼于现实利益的满足。概而言之，期待与大词的宪政相匹配的权利意识在农民现处的利益格局中自觉地生长，只是无视村庄内外情形的一厢情愿。

四、超脱悖论：农民选举权意识的生长

（一）提高农民权利意识的主体

通常所说的“提高农民权利意识”是一个主语缺省的

〔17〕 杨善华、刘小京：“近期中国农村家庭研究的若干理论问题”，载《中国社会科学》2000 年第 5 期。

〔18〕 王海涛：“中国农民法律意识现状探讨”，载《政法论坛》2000 年第 5 期。

表述，其暗含的主语显然是“国家”或农民这一主体之外的其他主体。也就是说，农民权利意识的主体是农民，而提高农民权利意识的主体却是国家或其他主体。这种主体错位的弊端在于：①在权利关系结构中，农民被对象化，甚至被客体化；另一方面则使需要淡出的政治权威得到强化，农村民主自然而然就处于领导之下，村民自治处于人治之下，而市民社会的发展受到压制，不利于法治所必须的国家—社会二元结构的形成。②由于农民被对象化和客体化，使农民无法亲自感受到现代法治与传统政治的区别，不利于农民权利主体意识的增进，从而阻碍其正确的法治观念的形成，使其法治观念仅停留于法制的观念。③过度强调集体利益、社会利益、国家利益，甚至打着三者的旗号，侵犯农民个人利益。

卢梭有言，人的权利是内在的、位格性的存在，而不是一种随着外部力量而消长的外在变量。〔19〕因此，跳出这一悖论的途径在于，实现提高农民权利意识主体的转换，使之回归为农民权利意识的主体自身，即农民自身。为此，有必要进行相应的话语转变。农民权利意识的改变，不是被动地等着外部来提高，而应主动地从内部生长。提高农民权利意识所省略的主语带有国家主义、政府主义的凿痕，而“农民权利意识的生长”这一表述似乎能为跳出这种话语的阴影做出尝试。主体资格的回归是彻底发挥农民在改善自身权利意识中的主体性的前提，基于此，农民潜在的选择能力才

〔19〕［法］卢梭：《社会契约论》，何兆武译，商务印书馆1979年版，第13页。

能喷涌出来，[20] 而选择能力是主体最重要的特征，它塑造了主体，先于目标利益和欲望。[21]

当然，国家的淡出，不是国家的退出。一方面，依赖国家倡导是我们根深蒂固的传统；另一方面，我们要同时面对历时性的近代法治问题和共时性的现代法治问题。在这样的语境下，国家在农民权利意识生长过程中所起的作用是不容忽视的。但国家的作用着眼于制度与条件的“诱导”，主要有：排除消极因素，包括抑制农民权利意识生长或不利于农民权利意识生长的因素；培育积极因素，包括营造有利的制度环境和政府自身切实的依法办事。

（二）引导农民选举意识生长的途径探析

农民对权利的利益体验模式是探寻诱导其健康的权利意识生长途径的逻辑起点之一。由于这一利益体验模式具有忽视法律利益、轻视合法途径的特点，因此，首先围绕这两点对相关的积极因素和消极因素做一番剖析：

1. 功利性、保守性是中国农民的两个重要的心理特征

自古以来，农民的谋生方式简单单一，在自然和社会力

---

〔20〕 选择能力的重要性在人类寻求权利本原的尝试中也得到淋漓尽致的体现：由于饱受恶劣的社会情状的煎熬，人们才求助于社会契约论和人权的“自然”根源论……“理想的”的标准是人类自己选择的，并非脱离人而自然（本性）自动地安排的。Waldron，J. ed. Theories of Rights，Oxford University Press，30～31（1984）.

〔21〕［美］科斯塔斯·杜兹纳：《人权的终结》，郭春发译，江苏人民出版社2002年版，第250页。

量面前普遍感到无法把握自己的命运，精神上具有强烈的乏力感，对未来不敢也不可能抱有太多、太高的奢望，极其看重眼前的既得利益。因此，农民不会迟延满足，不会为了将来的成功而推迟眼前的享受。农民的功利性带有实际和狭隘的特征：所谓“实际”，即利益的现实性，注重眼前利益；所谓“狭隘”，即利益是否属于我。认识到这一点，并应当正视这一点：一方面，在短期内可以通过实际、狭隘的利益驱动来增强农民的权利意识；另一方面，应认识到在这种利益体验基础上形成的权利观必然带有实际性、狭隘性，这是应当避免的，应让农民意识到其他利益的重要性，从而使其权利观符合现代法治的要求。农民的保守倾向使其对变革充满怀疑，这使我们不得低估提高农民权利意识的成本。但是，不胜枚举的农民怀疑和抵制改革的例子，大都说明怀疑变革的最终原因在于对自身已经少得可怜的利益的担忧。[22]因而，消除农民的担忧，降低因农民的保守性而生的成本的途径也是增强农民对权利的利益体验。

2. 使农民从对传统权利行使方式的热衷转而遵循合法的行为方式，乃有赖于程序保障机制和责任机制的完善

一方面，使非法行为方式取得的结果不具有法律上的效力，而遵循程序是结果有效的必要条件；另一方面，追究采取非法行为方式者的责任。通过这两方面来增加农民诉诸传

〔22〕 参见周晓虹：《传统与变迁》，生活·读书·新知三联书店 1998 年版，第 66～79 页。平均主义，内向、压抑的封闭主义是农民社会心理的另外两个特征，本文仅选取与论述相关的两个角度进行阐述。

统的权利行使方式的成本。

相关途径的探析，应力求对症下药而避免隔靴搔痒，应从压制农民权利意识生长的不利因素中入手。这些因素包括相关权利实现机制欠缺的制度因素，以及传统观念因素等方面。两者之间存在着制度形成习惯式的互动，不能在安逸文化论的消极态度的障眼法下错过这种互动。即使在村庄之中，选举权的实现绝非单项权利的运作，而有赖于系统性制度的架构，相关权利共同配合行使，形成相互映照的权利束。在相关权利中，笔者认为，知情权的充分实现和救济制度的落实是最为关键的制度环节。

有法谚曰："阳光是最好的消毒剂。"海选进行中所涉及的村民的知情权内容应以列举的方式，予以明确地法定化，而非口号化的强调。在低头不见抬头见的村庄社会中，候选人的情况在村庄中通常是比较明了的。笔者认为，更显重要性的，是涉及非选举期间村民知情权的相关制度（如《村民委员会组织法》中的村务公开制度）的完善和实效化，其意义在于，培养成熟的和理性的选民，增强村民对于村庄公共事务的责任感，为选举准备"有责任"的选民，增强民众的政治鉴别能力，有利于选民理性的形成。[23]

全面而完善的救济制度、问责机制的切实运行，有利于引导村民形成与国家宪政合拍的关于行使权利的利益体验模式。现行实定法框架内，对选举权的救济仅包括刑法惩处的破坏选举罪以及民事诉讼法处理的选民资格案件两个方面，

〔23〕 王雅琴：《选举及其相关权利研究——美国选举个案分析》，山东人民出版社2004年版，第171页。

救济的范围和途径十分有限，这种有限性在某些村民直选中更为突出。加之缺乏专门的裁判组织形式，使得众多矛盾缺乏制度内的诉求途径，只能在制度外寻求解决方式，严重破坏了这些村庄宪政的稳定基础。面对大量存在的村民海选纠纷，在审判组织模式上设立专门的选举法院、选举法庭或类似机构专司此类纠纷以及其他选举纠纷，将之纳入制度化、程序化的解决途径，其必要性随着选举活动的频繁而突显。[24] 在选举案件的类别上，确立选举效力的确认之诉，是将我国的实定法表述的申诉、控告、检举权在选举制度中具体化的关键一环。与救济制度紧密相联的，是健全村民委员会问责制度，应在对村民委员会的考核中强化此项内容。《村民委员会组织法》中的罢免机制仅仅是该问责机制中最严厉的情形而非全部。

选举权意识生长并不会脱离农民的整个权利意识的生长而呈现不平衡的态式；且所谓健康的选举权意识，并不是借选举变更甚至翻动村庄格局以期变更甚至翻动自身地位的侥幸心态，其相随的责任意识、程序意识等，都有待在权利意识的生长中水到渠成。在这个过程中，适当的促水筑渠之举能有效发挥引导之功效：

第一，给农民以可体验的“国民待遇”。法律是一门妥协的艺术，是社会各阶层利益相妥协的产物，[25] 只有当法律切实体现自身利益，守法才会与自律相结合，权利才会和

---

〔24〕 焦洪昌：“从王春立案看选举权的司法救济”，载《法学》2005 年第 6 期。具体方案的讨论详见该文。

〔25〕 参见季卫东：《宪政新论》，北京大学 2002 年版，第 159 ~ 164 页。

利益相统一。因此，在立法上平等对待农民，不忽视农民的利益是必要的。农民在我国处于弱势地位是一个不争的事实，[26] 这在进城农民工的身上表现得尤为突出。尽管国家时常会有体恤农民的优惠政策，但由于政策的不稳定性，使这种体恤附加了一个可变参数。没有事实上的平等地位，再多的权利宣言也只能停留于书面。农民会过高地估计行使权利的成本，他人行使权利的碰壁也会加大他的成本预算。经常会有农民抱怨一件件不合理的摊派，一项项不合理的负担，一次次不合理的干部调配，一桩桩不合理的案子，[27] 在这些抱怨中可以看到，农民不是不关注权利，而是这些事实使他们对行使权利的预期成本大大地扩大了，预期收益大大地缩小了。保障农民现实的平等地位，是增强农民权利意识的基础。实现平等，首先有赖于立法上的平等，即通过科学的立法程序保障，在制定法律过程中对各方利益平等地重视，从而将宪法上的平等转化为具体制度中的平等，将法律文本上的平等转化为现实生活中的平等。例如，取消户籍的限制，逐步建立农民社会保障制度，给进城农民工以起码的劳动福利保险等。这些在短期内的成本是巨大的，但是平等原则是第一原则，而立法平等是第一原则中的第一要求。

第二，促进、加速农民利益分化和重组，为市民社会的

---

〔26〕“乡下人生活在社会的最底层，也最被人瞧不起的。这种状况到本世纪（指20世纪——笔者注）也没有多少改善。”夏勇：“乡民公法权利的生成”，载夏勇主编：《走向权利的时代》，中国政法大学出版社2000年版，第616页。

〔27〕夏勇：“乡民公法权利的生成”，载夏勇主编：《走向权利的时代》，中国政法大学出版社2000年版，第618页。

健康成长创造条件。近、现代的西方法治道路告诉我们，健康、充分的权利意识，深深地植根于完善的市民社会之中。传统中国不存在国家—社会的二元格局，而以国和家为两个基本单位，而且两者是同构的，国是家的放大，家是国的缩小。这是抑制中国农民权利意识生长的社会结构因素。因此，要使农民权利意识得以健康生长，首先要在农民利益得以分化和重组的基础上，使市民社会得以健康生长。当然，农民的利益分化和重组不是停留在既有利益的分与合上，而需置身于农村经济发展的背景之中。有什么样的经济基础，就有什么样的权利意识。正如村民直选的开展来源于家庭经营经济；农村经济的进一步发展，必然有利于农民权利意识的进一步觉醒。市场化的推进，加速农民利益分化，使以前单一化的经济结构发生巨大的变化。利益分化意味着农民作为利益主体的意识加强，使农民名正言顺地重视个人利益。市场经济不断激发农民的权利要求，使之自觉地关心政策与法律的制定和实施。农民的利益个别化和利益关系的多元化，必然使农民自觉地调整其对权利的利益体验模式，从而逐渐地习惯于、进而擅长于用权利语言、法律方式来表达自己的利益，将任何对法律利益和现实利益的无视和忽视当作是对资源的浪费而加以摒弃。

第三，规范法律服务市场，提倡律师下乡。在农村，几乎没有真正意义上的法律人,[28] 城里的律师不仅很难为普通农民所接近，而且获取这种法律服务所需支付的费用也是普通农民支付不起或不愿支付的，但这并不说明农民对法律服务没有需求。在农村，许多案件的当事人直接向法官进行咨询，法官在某种程度上代行了律师的角色。[29] 这一方面说明农民对法律服务的需求，另一方面说明农民为免付法律服务费用而选择的精明做法。因此，在中国广大农村，存在对法律服务（尤其是法律咨询）的制度性需要。降低农民通过律师主张权利的成本，将激活巨大的农村法律服务市场。

笔者认为，律师应当下乡。所谓律师下乡，是指律师为农民提供优惠的、甚至免费的法律服务。律师之所以要下乡，从律师的角度来分析，大致有两方面的原因：一方面，农村法律服务市场是一个有潜力、有规模的市场，随着农民生活水平的提高和权利意识的觉醒，农村法律服务市场将产生的高收益是任何一位有远见的律师所能看见的（当然，在开拓农村法律市场初期是要付出一定代价的）。另一方面，律师职业还未被中国传统文化所认同，人民往往将律师与以是为非、以非为是、是非无度联系在一起，这种误解在农村尤为显著。欧洲早期的职业法律家奋起维护职业声誉从

---

〔28〕 所谓法律人，是指经过专门训练，具有法律思维能力的专业人士，参见孙笑侠："法律家的技能与伦理"，载《法学研究》2001 年第 4 期。因此，基层法律工作者并不属于法律人的范畴，实际上他们也无法提供高知识含量的法律服务。

〔29〕 参见苏力：《送法下乡》，中国政法大学出版社 2000 年版，第 316 ~ 321 页。

事各种慈善行为的做法值得借鉴，以调和律师职业与传统文化的不协调，为开拓法律服务市场扫除障碍。律师下乡固然有其必要性，但能否促使律师下乡的关键，在于对开拓农村法律市场的律师的利益提供制度性保障，如健全的下乡律师利益补偿机制等。律师下乡至少有两个作用：①沟通作用。由于依传统心理所建立的行为模式使农民高估行使权利的成本，低估其效益，从而阻却其履行权利。律师完全可以替代这种传统心理，沟通法定权利与农民，帮助重构公民关于权利行使的成本—收益分析。②普法作用。律师的介入是一次现身说法，是一种真正意义上的普法，一种现代社会文明的教育，一种对人的训练，这种亲身感受的影响远远超过一次以某种奖励为支撑的普法讲座。[30] 在山东农村，一些“赤脚律师”自学了足够的法律知识，用以在地方法庭就民事案件进行起诉和辩论，承担着确保农民能够懂得和维护自身权利的任务，收取的费用较低。他们组成松散的联盟，用手机、传呼机相互联系，并吸收农民加盟。[31] 笔者以为，这一现象具有很强的推广价值。就制度性的建构方式来说，需要把这种律师下乡活动纳入法律援助的制度框架之内，使之成为法律援助的一个特别项目。

第四，进行典型个案的宣传。晓之以利、明之以理的宣传教育，并使所宣传的内容与事实相一致，这是十分必要的。否则，由此而生的不信任感会使宣传教育的效果大打折

---

〔30〕 苏力：《法治及其本土资源》，中国政法大学出版社1996年版，第311页。

〔31〕 参见“山东农村的‘赤脚律师’”，载《参考消息》2002年3月19日。

扣，甚至会产生抵触心理。基于此，笔者以为，在农村的普法宣传中，应重视正面揭示法律对于社会发展和个人幸福的价值而非强调强制与制裁，应突出权利带来的较为现实直接的利益而非道德鼓励或纯粹的道德愿望术语的宣读。考虑到普法资料所应具有的利益体验性、具体性和个案性，典型案例就不失为一种好资料，其效果比单纯的讲授法条要好得多。近年来，我国公民权利意识变化的不均衡性，为正面案例和反面案例的寻找都提供了可能。所谓的典型案例包括三种类型：农民行使权利的成功案例、农民因不懂法而受骗的案例和对村干部腐败、做恶事件予以曝光的案例。其中，第一类案件尤为重要。中国经济发展不平衡，不同地区农民的权利意识也是不均衡的。权利意识较强的农民的一些事迹对于权利意识较弱的农民是具有引导性的正面宣传价值的。诸如浙江武义县农民告赢乡政府之类的案件[32]是很好的宣传资料，具有“广告效应”。第二类案件将使农民认识到放弃行使权利的机会成本。第三类案件有利于增强法律在农民心中的效用。通过典型案例的宣传，“权利”将更贴近农民，对权利的陌生也是行使权利的一种成本。权利意识在潜移默化中进入农民的头脑，并且变得形象生动，这将使农民行使权利的成本—收益预期趋向合法化和合理化。

---

〔32〕 浙江武义县农民周伟平于1996年与乡政府达成口头协议，承包种植猕猴桃，承包期从1997年1月~2011年12月31日。经过5年的精心管理，猕猴桃已成林，即将进入盛产期。2001年4月，乡政府单方收回周承包的猕猴桃基地交给他人经营。周在与乡政府交涉无果后，将之告上法庭，从而维护其自身的权利，取回了应有的利益。参见“农民告乡政府毁约，赢了”，载《新华社每日讯》2002年1月18日。

第五，村务知情权的切实保障，尤其是非选举期间的知情权。这对于选举的意义在于：培养成熟和理性的选民集体，增强人民的社会责任感，为选举准备“有责任”的选民，有助于选民了解国家政务，增强民众的政治鉴别能力，有利于选民理性的形成。〔33〕

五、余论

本文初步从利益的角度审视了农民的选举权意识及其相关问题。一方面，揭示了国家宪政下的一些视野盲区，点出村庄宪政这一重要的视域；另一方面，在分析村庄宪政问题的方法论上，强调将自己置身于农民身处的社会环境中，以“换位思考”的方式来理解农民，同时按农民自己赋予他们行动的意义来解释农民的行动和农民的态度。〔34〕

由此，在两个村庄的个案分析中得出结论：农民并不是不具有利益体验并处于茫然的状态，而是习惯其自身固有的对权利的利益体验模式；由于中国农民的功利性和保守性的

〔33〕 王雅琴：《选举及其相关权利研究——美国选举个案分析》，山东人民出版社2004年版，第171页。

〔34〕 即对农民的态度和行动能“感同身受”，做到“投入理解”和“同感解释”，参见杨善华、罗沛霖、刘小京、程为敏：“农村村干部直选研究引发的若干理论问题”，载《社会学研究》2003年第6期。这不仅是制度建构中构筑交往平台的前提，也是本文所提倡的分析村庄宪政的重要方法取向，近来此一方法开始见多，例如，参见杨善华、柳莉：“日常生活政治化与农村妇女的公共参与——以宁夏Y市郊区巴村为例”，载《中国社会科学》2005年第3期。贺欣：“在法律的边缘——部分外地来京工商户经营执照中的‘法律合谋’”，载《中国社会科学》2005年第3期。

心理特征，农民往往只注重权利中所体现的现实利益，而其中的法律利益只被视为实现现实利益的手段；于是，农民往往在权利行使中摒弃法律途径而热衷于传统行为方式。同出于这一方法论倾向，对于农民权利意识的改善，力戒“提高”农民权利意识之类的“代位思考”话语，而应促成农民自身从内部得到健康的生长，国家的作用则在于诱导。当然，利益不是权利的全部内容，也不是影响农民权利意识的唯一因素，增强利益体验也非促进农民权利意识生长的唯一途径。因此，在强调利益因素的同时，应当认识如何去避免利己主义的病态权利观，如何去建立适当的程序保障机制和责任机制保证农民正当地行使权利。成本的分析是重要的，但它不能取代公平、正义的地位；成本分析也不可仅局限于短期内的成本支出，而应放眼于较长的时期。普法宣传对于提高农民法律意识有着不可替代的作用。笔者以为，随着普法的深入，普法的对象、内容、方式等都要尝试着做一定的转变，本文所倡议的律师下乡、典型个案宣传都是对这种转变所提的陋见，有待进一步的具体化和可操作化。

农民负担问题中所体现的冲突解决模式

钟瑞庆*

一、导言

一谈到农民负担问题，人们首先想到的是计算农民负担的程度，然后再探讨其原因及解决办法。然而，对于这样的计算，必须解决的一个问题是，如何确定农民负担“重”（甚至“过重”）的标准？当然，有时似乎可以回避这样的问题，因为计算可以表明，农民负担“显然过重”。如果农民的农业收成在扣除各种投入以及上缴的各种税费（即负担）之后，没有盈利甚至亏损，那么，农民负担就“显然太重”了。在这种情况下，无需论证何谓“重”何谓“轻”，只需径直探寻原因及解决办法就可以了。但是，就算是完全消除了“显然太重”的情形，也并不等于解决了农民负担问题。所以，如果致力于全面解决农民负担问题，就不能回避农民负

---

* 钟瑞庆，浙江大学法学院博士后，法学博士。本文原载《中外法学》2001年第5期。

担轻重的标准及其确定机制。实际上，农民负担轻重与否，并不存在一个客观的、绝对的标准，相反，存在的是主观的标准。农民有一个他认为“重”的标准，中央政府有一个它认为“重”的标准。同样地，地方政府也有一个它认为“重”的标准，这三个标准有时会重合，但总的来说，并不相同。而且，农民、地方政府、中央政府根据各自所认为“重”的标准而采取相应的行动。那么，当农民、地方政府、中央政府根据各自所认为“重”的标准而采取相应的行动从而产生相应的利益冲突时，究竟谁的标准会成为冲突解决时必须遵循的标准？问题的解答取决于与农民负担有关的具体的冲突解决模式。

如果法院是冲突解决的中心，那么，法律所确定的标准就是最终所采纳的标准。在现行的体制下，税费方面的立法权统一归于中央，因此，法律所确定的标准也就是中央的标准。地方政府如果违反中央的标准，农民就可诉至法院，通过法院来实现中央所确定的标准。然而，事实上，法院无法承担起这种任务。有些法院在处理地方政府与农民间的冲突时，会偏向于地方政府从而丧失独立的地位。这一点可从赵晓力的研究中得到印证：法院的判决在涉及地方政府与农民的关系时具有治理性的特征。[1]

法院没有成为冲突解决的中心，提示我们可能存在着不

---

〔1〕 赵晓力：“通过合同的治理”，载《中国社会科学》2000 年第 2 期，第 120～132 页。在以治理为目标的判决之下，法院就很可能偏离法律所确定的目标，在判决的依据上，也会偏离法律的宗旨，转而以地方红头文件或某领导的批示为依据。

同于诉讼的另一种冲突解决模式。汪晓涛提示了这一点，他说："……如果说过去是地方干部要在国家与农民之间选择站在哪一边的话，那么现在得由国家在农民与地方干部之间选择站在哪一边了。

对于国家而言，这确实不是一个容易的选择。一方面，国家要靠地方干部来确保它的份额（上交国家部分）和推行它的政策，事实上地方干部作为独立的利益追逐者的角色本来就是国家赋予的，而且是由国家机器的强制力作后盾的。另一方面，又要防止农民的普遍不满引发社会动荡。它所能做的，大概就是在二者之间的摇摆，试图找到一个平衡点。"〔2〕

也就是说，直接冲突的双方，是地方政府和农民。国家（即中央）则退而成为冲突的仲裁者，成为冲突解决的中心。不过，中央依据什么标准来进行仲裁，却不无疑问。按汪晓涛的说法，中央只能在地方政府和农民之间"摇摆"和"平衡"。然而，汪晓涛没有说明中央政府究竟如何"摇摆"、如何"平衡"，所以，汪晓涛实际上认为中央仲裁缺乏相关的标准。

本文认同汪文所提示的冲突解决模式，但不满意汪文认为中央缺乏标准的说法。另外，对于中央作为冲突解决中心的冲突解决模式，三个独立的利益主体（农民、地方政府和国家）的存在，是这种冲突解决模式形成的前提。然而，汪晓涛仅论及使得地方政府成为独立的利益主体的条件，即

〔2〕 汪晓涛："从农民负担问题看中国农村政治关系的变化"，载《中国研究》1998年11月号。

财权下放，而令人遗憾地忽略了使农民成为独立的利益主体的条件，即联产承包责任制。汪文的这两个缺陷，使得汪文未能明确说明这种不同于诉讼的冲突解决模式的运作方式。当然，这也许跟论文的主旨有关。

弥补汪文的两个缺陷，构成了写作本文的动机。文章首先阐述农民与政府的利益冲突是在何种条件下形成的；然后说明，通过制度安排，农民与政府的利益冲突又如何转变成农民与地方政府的利益冲突，中央则在一定条件下介入成为利益冲突的仲裁者；接着，本文讨论了为什么法院不能成为农民与地方政府利益冲突的仲裁者的理由；最后，论述了各种农民负担轻重标准与冲突解决模式之间的关系。

二、政府与农民间利益冲突的形成：联产承包责任制

政府与农民间构成利益冲突，首先必须使政府和农民成为彼此独立的利益主体，显然，关键是农民成为独立的利益主体，[3] 而这一条件在联产承包责任制推行之后方得以具

---

〔3〕 政府作为一种政治组织，其独立性与自主性意味着它有有别于其他机构和社会势力的自身利益和价值，也就是说，政府并不是特定社会团体的工具。越趋于制度化的政治组织，其自主性和独立性就越强。塞缪尔·P. 亨廷顿：《变化社会中的政治秩序》，王冠华、刘为等译，三联书店1989年版，第19~21页。因此，政府当然并不是自然而然地成为独立的利益主体，而是与其制度化程度相关。中国政府的独立性和自主性是毫无疑问的。这至少可从一系列事例中看出：1953年，政府可以独立于农民做出实行粮食统购统销的决策，其后，又实行了农业的社会主义改造；1956年，又实现了对资本主义工商业的社会主义改造，即实行公私合营；在随后的几十年，实行普遍的低工资以便为投资积累资金的制度。这说明，政府可以独立于农民、民族资产阶级、工人做出政府认为正确的决策。实际上，正是这一点，使得中国的政治制度优越于印度的民主制度，而实现决策的高效。

备。在联产承包责任制推行之前的社队体制下，由于政社合一，即行政管理组织和经济组织合二为一，农民与集体组织之间存在严重的人身依附关系，农民生产和生活半军事化，“敲钟上工，集体分红”，国家通过人民公社——大队——生产队牢牢地控制着农民。生产决策权集中于公社党委。生产队是最基本的生产和核算单位，由队长安排社员的农活并检查他们的进度和质量，社员根据劳动时间和劳动质量来获得工分，年终则根据工分来进行生产成果的分配。〔4〕因此，社队体制下，农民并不能够成为独立于政府的利益主体，恰恰相反，农民是依附于政府的利益主体，不是独立的利益主体。

联产承包责任制的推行意味着重塑政府与农民的关系。虽然联产承包责任制最初采用了多种形式，但最终，包产到户占据了主导地位。在包产到户制度下，家庭与集体经济组织（一般是村集体，即原来的生产大队，有时是乡镇，即原来的公社，取决于土地的所有权归属）签订土地承包合同。集体经济组织的权利包括规定主要作物的播种面积、征购和派购数，以及从农户的劳动成果中提取集体留成。也就是说，集体经济组织可以确定种植物的品种，这是集体经济组织所享有的唯一的生产决策权。征购、派购和提取集体留成属于分配权。其中，决定种植作物品种的决策权、征购和派购都来源于国家下达的指令性计划，提取集体留成则可理解为集体经济组织作为土地所有者参与生产成果的分配，在

〔4〕 梁开金、贺雪峰：《村级组织制度安排与创新》，红旗出版社 1999 年版，第62～65 页。

某种意义上，集体提留类似于地租。也就是说，在联产承包责任制下，与农业生产和分配有关的主体，就是土地承包合同的双方当事人。由于国家并不是土地承包合同的当事人，因此，国家的决策和利益就只能通过集体组织来实现，即表现为集体组织的权利，如决定种植作物的品种，决定征购数和派购数。国家因此而丧失了直接干预农业生产的权力。在农民与集体经济组织的关系上，由于集体经济组织所享有的唯一的生产决策权就是决定种植作物的品种，而具体的何时种、怎么种、何时收割、怎么收割，都由农民自己决定；在分配上，由于上缴国家数和留给集体数是已定的，分配上的特征因此可以概括为“交足国家的、留够集体的，剩下是归自己的”，从而，农民享有全部的生产剩余。[5] 因此，在联产承包责任制下，农民成为农业生产的新的生产决策的主体，并且承担相应的风险，享有相应的利益。政府与农民的关系，由社队体制下的直接控制，不得不向间接控制转变，因为已不存在直接控制的机制了。[6] 农民获得生产决策权之后，即从政府的直接控制下摆脱出来，也从集体经济组织的控制下摆脱出来，并因此成为独立的利益主体。

---

〔5〕 于祖尧：“农民实行包产到户是我国经济体制改革的前奏”，载《经济研究》1983年第3期。

〔6〕 随着农民成为农业生产决策的主体，政社合一体制下的大部分经济功能（即关于农业生产指挥权和分配权）也就只能随之丧失。这意味着社队体制的解体的开始。到1983年，政社合一的体制正式解体，乡政府取代人民公社成为基层行政政权。参见梁开金、贺雪峰：《村级组织制度安排与创新》，红旗出版社1999年版，第62~65页，“中共中央、国务院关于实行政社分开建立乡政府的通知”（1983年10月12日）。

农民成为独立的利益主体之后，政府与农民形成利益冲突还须具备其他条件。如前所说，在联产承包责任制下，政府的利益通过集体经济组织转化成合同权利来实现，政府因此而不与农民发生直接的关系。如果固守这种制度和格局，那么，形成利益冲突的只能是农民与集体经济组织，而与政府无关。然而，如果政府固守这种制度和格局，那么，对于农民而言，政府的存在是毫无意义的，无论是规定种植作物，还是规定征购和派购数，都不是为农民而规定的。因此，政府必须具有其他功能，才能证明政府对农民的正面意义。而这样一种证明，在社队体制下是不必要的。它意味着政府的功能发生了转变，即从直接生产领域向公共品（public goods）提供领域转移。提供公共品，就是政府对于农民而言存在的意义。反过来，这也意味着政府不再承担让农民致富的直接责任。[7]

为了向农民提供公共品，政府就必须筹集相应的资源，这自然只能从农民那里获得，表现为政府向农民征收的税费。这样，通过向农民提供公共品，政府就和农民发生了直接的关系。一方面，政府为农民提供公共品；另一方面，政府向农民征收税费，而征收税费又以提供公共品为前提。也就是说，在征收税赋与提供公共品之间，包含着一种交换，这种

---

〔7〕在地方政府官员的考核体系中，如果人均收入仍然是重要指标，那么，地方政府的选择无非两种：①直接改变联产承包责任制，例如，强制要求种植某种经济作物，然而，这种做法容易导致农民的直接对抗，并容易遭致中央政府的干涉。②建立地方工业，这属于在联产承包责任制体系之外的做法。

交换可以理解为，政府是公共品的出售者，农民是公共品的购买者。在这样一种交换关系当中，政府与农民是一种平等的交易主体之间的关系。[8] 也就是说，从逻辑上讲，政府不能强制农民购买他所不需要的公共品。农民所需要的公共品的种类及其规模，应当由农民来决定。由此可知，这样一种交换式提供公共品的方式，实际包含两重含义：①这意味着决定公共品的规模与为提供公共品而进行的筹资（即税费）

---

〔8〕 公共品本身包含两个特点，即供给的连带性和排除他人消费的不可能性。所谓的供给连带性，是指供给成本本身是固定的，因此，增加一个消费者并不会增加供给的成本；所谓排除他人消费的不可能性，是指排除他人消费的成本太高以至于不可行。在供给连带性特征下，合作提供公共品就变得有利可图（因为成本不变，合作提供可使个人分摊的成本降低）；而在排除他人消费的不可能性下，自愿提供公共品的行为不会产生，每个人都希望他人提供，自己搭便车。因此，在公共品的各种特性下，公共品只能集体提供，从而产生集体决策的问题。这个集体决策的问题就是偏好显示和相应付费的过程。这是公共选择理论研究的中心问题。所以，公共品虽然由集体提供，但仍然应由消费者来作出其品种和规模的决策。如果集体提供进一步转变为政府提供，则政府成为公共品的提供者，公民成为公共品的消费者。公民应当成为公共品提供的品种和规模的决策者，政府则对公民的决策加以执行。正是在这样的意义上，可以认为政府和公民整体之间存在一种交换关系（当然，这种交换关系具体到公民个人时，就不会存在付费与消费之间的精确对应关系，这是集体选择过程本身所固有的缺陷）。但是，在法律关系上，政府和公民个人之间却不是平等的交换关系，而是税收关系上的强制性。所以，政府与公民之间在公共品提供上的平等交易关系，是由公共品的属性推出的逻辑结果，是政府与公民在公共品提供上所应具有的实质性关系（而不是法律关系）。可参见［美］丹尼斯·C. 穆勒：《公共选择理论》，杨春学、李绍荣、罗仲伟、龙超译，中国社会科学出版社 1999 年版，第 16～17 页。

决策是重合的，[9] 也就是说，决定了公共品的规模，也就决定了所需的筹资（税费）的规模。②这意味着公共品的规模和相应的筹资规模是弹性的，能根据农民的意愿而进行相应的调整。

很显然，当为农民提供的公共品的种类和规模［以及相应的筹资（税费）规模］不是由农民来决定（即由政府决定），并且也不符合农民的需要时，政府与农民间的利益冲突就产生了。[10] 因为对农民而言，当政府提供的公共品的种类和规模不符合他的需要时，他向政府所交纳的税费，

---

〔9〕 农民在决定自己所需的公共品的种类和规模时，必须根据自己的付费能力。虽然由于公共品的特殊性，无法将农民对公共品的消费与相应的付费（如私人物品那样）一一对应，但是，通过投票等公共选择的方式，可以大体实现农民对公共品的意愿的表达并付诸实践。如果两种决策是分离的，也就是说，如果公共品的种类和规模的决策以及筹资（税费）规模的决策是分别做出的，比如说，先让农民对前者通过投票做出表决，那么，由于未考虑到相应的付费问题，农民就可能会高估自己对公共品的需求；然而，当农民单独对筹资（税费）规模做出决定时，由于未考虑自己所需的公共品的种类和规模，农民希望少付费而会低估自己对公共品的需求。参见［美］詹姆斯·M. 布坎南：《民主财政论》，穆怀朋译，商务印书馆1993年版，第97～106页。

〔10〕 在农民不再享有公共品品种和规模的决策权的情况下，这时候政府所提供的公共品，已不再是原有意义上的公共品了。由于农民（公民）在公共品上的意愿得不到合适的表达渠道，因此，这时候政府所做的事情，未必是农民（公民）所要求政府要做的事。

就不再是交换，而是单纯的付出。[11]“农民负担”这个词的使用本身，就表明了这一点。为什么农民向政府交纳的税费是农民的负担呢？关键并不在于交纳的数量，而在于缴纳之后是否有相应的回报，如果没有回报，就可以说是负担，如果有回报，甚至是超额回报，那么，就不是负担。[12]对于农民而言，他当然会希望尽量地减少单纯付出的数量。而政府为了实现他所决定要提供的公共品，又不能不向农民征收所需的税费。政府与农民间的利益冲突，就这样形成了。

为什么政府会取代农民成为公共品种类和规模的决策者？并且，为什么政府所提供的公共品在很多时候不符合农民的需要？1980 年以来的中国史，是中国的现代化史。在现代化的过程中，朝代国家转变成了民族国家，国家存在的合法性根据发生了位移，从华夏的文教礼制理念转变为民族共同体的生存诉求。也就是说，现代化过程中的国家，首要的任务是实现中国在国际社会中的平等和自主的地位。由这一任务所决定，国家的建构就以平等为基本的价值取向而排

---

〔11〕赵旭东将农民的这种交换意识归结为“中国乡土社会秩序所维持的固有的互惠原则”。将之归因于乡土社会秩序，这至少给人一种误解，似乎城市社会就不遵循互惠原则了。参见赵旭东：“互惠、公正与法制现代化”，载《北大法律评论》第 2 卷第 1 辑，法律出版社 1999 年版，第 100～144 页。实际上，交换必然遵循互惠原则，有交换的地方，就必然有互惠的意识，而不论其在农村还是在城市。而交换的产生，则以交换双方拥有交换客体的产权为前提。因此，农民与国家间互惠原则的产生，必须以农民拥有相对于国家独立的产权为前提。这种前提，在社队体制下并不存在，而是在联产承包责任制推行之后才具备。

〔12〕正因为如此，农民为了住进新房，交给建筑商一大笔钱，但是农民并不会认为这是他的负担，因为他得到了房子。

斥自由的价值观。[13] 国家的独立和富强是毋庸置疑的无需论证的目标，国家政治体制的构建只能在与这一目标相联系的条件下得以合法化。而作为后发的现代化国家，就不可能像英、法等国一样由自由演变实现现代化，而应是借助于政府来实现强制的现代化，政府因此而成为强势政府、积极政府。[14] 也就是说，政府取得了规划和执行现代化的路径、阶段和方式的权力，从而取得了决定公共品的种类和规模的权力。这是因为，对于政府而言，为实现现代化而所做的一切，就是政府提供的公共品。而如何实现现代化，又主要由政府来做出决定，因此，公共品的种类和规模的决策权归属于政府。从历史上来看，农民是天然地反对现代化的。[15]

---

〔13〕 刘小枫：《现代性社会理论绪论》，上海三联书店 1998 年，第 90 ~ 101 页。

〔14〕 罗荣渠：《现代化新论》，北京大学出版社 1993 年版，第 185 ~ 191 页。

〔15〕 这是在 peasants 的意义上来使用“农民”这个词的。农民这个词的中文含义并不清晰，可以对应于两种英文翻译，即 peasants 和 farmers。peasants 主要是指一种身份，即农业文明时代依附性的共同体成员，而 farmers 则指从事种田这种职业的社会成员，在本质上是自由的。具有代表性的观点认为，peasants 的主要追求在于维护生计，并在一个社会关系的狭隘等级系列中维持其社会身份，必须“固守传统的安排”；相反，farmers 则充分地进入市场，使自己的土地与劳动从属于开放的竞争，利用一切可能的选择使报酬极大化，并倾向于在更小风险的基础上进行可获更大利润的生产。而新版《大不列颠百科全书》则认为，peasants 的本质特征在于其“要受外部权势的支配”。实际上，“受外部权势的支配”与“依附性”，只不过是同一种含义的不同表达而已。而现代化的进程，就意味着“个人向完全的个人之发展”，即意味着外部权势的消除，因此，也是 peasants 向 farmers 转变的过程。见秦晖：“农民问题：‘什么“农民”？什么“问题”？’”，载秦晖：《问题与主义》，长春出版

所以，在这样条件下提供的公共品，不符合农民的需要，也就很自然了。

基于这样的分析，如果政府的结构是一体化的，那么，政府与农民的利益冲突就缺乏协调者和中间人，除非法院作为仲裁者。然而，在现存体制下，法院并不能承担这样的任务，而在缺乏仲裁者的情况下，政府与农民的矛盾一旦激化，就会演变成只能用武力解决。这是政府和农民都不希望

社 1999 年版，第 15～23 页。以此而论，计划经济下的中国农民，更像 peasants，联产承包责任制的推行，则是中国的 peasants 向 farmers 转变的过程。当然，这种转变并不彻底。

Peasants 为什么会反对向 farmers 转变呢？这是因为，至少从西方的历史上来看，peasants 向 farmers 转变的过程，也是从事农业人口减少的过程，即所谓的“小农无产化”，农民因此丧失了生产资料而以佣工为生。这也就意味着现代化的进程对 peasants 而言，存在着完全不能维持生计的可能（如果找不到工作）。因此，现代化的进程，是将农民置于一种巨大的风险中。Peasants 反对这种风险因而也反对加剧这种风险的现代化进程。

那么，在中国，联产承包责任制的迅速推行，是不是能表明中国的农民具有不同于西方农民的特性呢？答案是否定的，只有在免除上述现代化的风险的条件下，农民才会支持现代化的进程，因为在这样的条件下，现代化的进程对农民而言，只会增加收益而不会增加风险。免除上述风险的条件是维持现有的土地制度。在现有的土地制度下，土地不可能集中，因此，农业人口减少的可能性也不存在，从而，农民被置于无法维持生计的风险也不存在。一旦现代化的进程逾越了这个条件，农民就会转而反对现代化进程。参见［美］黄宗智：《华北的小农经济与社会变迁》，中华书局 2000 年版，第 7～15 页。

出现的结果。[16] 所以，仲裁者是不可缺少的。那么，仲裁者是如何产生的呢？在法院不能充当仲裁者的条件下，仲裁者只能在政府内部产生，而在政府内部，只有中央政府具有相应的权威和解决矛盾的手段。[17] 然而，中央政府要成为仲裁者，就必须让自己——至少在形式上——与矛盾无关。这就是说，必须通过某种制度，使得政府与农民的利益冲突，转变成为地方政府与农民的利益冲突，这样，中央政府

---

〔16〕 缺乏冲突的仲裁者，也就意味着缺乏相关的冲突解决机制。在缺乏相关的冲突解决机制的情况下，矛盾得不到宣泄的渠道，就只能积累起来，然后总爆发。中国古代农民起义的爆发与此种纠纷解决机制的缺乏（丧失功能）也有关系。地方官员无法解决的问题，因为地方官员直接代表中央政府，所以也意味着中央政府也无法解决，农民只好铤而走险。同样地，苏哈托统治下的种族矛盾由于缺乏相应的冲突解决机制，矛盾积累至苏哈托下台后爆发，就引发了众多骇人听闻的惨剧。可参见庄礼伟："印尼暴乱、野蛮屠杀、挑战文明"，载《南方周末》2001 年 3 月 1 日。因此，缺乏冲突的仲裁者，对于一个文明的社会来讲，是难以接受的。

〔17〕 在这里，我们还可以考虑的一种可能性是某一级的地方政府（或人大的其他机关）作为冲突的仲裁者。例如，乡级地方政府与农民的冲突，县级政府可作为仲裁者，县乡级地方政府与农民的冲突，省级政府可作为仲裁者。然而，地方政府与农民在农民负担上的矛盾，不同于其他矛盾（如逼农致富而产生的政府与农民的矛盾），在现有的公共品提供规模下，减轻农民负担直接带来的后果之一就是地方政府的正常运转可能会发生困难。在这样的情况下，地方政府缺乏解决农民负担的魄力和能力（这一点在湖北监利减轻农民负担的个案可以看得很清楚，减轻农民负担牵扯到方方面面的关系），因此，也就不能胜任作为仲裁者的责任，至少，在一般情况下，缺乏解决问题的决心。实际上，如果国务院领导不批示，湖北监利的减轻农民负担的改革能够启动吗？恐怕答案是否定的。参见黄广明、李思德："乡党委书记含泪上书　国务院领导运情批复"，载《南方周末》2000 年 8 月 24 日。不过，地方政府与农民间的其他矛盾，则可能大部分都是在地方政府或人大仲裁下处理的。

就可以置身事外，转变成利益冲突的仲裁者。这种制度，最初是财政包干，其后是分税制。

三、政府与农民间的利益冲突转化成地方政府与农民间的利益冲突：财政包干制与分税制

虽然自1978年开始的改革具有分权式改革的特征，但并没有在总体上改变中央集权的格局，〔18〕而且，自1993年以来，中央权力有进一步加强的趋势。〔19〕因此，从总体上来讲，地方政府仍然主要是中央政府决策的执行单位。与以往不同的是，中央的决策虽然必须执行，但具体到执行方式，却可由地方政府自行决定。一般情况下，由中央政府确定任务和目标，然后经过省—市—县—乡—村逐步明确和细化，到乡一级，指标和任务已规定得细致入微。在各种指标中，有一些指标必须达标，即实行所谓的“一票否决制”，〔20〕例如计划生育、粮食收购、税费征收、经济发展和

---

〔18〕谢庆奎：“中国政府的府际关系研究”，载《北京大学学报（哲学社会科学版）》2000年第1期，第26~33页。

〔19〕吴国光、郑永年：《论中央—地方关系：中国制度转型中的一个轴心问题》，牛津大学出版社1995年版，第30~32页，转引自张弘远：“中国大陆经济转型中后发展地区的政府角色与企业行为”，载《东亚季刊》第31卷第1期，第51~90页。

〔20〕杨雪冬：“利益的分化和保护：现代化与市场化进程中的中原农村”，载《中原社会科学季刊》2000年春季号，第13~24页。

社会治安等等。[21] 也就是说，从全国来看，公共品的种类和规模的决策权集中在中央。

与此同时，公共品的筹资和支付机制却进行了改革，最初实行财政包干制，其后（1994 年开始）又实行分税制。在财政包干制下，地方按照一定的计算方法每年上缴中央一定数额的财政收入，上缴后剩余的部分可以自由支配。分税制下，对中央和地方的财政支出范围进行了划分，中央和地方的财政收入则依照税种来加以区分。当然，无论是在财政包干制还是在分税制下，财政收入和财政支出在中央和地方之间的划分，都不是对中央和地方决策权限的划分，而只是对支付机制的划分。[22] 因此，有人将这种分税制称之为分

---

〔21〕 指标从全国来看多达数十项，内容也非常细致，甚至包含了灭鼠达标、节能节柴达标［参见中共中央办公厅、国务院办公厅：《关于涉及农民负担项目审核处理意见的通知》（19930722）］。在中央明令取消了上述数十项达标之后，实际执行情况却不能令人满意，计划生育达标、修路达标、医疗卫生保健达标、交通电视广播达标、小康建设及小城镇建设达标、教育"两基"（基本普及九年义务教育和基本扫除青壮年文盲）达标仍然大量存在，参见国务院办公厅：《转发农业部等部门关于做好当前减轻农民负担工作意见的通知》（19990722）。

〔22〕 正因为是支付机制而不是决策权限的划分，所以，中央会尽量将支付责任推给地方，而将收入权收归中央，例如，部队、武警所需粮食价格补贴的一半以及武警的营房设施建设都让地方解决，来访的外国领导人若要求去某省，相应的接待任务与经费就由该省承担，邮电、通讯这类属于中央级公司或部委机关负责的事项，却要求地方政府参与相关基础设施的投资，地方只有投资的义务，建成后的项目仍归中央级公司或部委，而这些本来都属于中央的支付范围，参见朱柏铭："科学界定中央和地方之间的事权范围"，载《财政与税务》1998 年第 12 期。而将交通运输企业的混合销售由征营业税改为征增值税，则属于将收入权从地方划归中央的例子，参见胡定荣、李继刚："新财税体制下地方财政发展的几个问题"，载张佑才主编：《财政改革纵论》上卷，经济科学出版社 1997 年版，第 433～442 页。

钱而不是分权。[23] 地方并没有获得决定税种和税率的权力，也没有获得解释税法的权力，这些权力统一归于中央行使。也就是说，在由地方负责的支付范围内，地方要负责筹集到相应的资金，而且，必须按照中央规定的方式和名义去筹集。

根据上述分析可知，无论是在地方公共品的供给还是相应的筹资（即税费征收）上，中央政府都享有决策权，地方政府则只有执行权。如果按照中央规定的筹资（税费征收）方式能满足提供公共品的需要，那么，当然就不会有什么矛盾。然而，更有可能的情况是，中央政府在作出关于地方公共品的品种和规模决定时，未必会考虑地方为提供这些公共品在筹资上的困难；同样地，中央政府限制地方在筹资（征收税费）上的权力时，又未必会考虑中央对地方在公共品供给方面的要求。这样，来源于中央的两个方面的决策就存在内在冲突的可能。正是这样一种内在冲突，既可以最好地实现中央的目标，又可以让地方政府成为矛盾的焦点，而中央政府则可成为矛盾的仲裁者。

中央对实现现代化时间上有紧迫感，因此，必须最大限度地突破现有条件的限制。这就表现为，中央希望提供的公共品的种类和规模，远远超过了现有财政的负担水平。如果严格按照中央所决定的税费征收方式，那么，无法维持现有的公共品供给水平，这也就意味着现代化进程的放慢。这与中央的目标当然不能吻合，因此，只能突破税费征收方面的

---

〔23〕 杨灿明："论政府间分权改革及其对市场结构的影响"，载《涉外税务》1996年第9、10期。

限制，然而，这又容易使矛盾激化。但是，突破税费征收方面的限制，并不是由中央来作出决定的，而是由地方政府来作出决定并加以执行。而地方政府之所以要突破税费征收方面的限制，也是现有体制下的必然之举。提供中央决定的公共品的种类和规模，对地方来说是硬的约束，而税费征收方面的限制，则只是软的约束。这是因为，税费征收方面的限制属于消极的限制，规定的是地方政府“不能干什么”，而在公共品品种和规模方面的决策，则构成了对地方政府的积极要求，即地方政府“应该干什么”和“必须干什么”。既然现在的中央政府是积极型而不是消极型的政府，因此，在日常工作中，必然以后者的决策为主。

既然突破中央所规定的税费征收方面的限制是由地方政府所决定并执行的，那么，一旦因为农民负担问题而引发政府与农民之间的冲突和争端，地方政府就成为直接当事人，而中央政府则可以指责地方政府违反了它所规定的税费征收方面的限制而成为冲突的仲裁者。

四、中央成为地方政府与农民间利益冲突的仲裁者

地方政府选择服从中央在公共品供给方面的决策而不是在筹资（征收税费）方面的限制，其结果就是农民负担的持续上升。而农民负担的持续上升，就表现成地方政府与农民间持续的利益冲突。但是，中央不可能持续地干涉地方政府与农民间的冲突，也就是说，中央不可能在地方政府与农民形成任何利益冲突的情况下都介入。最重要的一个原因，中央受到人力和物力上的限制。无限制地介入地方政府与农民间的利益冲突，中央在当前的人员和财力规模下难以承

受。因此，中央必须为介入地方政府与农民间利益冲突加上一定的限制条件。这个条件就是稳定。[24] 可以说，保持稳定是中央一切决策的前提。[25] 如果中央认为，对农民负担的增加已经威胁到了农村社会的稳定，那么，中央将毫不犹豫地介入，成为地方政府与农民间冲突的仲裁者，并要求地方政府执行中央在征收税费方面的限制。这一点，在江西收书事件中，被当事人之一的中共江西省农工委《农村发展论丛》杂志社原副社长桂晓琦表达得很清楚："我不讲这个财政任务是哪里下的。如果是我这个乡镇，去年收入 400 万元，那么县里今年让我增加 20%，我就得完成 480 万元。而且在我们那里，有相当一部分县里它可能会采取一个措施，就是你的财政任务和你的帽子连在一起。如果是到 6 月 30 日，假如说你的任务没有过半，那么可能会：我先让你降职。如果是到 12 月 30 日，你的任务还没有完成的话，我可能就免你的职。那么如果我不完成，免职是必然的。我这个乡、镇党委书记被免职是必然的。如果我采取一些手段去多收农民的钱，加重农民的负担，我只要不出事，不搞死

---

〔24〕 在《国务院办公厅转发农业部等部门关于做好当前减轻农民负担工作意见的通知》（19990722）中指出，"按照中央的要求，地方党委、政府特别是县（市）委、县（市）政府要抓好农民增收、农村稳定两件大事"。

〔25〕 徐湘林："以政治稳定为基础的中国渐进政治改革"，载《战略与管理》2000 年第 5 期。

人，我只是有免职的危险，但是没有免职的必然。"[26]

在这里，加重农民负担的底线就是“不出事，不搞死人”。而所谓的出事、搞死人，就是稳定受到威胁的信号。对于中央而言，接收到这个信号，意味着中央所定的介入地方政府与农民间利益冲突的限制条件的成就。关于稳定与否的信号的控制和传递，就成了中央对地方在征收税费方面的限制的决议执行与否的关键所在。对于农民而言，会尽力向中央传达信息，而最有效的传达方法就是集体与地方政府对抗。[27] 一旦农民集体与地方政府对抗，中央政府就比较容易获悉该信息，就会介入，农民负担就可得以减轻，农民的权益就可得以维护。而中央一旦介入，就意味着地方政府必

---

〔26〕 按照中央电视台的报道，江西收书事件的经过大体是这样的。江西省农工委机关《农村发展论丛》杂志社编了一本增刊，刊登了关于国家解决农民负担的政策。这本增刊非常好卖，半个月之内售出12 000册，而且买者基本上都是农民。基层政府干部对此表示不满，然后，江西省农工委出头，下令将这本增刊全部收回。主编该增刊的杂志社原副社长桂晓琦被免职。中央电视台《经济半小时》：中央政策汇编为何成了禁书？相关内容见网址：http：//finance. sina. com. cn/2000 - 11 - 11/22014. html. 也可参见伍小峰：“一本奇书的奇遇”，载《南方周末》2000年10月12日。

〔27〕 集体上访、集体诉讼、媒体曝光都是传达信息的手段，但是，这些要引起中央的介入，即启动冲突解决程序，却还要经历一个问题化的过程，如果这个过程失败，则冲突解决程序不会启动。由于形成“问题化”需要一些构造的技术，这并不是所有农民都能掌握的。在这样的情况下，农民就会选择简捷而有效的办法，比如，集体堵塞公路、拦截火车等等。参见应星、晋军：“集体上访中的‘问题化’过程——西南一个水电站的移民的故事”，载《清华社会学评论》第1辑，鹭江出版社2000年版。

须承担过错，因为是地方政府突破税费征收方面的限制导致产生对稳定的威胁。因此，地方政府的第一反应就是控制事态的发展，控制该信号的传播范围。如果该信号传播范围扩散，中央政府在获悉该信息后，在与该事件有关的局部范围内，中央政府的决策重心转变，与事件相关的地方官就必须遭到惩罚，以平息民怨。

既然在农民—地方政府—中央政府的三角关系中，农民必须以集体对抗的形式方能向中央传达信息，这实际上又形成了集体对抗的激励机制。然而，农民要形成集体行动，需要一定的条件，即农民负担本身已经相当严重，农民本来对地方政府就有怨言，如果发生某种偶发事件，就可能演变成集体行动。从这样的意义上讲，这属于先将矛盾积累，然后通过偶发事件使矛盾激化，释放压力。而且，由于集体对抗已经超出现行体制允许的范围，因此，参与集体对抗的一部分积极的农民，就必须为此付出代价。这表明信息的传递成本相当高昂。

由上可知，由于中央的介入是有条件的，为了满足这个条件，一部分农民必须为此付出高昂的代价，而这个条件满足之后，地方官员也会受到相应的处罚。因此，中央的介入，实际上意味着直接冲突的双方——地方政府与农民——都必须付出相当高的代价。

因此，这种冲突解决模式不同于通过法院的冲突解决模式。一方面，对于通过法院的冲突解决模式而言，出现一个矛盾，就解决一个矛盾，不会形成矛盾的积累，从而也将矛盾限制在一定的范围之内。[28] 而在前者，必须让矛盾积累到相当程度之后，方能进入解决的过程，而积累的矛盾一旦激化，事态的发展可能会难以控制。[29] 另一方面，通过法院的冲突解决，并不以冲突双方都付出代价来作为冲突解决

〔28〕 在通过法院的纠纷解决模式下，也可能会形成集体行动，其原因有两个：①通过集体行动在判决之前对法院施加压力，希望能迫使法院做出有利于集体行动所支持一方的判决；②对法院判决的不满导致形成集体行动。第二种情形的典型例子是洛杉矶暴乱，黑人由于不满法院判决殴打黑人的白人警察无罪而形成集体的暴乱。

〔29〕 正因为在前者的纠纷解决模式下，矛盾演化的方向难以预测和控制，因此，如果冲突数量增加，那么，中央就会考虑从整体政策导向上作重新调整。这在国务院的1999年所发的《国务院办公厅转发农业部等部门关于做好当前减轻农民负担工作意见的通知》（19990722）中已经有所体现：

“乡镇政府要严格控制日常行政开支，1999年一律不得兴建楼堂馆所，停止购买小轿车，切实减少会议，努力达到行政支出零增长。乡镇统筹费调减以后，有多少钱，办多少事，统筹费内的开支项目一律不得定比例。严禁平调、挪用和上解使用提留统筹费。”

“上级各有关涉农部门不要向下级提出过高过急、不切合实际的工作要求，组织、人事部门要对基层干部的考核指标和奖惩办法进行一次认真的清理，对形式主义、脱离实际的规定一律取消。”

然而，政策的根本转向，又涉及到政府运作机制的改变。在政府运作机制不变的前提下，如果“有多少钱，办多少事”，那么，关键的问题就变成办哪些事呢？由谁来决定办哪些事呢？如果由上级部门来决定办哪些事，则最终的结果，将与目前无异。什么要求是“过高”、“过急”，并不存在客观的标准，因此，上级部门的决策是否会增加农民负担，难以衡量从而也难以控制。如果由地方政府来决定该办哪些事，则中央政府就在实际上失去了对地方政府的控制。而且，如果地方政府不受中央政府的控制，因为它也不受所管辖范围内的农民的控制，所以，最终是否能在实际上减轻农民的负担，仍是未知数。因此，改变目前的公共品供给方面的决策体制，也未必可行。

的前提，对于胜诉的一方，基本上不必付任何代价。那么，既然通过法院的冲突解决模式具备如此多的优点，为什么又不能成为主流的解决模式呢？

五、法院的局限

在体制不变的情况下，法院是否适合承担起中央政府在筹资方面对地方政府的限制政策的执行者和农民利益的保护者的角色呢？也就是说，当农民认为其负担超过了合理的界限时，诉之于法院，通过法院的判决来对地方政府进行限制。虽然法院的限制是个案的限制，但通过个案的限制却可以实现对地方政府持续的限制。因为如果法院保持判决的统一性，农民就会学会通过诉讼来保护自己的利益，而通过农民的起诉，就可以实现凡是存在农民负担过重的地方，就会存在法院的相关判决，从而实现对地方政府的持续控制。然而，法院作为冲突解决中心，至少存在如下几个问题：

第一，在当前的体制下，法院并没有独立性。法院缺乏独立性，一是相对于上级法院而言，二是相对于法院所在地的党政机关而言，而且主要是针对第二点而言。〔30〕 对于本

---

〔30〕 当然，即使实现了法院的独立，也并不意味着审判独立能同时实现。例如，朱苏力就认为，由于法院的行政管理职能侵蚀了法院的审判职能，从而影响了审判独立的实现。依照朱苏力的看法，法院不可避免地承担了一些行政管理职能，如决定合议庭的组成和指定审判长。当法院的行政管理职能侵蚀了法院的审判职能时，即使是法院能够独立于行政机关，也未必能够实现审判独立。朱苏力的观点其实很难加以验证，究竟什么原因导致法院的行政管理职能侵蚀法院的审判的呢？如果法院不能独立于当地党政机关，也就是说，地方党政机关会透过一定的机制和渠

文而言，我们关心的问题是，为什么当地党政机关会力图实现对法院的控制，而中央为什么又会容许地方这样做？比如说，中央完全可以让法院成为独立于当地党政机关的审判机关，财政拨款和人事任命统一归全国人民代表大会及其常委会决定。[31]换言之，中央对地方法院的控制，为什么必须通过地方党政机关这个中介呢？对于地方法院来说，与行政机关一样，也受到双重的约束，即来自同级地方党政机关和人大的约束和来自上级法院的约束。因此，中央对地方法院的控制，也是通过两种不同渠道，即地方党政机关和最高人民法院。通过最高院的控制，会受到法律的约束而成为正式的制度，因此，必须是稳定的、带有惯性的，也就是说，必须是机械的而不是灵活的。这与通过地方党政机关对法院的控制不同，后者是通过政策来操作的，控制过程主要体现的是非正式制度的特征，因此是灵活的。从这种区别来看，中央

道来对法院进行控制，那么，也许就是因为为了实现这种控制，而必须强化法院的行政管理职能在法院内部运作中的地位，从而导致了法院的行政管理职能侵蚀了法院的审判职能。所以，虽然我们无法知道，让法院独立于当地的党政机关之后，是否一定能实现审判独立，但是，我们同样也无法知道，我们能否在目前的条件下，实现法院的行政管理职能与审判职能的分离。参见朱苏力：“论法院的审判职能与行政管理”，载《中外法学》1999年第5期。

〔31〕 财政拨款可以全部由中央财政负担，但是，法院人事任命全部归全国人大及其常委会，却是不可能的，这对全国人大来说，工作量太大了。因此，结果就会变成，由全国人大任命一部分高级官员，再由这些高级官员来决定法院的其他法官的任命，从而形成一种内部结构上类似于国家税务局这样的直属中央的机构，内部的等级制度将远比现在严格。

试图实现的稳定控制，应当通过法院组织的设计来实现，而中央试图实现的灵活控制，则应当通过地方党政机关来实现，为灵活调整留下余地。因此，通过地方党政机关对法院的控制，可以削弱法院判决的稳定和僵化的特征，而在一定程度上实现中央的目标。正是因为如此，中央会容许地方党政机关对地方法院的控制。所以，现行制度设计的主要思想，是让地方党政机关控制法院，而不是相反。这样，合乎逻辑的结果自然是：地方法院成了地方治理机关的一部分，地方法院判决具有治理特征。〔32〕在这样的制度背景下，显然，地方法院不能得到农民的信任，从而也不适合作为地方政府与农民间利益冲突的仲裁者。

第二，即使地方法院在某个个案中，能够以中立的立场裁决，如果判决地方政府败诉，在地方法院仍然是地方治理机关一部分的情况下，判决的可执行性，也是很值得怀疑的。如果判决不具可执行性，则对农民而言，无异于一纸空文。

第三，在当前的诉讼模式下，程序方面的要求很高，这与农民的知识状况不相适应。对于农民来说，很难分清什么事项是可诉的，什么是不可诉的，可诉的事项在起诉时又必须达到哪些要求，必须准备什么文件。这种程序上的困难，本来可以通过律师来解决。然而，中国目前的律师数量并不能满足这种要求。相反，向政府部门申诉，就没有这么多的要求。特别是，农民通过集体行动向政府发出的警告，效果

〔32〕 法院代表着法律的权威，因此，借助于法院，就可以为地方党政机关的决定和执行加上法律的权威，从而更容易实现其目标。

就更为明显。举证责任更是转向政府，由政府调查事件发生的原因并寻求相应的解决办法。因此，即使法院具备独立性，在其他条件不变的情况下，能否取代中央政府成为冲突解决中心，仍然不无疑问。

六、农民负担轻重的标准与冲突解决模式

回到我们在文章一开始提出的农民负担轻重的标准问题，通过上面的论述可以看出，中央对于农民负担问题，实际上提出了两个不同的标准，其中一个是量化的标准，而且这个标准也日益明确，在最初的比例限制（将村提留和乡统筹的提取数额控制在人均收入的5%以内），明令取消各种摊派[33]之后，又加上了时点的限制（不得高于1997年）。[34] 然而，这个标准本身虽然明确，却没有执行程序的支持，也就是说，它是与现行的冲突解决模式相悖的，因此，这个标准也就无法得以执行。中央所提出的另一个标准，是弹性的标准，即不影响稳定的农民负担量。这个标准是与现行冲突解决模式相一致的，因此，也是实际执行的标准，同时，它也是地方政府所采纳的标准。由于农民负担达到何种程度就会影响稳定，是因人、因地、因时而异的，所以，也难以判断。毋宁说，这个标准的确定，是一个不断试

---

〔33〕 国务院办公厅：《转发农业部等部门关于做好当前减轻农民负担工作意见的通知》（1999年7月22日）。

〔34〕 中共中央办公厅、国务院办公厅：《关于切实做好当前减轻农民负担工作的通知》（1998年7月21日），并参见李国慧："农民负担行政诉讼案件的法律适用"，载《人民司法》1999年第2期，第16~18页。

错、不断调整的结果，取决于政府与农民间关系的互动。而政府与农民间的互动关系，从全国来看，是千差万别的，相应地，各地农民的具体负担，也是千差万别的。

当然，对于地方政府而言，执行第二种标准，本身也包含相当大的风险。因此，在可能的情况下，会尽力按照第一种标准去做，从而出现对中央和国务院减轻农民负担的命令进行创造性的接受和应用的种种情况。然而，随着第一种标准本身的日益明确，解释空间的缩小，[35] 地方政府就只好走向公然违背第一条标准的道路。这也是江西收书事件所体

---

〔35〕 对此，我们可以通过对国务院自1990年开始发的若干通知的措辞来看这种变化（接受空间的缩小）。

1990年2月3日，国务院关于切实减轻农民负担的通知指出，“以乡为单位，人均集体提留和统筹费，一般应控制在上一年人均纯收入的5%以内。经济条件好的，经县级人民政府批准，提留比例可适当高一些”。“本通知下发后，未经县级以上农业行政主管部门或农村工作部门审核、同级人民政府批准，任何部门不得自行下文向农民收取各种费用，以及巧立名目集资、摊派、募捐、赞助等”。这里关于集体提留和统筹费的比例不得超过5%的措辞是“一般”，为超过5%的例外留有余地，而关于各种摊派和收费的要求是“县级以上农业行政主管部门或农村工作部门审核、同级人民政府批准”，同样没有一刀切地处理。对于农业税收，则根本未提及。因此，可以说，此时只是一般性地要求减轻农民负担。

到1993年3月9日，中共中央和国务院联合发出通知，要求“除关于村提留和乡统筹费必须严格控制在上年农民人均纯收入5%以内的规定继续执行外，其他涉及要农民负担费用的各种摊派、集资、达标活动和行政事业性收费，以及在农村建立各种基金等，不论是哪一级政府或哪一个部门制定的文件或规定，一律先停止执行，然后进行清理。经过清理后，认为确实需要继续执行的，须经省以上人民政府农民负担监督管理部门审核后，按照《条例》规定的审批权限重新批准后执行；重要

现的地方政府所面临的艰难困境。

项目，要报国务院或省、自治区、直辖市人民政府批准”。开始将5%的比例一刀切，并且将各种摊派和收费的审批权收归到省以上人民政府的农民负担监督管理部门甚至国务院或省级人民政府。1993年7月22日，中共中央和国务院再度联合发出通知，对以国务院各部门颁发的文件为依据的对农民的收费，取消了37项，暂缓执行2项，修改执行17项，而对于地区的摊派和收费，则认为应当纠正，也就是说，不能强制，而是遵循自愿原则。因此，1993年，开始严格控制村提留和乡统筹，并对各种摊派加以限制（即将审批权限上收到省），同1990年的通知一样，没有提及农业税收。

1997年7月22日，在国务院办公厅转发农业部等部门关于做好当前减轻农民负担工作意见的通知中，开始强调“农业税收要按夏秋两季征收，不得提前征收”，“农业税折征代金数额，要随粮食定购价格的调减相应地进行调减。农业特产税要在应税农业特产品收获、出售时，按照农业特产品实际产量和实际价格核定收入，以规定的税率计征，不得随意确定产量和价格，高估计税收入”。“在农业税计税土地上种植应税农业特产品的，农业税照征，在征收农业特产税时将农业税扣除。”“严禁按人头、地亩和牲畜存栏头数摊派屠宰税，不得把应由收购方缴纳的屠宰税改由饲养户负担。”同时强调，“必须重申，税收的立法权集中在中央，地方政府不得在税法明确授予的管理权限之外，擅自更改、调整、变通国家税法和税收政策”，“借税收名义征收其他费”。这说明，地方利用开始提前征税、高估收入征税、按人头摊派征税来实现多征税，体现为“擅自更改、调整、变通国家税法和税收政策，借税收名义征收其他费”了。地方政府采用这种方法，恐怕是与村提留和乡统筹的比例控制较严有关，因此，只能通过其他途径想办法。对于乱收费和各种摊派，“对省级以下政府及部门擅自设立的收费项目要一律取消；《中共中央国务院关于切实做好减轻农民负担工作的决定》（中发［1996］13号）下发后出台的收费项目要一律取消；对中央和省级政府已取消的收费项目仍在执行或变换名称继续收费的，必须立即停收”。与前面（1990年和地方政府在执行第二种标准时所面临的风险，就涉及到农民所认定的负担轻重标准。在地方政府所执行的标准高于农民所认定的标准的情况下，在某种条件下，就会突破中央所确定的第二条标准。这里所说的条件，也就是农民形成集体行动的条件。由于农民在什么条件下会形成集体行动难以把握，所以，地方政府实际上无法评估它在执行第二条标准时所面临的风险大小，它只有不断试错、不断调整。可以预见，在容易形成集体行动的地区，农民负担就轻一些，反之，就重一些。在这一点上，可以看出与法院为冲突处理中心的模式的不同。在后一种模式下，标准是统一的，并不取决于形成集体行动的难易程度，因而也不会形成地区间的差别。

1993年）不同，通知首次提到农业税收方面存在的问题。这说明，随着中央对村提留和乡统筹控制的加强，地方政府为了增加财政收入，只好将目标转向农业税收。而对于各种摊派，除继续原有的审批权限上收到省的限制之外（“省级以下的部门擅自设立的收费一律取消”），还增加了时点上的限制〔“《中共中央国务院关于切实做好减轻农民负担工作的决定》（中发［1996］13号）下发后出台的收费项目要一律取消”〕，也就是说，即使是经过省级部门批准的收费，如果不符合时点限制，也同样必须取消。

农民负担包括三部分：村提留和乡统筹、各种摊派和农业税收（农业税、农林特产税、屠宰税等）。由上可知，国务院对农民负担的限制，从村提留、乡统筹逐渐转到各种摊派最后转到农业税收，而对各种摊派的限制，从最初的审批权限限制，到最后的审批权限和时点的双重限制。时点的限制加上之后，可以说，农民负担在数额上已经非常确定，同样，地方政府对中央限制的解释权也被限制殆尽。那么，是不是说农民负担问题从此就解决了呢？答案显然是否定的。

七、结论

政府为了最快地实现现代化，必须最大限度地从民间挖掘资源，然而，这又会导致政府与农民间的关系恶化。通过财政包干和分税制，汲取民间资源的任务转移给了地方政府，从而也使地方政府成为与农民冲突的直接当事人，而中央政府则充当了冲突的仲裁者。然而，中央政府成为仲裁者是有条件的：首先，中央必须确定地方政府征集民间资源的数量限制，即对地方政府的税费征收进行限制，如果没有这种限制，那么，地方政府与农民的冲突发生之后，无法确定谁对谁错。其次，在地方政府与农民的冲突发展到中央认为已经威胁到稳定时，中央才会介入，成为冲突的仲裁者。最后，中央之所以要对成为仲裁者附加条件，也是不得已的选择。在现有的人力物力条件下，中央不可能承担无限制介入地方政府与农民间利益冲突的任务。但是，正是因为中央成为仲裁者是有条件的，中央对地方政府的税费征收方面所施加的限制的执行，也变成是有条件的，从而，减轻农民负担也就缺乏制度上的保障（依赖于农民的集体抗争）。也正因为如此，地方政府可以公然违反中央关于减轻农民负担的政策。

从冲突解决模式本身的运作而言，为了向中央传达信息，农民必须付出相当高的代价，同样，一旦中央介入，也意味着地方官员为突破中央在税费征收方面的限制而受到惩罚，因此，直接冲突的双方所付出的成本是很高的，这从根本上不同于以法院为中心的冲突解决模式。

民国元年南京临时政府对私营经济的法律保障

石毕凡　林海*

近代中国，积贫积弱，国力衰退，中国各阶层有识之士纷纷投入各种救国洪流。作为近代中国社会的中坚力量，中国民族资本这一时期表现得最为坚定和活跃。在经济发展领域，他们抓住有利时机，兴办实业，大力发展民族资本，是实业救国道路的忠实实践者，张謇便是其中重要的代表人物之一。

探究这一时期私营经济的发展直接得益于南京临时政府在法律制度方面的建设之功，具有一定的学术价值和现实意义。南京临时政府在其短暂的存续期间，为推动民族资本和私营经济的发展，制定了诸多法律法规和相应政策措施。回顾和总结这段历史，尤其是对南京临时政府法制建设加以梳

---

* 石毕凡，浙江大学法学院副教授。林海，江苏省社会科学院法学所助理研究员。

理，分析其对近代私营经济发展的巨大推动力，总结其经验与教训，这不仅有利于后人对中国近代国情的真切理解，同时也会带来有益的启示。

一、近代中国私营经济的发展回眸

经清末新政和国人的不懈努力，民国初期迎来中国近代史上私营经济发展的高潮。

（一）清末新政时期：私营经济的初步发展

1895 年甲午战争失败，洋务运动破产，中国进入变法改制的革新阶段。中日《马关条约》允许外国人在华设厂，外国资本大量流入，对华商品输出也持续增长。鉴于局势所趋，清政府不得不改变政策，放宽对民间设厂的限制，以顺应朝野上下以民族企业抵制洋商洋厂的诉求。1896 年 5 月，清廷发布上谕，鼓励各地“振兴商务”，“以保利权”。至 1898 年，新创办的资本在 1 万元以上的商办企业有 60 多家，其中资本在 10 万元以上的有 21 家。[1]

维新变法以图彻底革新的尝试失败后，清政府遭遇八国联军的打击，这使其不得不考虑推进制度改革，以维持岌岌可危之统治。1901 年 1 月，清廷在西安发布“新政”上谕，拉开了晚清政府最后一次自救的“新政”运动的序幕。新政的核心是“预备立宪”，而在经济与商务上，清廷也采取了一系列促进措施。1903 年 3 月商部成立后，制定了一系

[1] 参见房德邻：《清王朝的覆灭》，河南人民出版社 1996 年版，第 21 ~ 22 页。

列鼓励发展民族工商业的政策、制度、规章，包括《商部章程》、《奖励公司章程》、《重订铁路简明章程》、《劝办商会简明章程》、《矿务暂行章程》、《公司注册试办章程》、《商人通例》、《公司商律》、《试办银行章程》、《实业商爵草章》等，并于1909年汇编出《农工商部现行章程二十律》，试图通过这些规定破除轻商偏见，改变官商积习，奖励和保护私营企业。为培养各种专门的实业人才，商部相继设立了高等实业学堂、中等实业学堂、农务学堂、农事试验场等。[2]

清政府的鼓励措施客观上刺激了民族资本和私营经济的初步发展。1902年开始，商办企业资本额开始超越官办企业，1906年商办企业资本高达1 740.1万元。据统计，从1894年至1912年，新设厂矿的私营经济平均每年增长17.2%，各部门中增长速度最快的是电力工业，为50.7%，以下依次为面粉业、火柴业、棉纺业、缫丝业。[3]

（二）南京临时政府法律保障措施迎来私营经济发展高潮

尽管在晚清最后十年，私营经济得到很大发展，然而这毕竟是在半殖民地半封建社会条件下发展起来的，中国的私营产业依然受到来自外国资本和本国封建制度束缚的双重压迫。民族工商业者与私营企业主面对腐败的清廷和应景之作

---

〔2〕参见房德邻：《清王朝的覆灭》，河南人民出版社1996年版，第159～161页。

〔3〕汪敬虞：《中国近代工业史资料》第2辑下册，科学出版社1957年版，第583页。

的“新政”运动，渐渐失去耐心，他们期待着生产方式的全面突破和解放，期待着能够有一个代表他们利益的新型政权的出现。

辛亥革命顺应民主潮流建立新型的民国政府，《中华民国临时约法》规定“主权在民”，这是中国宪政民主史上的重大事件，南京临时政府首次开始了中国古典政权走向近代化的崭新尝试。约法第二章人权条款具体地规定了人民享有的基本权利和自由，这在中国历史上是空前的。具体言之，人民享有的自由权包括：身体自由，住宅自由，迁徙自由，保有财产及营业之自由，言论、著作、刊行及集会、结社之自由，书信秘密之自由，信教自由等。从纲领到具体措施，南京临时政府都体现了民族资本的利益旨趣，承载着满足民族资本利益诉求和意愿的历史使命。这次革命在经济领域以扫除满清束缚私营工商业发展的苛捐杂税、确立国民平等原则、保护民众私产、便民投资为重要内容。在革命取得阶段性胜利的南方各省，革命党人都把保护工商实业作为主要的施政纲领，采取了一系列措施保护私营业主的财产安全。南京临时政府甫一建立，就颁布一系列法令，保护私人产业，鼓励资本投资和兴办实业，特别是约法中保护私有财产的条款，从国家根本大法上，宣布了自由经营资本主义企业的权利，这对晚清“官办”、“官督商办”的桎梏是一个突破。南京临时政府的经济立法及相关政策之展开，由此迎来中国私营经济发展的黄金时期。

革命果实被袁世凯攫取后，袁氏北京政府在经济方面仍秉承南京临时政府鼓励实业的政策。北京政府的作为体现在五个方面：①鼓励、提倡设立公司，扶植、保护中小工商业；②鼓励采矿事业；③提倡国货，减免若干土货税收；④鼓励垦荒，奖励棉、糖、羊毛等农、副业生产；⑤疏通金融，改革币制。这些措施保证了私营经济在民国建立的最初十年间持续不断的发展。第一次世界大战爆发期间，列强放松对华资本输出，中国私营经济更是迎来了又一次发展契机。

二、南京临时政府对私营经济的制度保障

南京临时政府虽仅仅存在不到一百天，但它在中国历史上的影响却是深远的。它第一次将私人财产权以基本权利的形式规定在根本法中，并且推行一系列鼓励兴办实业的法令和政策，为民国初年私营工商实业的发展奠定了牢固的基石。

（一）南京临时政府推动私营经济发展的制度建设

除了直接在《中华民国临时约法》中规定私有财产权和营业自由的保障外，南京临时政府还采取诸多具体措施，出台一系列法律、法规为私营经济的发展保驾护航，积极推进民生主义政策。

1. 沿用晚清有效之法律，最大程度维护社会秩序稳定

民主革命在于革除专制制度之祸害，但这主要是针对政权方面而言。在一般民事关系和社会秩序上，晚清的刑律、

民律及商律草案对于维持革命后的正常社会交往秩序仍具意义。[4] 临时政府认为，“查编纂法典，事体重大，非聚中外硕学，积多年之调查研究，不易告成。而现在民国统一，司法机关将次第成立，民刑各律及诉讼法，均关紧要”。[5] 决定在新的法律制订前，依然援用前清的相关法律。

2. 积极保护士民工商的财产与人身安全

临时政府成立之初，便采取各种保护人民权利的政举。对于在革命过程中出现的军队侵犯商人利益，肆意征讨税赋或强取人民财物的现象予以严厉禁止。如黄兴在答复张謇的一份咨文时表示：“伏思商等合资营业，为全家养命之源，而息借之商款，及亲友中之孤孀存项恃以度日者，若不早赐维持，将来损失愈重，赔偿愈难……查该商等所禀军队强夺商人财产，如果属实，足以败坏民军名誉。相应咨请贵部，按照该商原禀所指各节，彻查究办，并请给示，发交该盐旗，严禁以后军人不得擅自强取商人财产，以维秩序而恤商艰。”[6] 为保护人民财产，内务部发布《保护人民财产令》，规定了五点，要旨在于尊重人民私产，同时宣布对于不反民国的前清官员私产予以保护，对于前清政府官产及反

---

〔4〕 参见谢振民：《中华民国立法史》，中国政法大学出版社 2000 年版，第 741 页以下。

〔5〕 参见《临时大总统关于伍廷芳呈请暂行沿用民律草案等法律致参议院咨》，载中国第二历史档案馆编：《中华民国档案资料汇编》第 2 辑，江苏人民出版社 1981 年版，第 38 页。

〔6〕 中国第二历史档案馆编：《中华民国档案资料汇编》第 2 辑，江苏人民出版社 1981 年版，第 365 ~366 页。

动官吏财产则予以抄没。各地方政府也秉承此意，出台各种保护私有财产之政策。[7]

3. 临时政府设立实业部，专事鼓励实业、指导民族工商业的运作发展

临时政府设立实业部，规定其统筹农工、商矿、渔林、牧猎及度量衡事务，同时通电各省设立实业司，指出“实业为民国将来生存命脉，今虽兵战未息，不能不切实经营”。后实业部分为农林、工商两部，分别处理相关政事。

实业部及其后之工商部通过批复各地各界上报之呈文等形式，明确兴办工商业的要旨，还草拟了《工厂新发明特许专业法案》、《商业注册章程》、《商标章程及细则》等法规草案。在农副业方面，临时大总统发《关于慎重农事致内务部令》，言明振兴农业、鼓励拓荒之意，实业部及农林部的法规政令则具体规定了拓荒规则，维护土地买卖秩序，规定保护树木，鼓励兴办水利。[8]

4. 临时政府支持兴办各种实业团体，举国办实业之风气形成

南京临时政府鼓励工商、农林各界组织各种实业社团，聚集社会力量，倡导“产业革命”之精神。例如，临时政

---

〔7〕 参见邱远猷、张希坡：《中华民国开国法制史：辛亥革命法律制度研究》，首都师范大学出版社 1997 年版，第 413 ~ 482 页。

〔8〕 参见邱远猷、张希坡：《中华民国开国法制史：辛亥革命法律制度研究》，首都师范大学出版社 1997 年版，第 572 页以下，“第十七章实业部官制和经济管理法规”。

府在《工业建设会发起趣旨》和《中华民国工业建设会草章》中表明建立此会的宗旨在于："以群策群力，建设工业社会，企图工业之发达为宗旨"。[9] 黄兴等为拓展西北实业，向大总统孙中山呈请拨款资助拓殖协会，指出"共和成立，百废具举，而拓殖一端，尤为当务之急……考各国拓殖历史，虽事实各有不同，而其必得国家之协助则一也。"孙中山在《临时大总统令财政部将黄兴等呈请拨助拓殖协会经费30万元编入预算文》中则言"拓殖协会之组织，实为谋国要图，国家自应协助……为此令财政部将该协会所请维持经费30万元，即行编入每年预算案，即交参议院核议"。[10] 临时政府实业部对各地呈请兴办实业团体，多以赞许、鼓励之意批复同意。[11] 在临时政府的政策支持下，各地纷纷成立各类实业团体，进一步推动了实业救国的热潮。1911～1913年全国新成立的实业团体有72个之多。[12]

（二）临时政府推行经济立法的思想基础

临时政府对于人民权利与鼓励实业之注重，除了民主革命本身性质的要求外，还有一个重要原因在于革命纲领的规

---

〔9〕 邱远猷、张希坡：《中华民国开国法制史：辛亥革命法律制度研究》，首都师范大学出版社1997年版，第576页。

〔10〕 邱远猷、张希坡：《中华民国开国法制史：辛亥革命法律制度研究》，首都师范大学出版社1997年版，第582～583页。

〔11〕 黄彦、李伯新编：《孙中山藏档选编（辛亥革命前后）》，中华书局1986年版，第219页。

〔12〕 唐宝林、郑师渠：《共和与专制的较量》，河南人民出版社1996年版，第39页。

定。孙中山先生的“三民主义”是辛亥革命之纲领，其中“民生主义”的实现很大程度上依赖于社会生产力的发展。孙中山论及民生主义的本质时说：“仆之宗旨在提倡实业，实行民生主义，而以社会主义为归宿，俾全国之人，无一贫者，同享安乐之幸福”。他将实业、民生主义、社会主义结合起来，既推动私营工商业的发展，又避免资本垄断导致社会分配不公，通过振兴实业保证国家财政收入、禁绝土地投机，为工商业发达作心理与物质上的准备。而通过有计划的大企业国有化平衡社会财富，以维护资本发展的长远利益。[13] 这是孙中山等主要革命领袖在将政权交给袁世凯后投身“实业救国”实务的思想根源。民国初告建成时，革命派中存在着这样的思想暗流，认为民国建立，民族、民权两主义已得告成，唯民生主义的实现亟需着手进行。革命后的相当时间里，政权在谁的手里都不会使政治状况发生根本改变，而经济建设则会成为国家最主要的任务。[14] 因此，临时政府把发展实业作为自己亟待完成的最重要的任务。

革命党人和南京临时政府的这种思想，进一步激发了国人财产权利意识的觉醒和私营经济发展的热潮。实业家们投身创业，积极向临时政府呈请兴办企业、工矿，提倡实业成为流行的社会认知。民初诸多政党，无不以提倡实业相标

〔13〕 唐宝林、郑师渠：《共和与专制的较量》，河南人民出版社 1996 年版，第 78 页。

〔14〕 唐宝林、郑师渠：《共和与专制的较量》，河南人民出版社 1996 年版，第 76 页。

榜，煌煌然列为宗旨，订立党章。[15] 这种举国兴办实业的盛况，一方面确实壮大了兴办工商实业的声势，推动了“产业革命”进程，但另一方面却在某种程度上给革命党人造成一种假象，以为革命已成，不复存在政权性质颠覆之危机，最终导致政权易手。

南京临时政府对私营经济的鼓励、扶持的法制实践，促进了私营及国有实业的崛起，一改辛亥革命前社会经济沉闷萧条的局面。仅1912～1914年，全国新注册的企业就有99家。[16] “保护商业，奖励工艺之说，舆论已成一致”，[17] 这使得后续的北洋政府客观上也必须继续以推行实业为重要政务，很大程度上保证了社会进步趋势。临时政府的经济法制实践，也在革命党人和民众的思想意识上造成了巨大影响。工商实业的发展很大程度上改变了两千多年专制政权下轻商的民族意识，为中国民众产权意识的发展奠定了制度基础。对革命党人来说，执政实践为他们提供了广泛了解中国社会现实的机会，为完善改造中国社会的方案增添了新鲜的素材。

三、张謇兴办实业之个案分析

张謇是清末君主立宪派的代表人物，也是中国近代主张

---

〔15〕 唐宝林、郑师渠：《共和与专制的较量》，河南人民出版社1996年版，第40页。

〔16〕 唐宝林、郑师渠：《共和与专制的较量》，河南人民出版社1996年版，第42页。

〔17〕 唐宝林、郑师渠：《共和与专制的较量》，河南人民出版社1996年版，第40页。

“实业救国”的重要代表。他曾于1913年9月至1915年9月出任民国农商总长。在南京临时政府时期，张謇身体力行，表现突出，对私营工商业的发展起到了重要的推动作用。他的贡献主要体现在以下几方面：

（一）兴办实业，身体力行，促进了私营企业管理的近代化

大生纱厂是张謇所创办的最主要的实业之一。为了促进企业管理的近代化，按照相关规定，大生纱厂召开股东大会，在会上大生纱厂成功演变为股份有限公司，并依据股份有限公司的一般原则建立起相关的配套制度，如颁行《大生纱厂章程》等。[18] 在民初相关经济法规和政策的规范、鼓励之下，大生企业集团除了完善股东大会、董事会和总经理部三级经营结构的近代企业制度外，还积极地筹建分厂，如张謇于1914～1924年间分别建成大生三厂、八厂并完成了对于农垦、银行、房产等行业的投资，至1922年大生集团的总资本已达3 400余万元，[19] 成为当时全国最大的民族资本集团。

（二）担任总长期间积极推动公司制度建设

1913年出任农商总长的张謇深感“实业之发达，必恃有完备之法律，以为监督保障。内地各种已举之实业，旋起

[18] 张季直先生事业史编纂处编：《大生纺织公司年鉴》，江苏人民出版社1998年版，第78页以下。

[19] 大生系统企业史编写组：《大生系统企业史》，江苏古籍出版社1990年版，第204～208页。

旋灭，律法非不备，即用法不善，有以蹙其性命。”[20] 他积极主张制定法律来规范民商事主体的行为，并通过强有力的执法和司法，保障其利益。“法律作用，以积极言，则有诱掖指导之功；以消极言，则有纠正制裁之力。二十年来，所见诸企业之失败，盖不可以卒数，推原其故，则由创立之始，以至于业务进行，在在皆伏有致败之衅，则无法律之导之故也。将败之际，无法以纠正之；既败之后，又无法以制裁之，则一蹶而不可复起。或虽有法而不完不备，支配者及被支配者，皆等之于具文。前仆后继，累累相望，而实业于是大隳。此可悲之事，亦如謇所亲见，且累见不一，并尝身经其苦痛也。”[21] 民国政府在清末《公司律》的基础上出台了《公司条例》，并配以《公司条例施行细则》、《公司保息条例》等相关法律法规，而在清末商会《商法调查案》的基础上，修订颁布了《商人通例》以及与之相适应的《商人通例实现细则》、《商人注册施行细则》等。[22]

（三）确立保护和扶持私营经济的政策导向

鉴于在清末兴办实业的艰难及遭遇到的种种诘难，张謇认为在建立近代工业社会经济体系时，政府有责任去建立和培育一个良好的市场环境。从自己企业的生产经营中，张謇体验到私营经济所处的恶劣境况：“事不上通不行，情不下通不成。一事之始，上则官绅之谣诼，一影而存声；下比黠

---

〔20〕《张謇全集》第1卷，江苏古籍出版社1994年版，第167页。
〔21〕《张謇全集》第1卷，江苏古籍出版社1994年版，第272页。
〔22〕《张謇全集》第1卷，江苏古籍出版社1994年版，第199～200页。

桀之猜疑，强言而弱色。……非张八面之锋，不足当万矢之的”。[23] 痛定思痛，他说：“謇半生精力，耗于实业，艰难辛苦，所历已多，而不敢谓有所得也。实业之命脉，无不系于政治。”[24] 在就任农商总长后，他积极扶持民间资本，对其“求所以扶之、植之、防维之、又涵濡而发育之”，[25] 并强调“至扩张民业之方针，则当此各业幼稚之时，舍助长外，别无他策”，[26] 主张政府以实利并结合财政政策（如“保息法案”[27] 等）来扶助工商业的发展，以便其“有将来可望大发达，或足以抵制外货”。[28]

从张謇的实践及思想发展来看，我们应当可以认识到：民国初期展现了中国经济近代化进程及私营经济不断发展的良好势头。正是民国元年南京临时政府一系列扶助私营工商业的举措，使得其后的北洋政府也不得不沿着这条实业兴国之路走下去。

---

〔23〕《张謇全集》第1卷，江苏古籍出版社1994年版，第92页。
〔24〕《张謇全集》第1卷，江苏古籍出版社1994年版，第271页。
〔25〕《张謇全集》第1卷，江苏古籍出版社1994年版，第271页。
〔26〕《张謇全集》第1卷，江苏古籍出版社1994年版，第275~276页。
〔27〕《张謇全集》第1卷，江苏古籍出版社1994年版，第200~201页。
〔28〕《张謇全集》第1卷，江苏古籍出版社1994年版，第271页。

民营经济与具体制度

城市拆迁、土地国有与交易权利

钟瑞庆*

城市拆迁和房价高涨，二者均引起了舆论的普遍关注。本文试图理解城市拆迁与土地国有之间的关系，以及拆迁户的权利，尤其是拒绝交易的权利被取消，与土地国有之间所具有的内在关联。本文还试图理解房产新政与解决拆迁问题之间，是否存在直接的对应关系。

一、词语分析

拆迁，是指“拆除原有的建筑物，居民迁移到别处”。[1] 据此，拆迁涉及“原有的建筑物”和“居民”，其各自面临不同的命运：对建筑物而言是拆除，对居民而言是迁移。从法律上讲，要理解这个定义，需要进一步解决三个问题：①建筑物归谁所有？②迁移的居民是什么人，即迁移

---

* 钟瑞庆，浙江大学法学院博士后，法学博士。

〔1〕《现代汉语词典》，商务印书馆2005年版，第145页。

的居民与被拆除的建筑物有何关系？③拆除建筑物的人是谁？

（一）建筑物归谁所有

只存在两种可能的情况：①建筑物归国家所有；②建筑物归私人所有。

（二）迁移的居民是什么人

依拆除的房屋的所有权归属的不同，必须迁移的居民与被拆除的建筑物的法律关系也有所不同。如果建筑物归国家所有，那么，必须迁移的居民与建筑物的关系，就是一种作为承租者享有的对房屋的使用权。因为源自计划经济下住房分配制度，这种权利的性质并不明确。如果建筑物归私人所有，必须迁移的居民，就包括房屋的所有权人以及房屋的承租者。但对于承租私房者，即使必须迁移，在目前的制度下，由于没有得到特别的保护，也不能得到特别的补偿。也就是说，他们虽然也因房屋拆迁而必须迁移，但他们的利益并不在拆迁制度的考虑范围之内。〔2〕这样，在建筑物归私人所有的情况下，必须迁移的居民就是指房屋的所有权人及其家人。

---

〔2〕然而，如果存在租金管制，存在对承租者的特别保护，同样会引发各种复杂的法律和经济问题。这里我们不展开分析。可参见张五常对香港租金管制的富有启发性的分析。张五常："露宿街头还是有屋可住——租务条例宣称的意图与实际效果"、"租管与重建：香港战前物业的战后经验"，载张五常：《经济解释——张五常经济论文选》，易宪容、张卫东译，商务印书馆2000年版。

（三）拆除建筑物的人是谁

对于公房，拆除建筑物的人只能是政府及其下属单位。由此引发的居民迁移及其补偿标准，取决于政府所确定的住房分配制度。一般地说，政府的住房分配制度，通常是根据诸如行政级别、工作年限、家庭状况等标准来确定个人应当达到的住房面积。也就是说，被迁移的居民与被拆除建筑物的实际使用关系，在确定补偿金额或者安置面积时，仅具参考意义。[3] 拆迁的问题与住房分配制度改革不可避免地联系在一起。本文不再对此展开分析。

对于私房，拆除建筑物的人既可能是所有权人自己，也有可能是政府或者得到政府授权的人。对于前者，因为所有权人拆毁原有的建筑物，其目的只能是原址重建，因此，在此情形下，并不涉及居民的迁移问题，故不属于拆迁。对于后者，则需进一步的分析。政府根据何种理由，可以拆毁私人拥有的房屋，并且要求其迁移呢？

这里有两种可能性：①政府以纯粹公权力的身份出现，要求拆毁私人拥有的房屋并要求其迁移。此时实际上已经构成征收，因而是一种行政法律关系。②政府以土地所有权人的身份出现。也就是说，在法律的构造上，房屋的所有权人并不同时是土地的所有权人。房屋所有权与土地所有权是分

---

〔3〕 例如，如果迁移的居民中有一位部级干部，即使他在拆毁的房屋中所享有的实际房屋面积没有达到部级标准，他也可以要求，在重新安置时达到部级干部的住房标准。反之，如果某人在被拆毁的建筑物中实际使用超过其应当享有的标准，则超过部分应当在重新安置中取消。

离的。这正是我国的实际状况。根据相关法律规定，城市市区的土地归国家所有，因此，任何私人房屋的所有者，不能同时享有土地所有权。即使其曾经获得了土地的所有权，这些土地所有权，也因宣布土地国有的法律而转变成了土地使用权。[4]

当政府以土地所有权人的身份出现，要求拆毁私房并要求私房所有者迁移时，就可能包含着政府主张土地所有权的因素，因而并不构成单纯的征收。在此情形下，要理解拆迁问题在法律上的性质，需要进一步界定私房所有者所享有的土地权利，即土地使用权的具体含义。

---

〔4〕 当初在实行土地国有制时，并未通过一个可见的程序（如征收）来实现，而是通过法律的改变来实现的。1954 年宪法尚未规定土地国有：“矿藏、水流，由法律规定为国有的森林、荒地和其他资源，都属于国家所有”（第 6 条第 2 款）。“国家为了公共利益的需要，可以依照法律规定的条件，对城乡土地和其他生产资料实行征购、征用或者收归国有”（第 13 条）。1975 年的宪法也未作更多的修正，将以上分处两个地方的条款合并，作为第 6 条第 2 款和第 3 款。唯一的区别就是，1954 年《宪法》第 13 条中“为了公共利益的需要”这个前提条件，在 1975 年被删除了。1978 年宪法完全明确了土地国有的原则。“矿藏、水流，国有的森林、荒地和其他海陆资源，都属于国家所有”（第 6 条第 2 款），“国家可以依照法律规定的条件，对土地实行征购、征用或者收归国有”（第 6 条第 3 款）。根据 1978 年的修正，1975 年宪法的文字上的缺陷得到了修正和澄清。尤其是第 6 条第 3 款，将“城乡”两字去掉，将征用对象限制为集体所有的土地。1982 年的宪法，则在文字上最终明确了土地国有制：“城市的土地属于国家所有”（第 10 条第 1 款）。此后的历次宪法修改，未对这个条款有任何的改动。

二、土地使用权

顾名思义，土地使用权当然是对土地加以占有、使用的权利。在土地国有的条件下，法律上的难题出现在使用权的期限问题上。[5] 根据期限的不同，可以把土地使用权分为有期限的土地使用权和没有期限的土地使用权，二者分别产生不同的法律问题。

（一）有期限的土地使用权

按照出让方式取得的土地使用权，都有期限限制。根据

〔5〕 直观上，土地国有条件下的法律难题似乎应当是可转让性问题。在允许土地使用权转让之前，法律一直关注和禁止土地使用权的变相转让。1982 年宪法明确禁止土地使用权转让。国务院在 1983 年和 1986 年都发过相关的通知。参见《国务院关于制止买卖、租赁土地的通知》(19831119)，《中共中央、国务院关于加强土地管理、制止乱占耕地的通知》（中发［1986］7 号）。1986 年的土地管理法也明确禁止转让土地。但是，实际上，可转让性问题，可以仅仅通过授权——允许转让——来解决。1988 年修宪允许土地使用权可以"依照法律的规定转让"后，土地使用权的可转让性已不存在疑问。甚至是一些似乎很难判断的情形，根据一致性原则也不难解决。例如，住宅商品化之前的私房，以及住房分配制度改革后私有化的公房的可转让性，都可得出必须交纳土地出让金才能转让的结论。这是因为，根据 1990 年制定的《国有土地使用权出让和转让暂行条例》的相关条文，可以认为，土地使用权的可转让性，乃是以交纳土地出让金为前提。也就是说，可转让性是由交纳土地出让金而获得的。但是，与可转让性不同，期限问题却涉及到土地所有权人如何主张其享有的土地权利的问题。如果所有的土地使用权都是无期限的，且不可提前收回，那么，土地所有权人的权利实际上就被虚置了。然而，如果规定土地所有权人可以收回土地使用权，又会衍生其他的难题。详见本文后面的论述。

《国有土地使用权出让和转让暂行条例》第12条，土地使用权的最高期限，因土地的用途而有所不同，最低的是商业、旅游、娱乐用地，期限为40年，最高的是居住用地，期限为70年。

对于有期限的土地使用权而言，关键问题包括两个方面：①土地所有权人能否提前收回土地使用权？②土地使用权到期后，相关问题将如何处理？

1. 提前收回土地使用权

根据《国有土地使用权出让和转让暂行条例》第42条，有期限的土地使用权，一般不提前收回。第42条还规定了“在特殊情况下，根据社会公共利益的需要”，可以提前收回，并且给予相应补偿。1998年《土地管理法》修改，增加了第58条，对收回国有土地使用权的条件，进行了调整和细化。除了公共利益之外，又增加旧城区改造，作为提前收回国有土地使用权的条件。补偿标准从“相应补偿”改为“适当补偿”。简单地说，提前收回是完全可能的。不过，可能性究竟有多大，要取决于对若干关键词的解释，包括“公共利益”、“旧城改建”、“适当补偿”。

2. 土地使用权到期后的处理

土地使用权到期后，核心的问题就是，能否申请续期？如果可以续期，应当按照何种标准交纳土地出让金？如果不可以申请续期，或者续期申请未被批准，对于房屋应当如何处理？拒绝续期申请是否需要特别的理由？不同的规定，对上述问题的解答有所不同。

根据《城镇国有土地使用权出让和转让暂行条例》，土地使用权期满，土地使用者可以申请续期。需要续期的，按照初始出让土地使用权的程序，重新签订合同，支付土地使用权出让金（第41条）。也就是说，在期满后续期需缴纳的土地出让金的数额，与初始出让时并无区别。如果续期申请未被批准，地上建筑物由国家无偿取得（第40条），即无需给予任何补偿。

根据《北京市国有建设用地供应办法（试行）》第25条的规定，“土地有偿使用期限届满，土地使用者需继续使用土地的，应当至迟于有偿使用期满前一年向土地行政主管部门提出申请，未申请或者申请未获批准的，期满后的土地使用权由政府无偿收回”。上述提到的需要回答的关键问题没有得到根本的澄清、比较含糊。

深圳市的规定也是一个过渡性的，只解决改革初期未达到法定最高使用年限的续期。“到期房地产，业主需继续使用该土地的，在不改变用途的情况下，按有偿使用土地的原则延长土地使用年期。延长方式包括补交地价签订土地出让合同或支付土地租金签订土地租赁合同”（《深圳市到期房地产续期若干规定》第3条第1款）。应当缴纳的土地出让金的金额计算标准相当明确：“在国家规定的最长土地使用年期减去已使用年期的剩余年期范围内约定年期的，补交地价数额为相应用途公告基准地价的35%并按约定年期修正，补交地价一次性支付；土地租金按年支付，其标准由市国土管理部门定期公布。”如果土地使用权到期后不续期，或者续期申请被驳回，对于房屋所有权人的补偿，“按建造成本折旧补偿”（第6条第2款）。

所有这些关于到期续期的规定，都把土地使用权是否续期，取决于审批机关——即作为土地所有权代表的土地管理部门——是否同意，却没有说明，土地管理部门在何种条件下可以拒绝同意续期，何种条件下必须同意续期。而在拒绝同意续期后，对于房屋所有权人的补偿标准，又显然规定得较低，甚至不如目前拆迁条例所定的补偿标准。

（二）没有期限的土地使用权

划拨取得的土地使用权，[6] 没有期限限制的规定。但是，划拨取得的土地使用权，在权利的可转让性等方面也同时受到相当程度的限制。根据《国有土地使用权出让和转让暂行条例》第44条，划拨取得的土地使用权不能转让、出租和抵押。但对于经济性组织（包括公司、企业和其他

---

〔6〕 划拨的土地使用权，除了政府、用公共财政资金支持的单位和国有企业，依照规定的程序取得的土地使用权之外，还包括另一种情形，即自然演变形成的土地使用权。具体而论，土地国有化之前取得的私有土地，以及由购买私房而取得的私有土地，在土地国有化之后，自然演变为土地使用权。可参见国家土地管理局给最高人民法院《关于城市宅基地所有权、使用权等问题的复函》（国土（法规）字〔1990〕第13号）。根据《国有土地使用权出让和转让暂行条例》第45条的文字，这种由于土地国有而自然演变形成的土地使用权，同样视为划拨取得的土地使用权。从一些地方政府规定中，可获得进一步的佐证。例如，天津和广州都规定了私房上市交易必须补交土地出让金。天津规定必须按照交易金额的20%～35%计算土地出让金，赠与的则按不动产总价的10%～20%收取（《天津市城镇私房交易补交土地使用权出让金暂行规定》第7条）。广州市的规定，则是根据房屋所在区块的土地使用费的10%来补交土地使用费。可参见广州市台办网站的报道："上广州市国土房管局网站即可查住宅地价"，http://www.gztb.gov.cn/style01/newsdetail.asp?news_sno=1097.

经济性组织）和个人，第 45 条开了一个允许转让的口子：在补交土地出让金后，可以转让土地使用权。在转让后，土地使用权的期限，仍然是没有限制的。[7]

不过，对于在行政划拨的土地上的国有房屋，本来没有规定土地使用权的年限。但在住房改革后，这些房屋转变为私人所有之后，其土地使用权的年限，从同一建筑的第一套房屋上市交易之日起计算土地出让年期，最高年限不得超过 70 年。换言之，即转变为有期限的土地使用权。这种转换的完成，取决于第一个上市交易者交纳土地出让金的行为。也就是说，在第一个上市者交纳土地出让金后，其他人即使没有转让，也没有交纳土地出让金，其所享有的土地使用权，也同样自动转化为有期限限制，并且开始计算期限。[8]

对于没有期限限制的土地使用权而言，关键问题是，没有期限限制，是否意味着享有永久使用的权利？还是可由土地所有权人单方面终止？由于对这些没有期限的土地使用权，同样适用于有期限的土地使用权的关于提前收回土地使

---

〔7〕 这是根据法律的文字分析得出的结论。《国有土地使用权出让和转让暂行条例》第 45 条规定，转让划拨土地使用权适用第三章的规定，而第三章第 20 条关于转让后的土地使用年限的规定是“土地使用者通过转让方式取得的土地使用权，其使用年限为土地使用权出让合同规定的使用年限减去原土地使用者已使用年限后的剩余年限”。既然最初的使用年限乃是没有限制的，转让后的使用年限，根据这个规定也仍然是没有年限限制的。如果把没有年限限制理解为可以永远使用，这就等于减号前面是一个无穷大，减去一个有理数之后，仍然是一个无穷大。如果把没有年限限制理解为一个不确定的年限，在它确定之前，无法去减一个有理数，因此，结果仍然是一个不确定的数。

〔8〕 《关于已购公有住房和经济适用住房上市出售中有关土地问题的通知》（1999 年 9 月 22 日国土资源部公布）。

用权的规定，因此，没有期限的土地使用权，仍然有可能被政府收回。剩余的疑问只是，在补偿问题上，没有期限的土地使用权的补偿标准与有期限的土地使用权的补偿标准是否相同?

三、关于期限问题的法律控制

通过前面的论述可知，无论是有期限的土地使用权，还是无期限的土地使用权，均可在《土地管理法》第58条(1999年1月1日之后）或者《国有土地使用权出让和转让暂行条例》第42条（1999年1月1日之前）规定的条件下提前收回，或者在到期的情况下收回。一旦土地使用权被收回，原有的房屋即可能被拆毁，而原有的居民则必须被迁移。换言之，此时即产生拆迁问题。因此，这里颇值得花些笔墨，对《土地管理法》第58条所开的口子大小，作更详细的分析。

根据《土地管理法》第58条，可在如下情形之一，收回土地使用权（包括提前收回和到期收回)：“①为公共利益需要使用土地的；②为实施城市规划进行旧城区改建，需要调整使用土地的；③土地出让等有偿使用合同约定的使用期限届满，土地使用者未申请续期或者申请续期未获批准的；④因单位撤销、迁移等原因，停止使用原划拨的国有土地的；⑤公路、铁路、机场、矿场等经核准报废的”。与1990年的《国有土地使用权出让和转让暂行条例》不同，修改后的《土地管理法》增加了旧城改造作为收回土地使用权的条件。

按照上述条款，接下来的问题是，如何解释上述条款中

“公共利益”以及“实施城市规划进行旧城区改建，需要调整土地”的含义。而关键的问题是，谁拥有解释这些词语的权力？根据《国有土地使用权出让和转让暂行条例》第53条，条例的解释权归国家土地管理局，同时授权省、自治区、直辖市人民政府制定实施办法。很明显，在制定实施办法时，不可避免地涉及对条例的解释，因此，解释权可以理解为国家土地管理局和省级人民政府按照各自的权力范围分享。值得注意的是，在这种解释权的分享格局中，没有法院的位置。在上述的解释权的格局下，既然法院的解释权被剥夺，如果相关当事人，如拆迁户，对上述部门对条款的解释产生异议，这些异议也不具有法律上的重要性。简言之，在法院的解释权被排除之后，上述部门的解释，将成为不可挑战、不可辩驳的解释。

同样根据《国有土地使用权出让和转让暂行条例》，土地使用权的出让，由市、县人民政府负责（第9条）。可以肯定，在大部分情况下，在中国的城市市区，不存在没有人占用的土地，换言之，如果市、县人民政府要出让土地，在大部分的情况下，意味着政府要收回某些人的土地使用权，然后才能再出让给另一个人。如果这个收回的过程，不符合条例的规定，此时，原土地使用权人，究竟可以以何种方式提起诉讼呢？答案是，[9] 不可能。也就是说，市、县人民政府通过执行的方式，也同样获得了不可挑战、不可辩驳的解释权。

---

〔9〕 剩下来的可能性就是上访。

当然，在上述这些同样不可挑战的解释权之间，有可能会存在分歧，那么，这些分歧又应当如何解决呢？从理论上讲，国家土地管理局的解释，应当高于省级人民政府的解释，而省级人民政府的解释，又应当高于市、县人民政府的解释。但问题是，当省级人民政府的解释违反国家土地管理局的解释，或者市、县人民政府的解释违反省级人民政府或者国家土地管理局的解释，有什么样的纠正程序呢？尤其是在国家土地管理局与省级人民政府之间的争议，理论上讲，只能通过国务院解决。但是，这种争议能以何种方式提起呢？当不存在这样的正式程序时，争议的产生和解决，就要取决于一系列事实因素，如整体宏观环境是有利于更多的土地出让，还是更少的土地出让。简言之，要取决于国务院所确定的目标，以及为实现这些目标所采取的措施的力度。与司法化的解决方式不同，我们可以称这种争议的提起和解决的方式为政治化的解决方式。

在司法化的解决方式下，最基本的要求是个案之间的一致性；而在政治化的解决方式下，最基本的要求是与形势的一致性。换言之，个案之间的一致性，不可避免地被牺牲了。因此，公共利益以及旧城改建这样的弹性条款，在政治化的解决方式之下，就会存在着更大的解释弹性。可以说，它们作为控制方式，基本上要依赖于政治结构上的设计和具体的政治环境，因而具有更大的可变性。

《土地管理法》所确定的解释权分配格局，与《国有土地使用权出让和转让暂行条例》并无根本性的区别。1988年《土地管理法》授权国务院土地管理部门根据本法制定实施条例，报国务院批准施行（第56条），制定的实施细则，则授权由国家土地管理局负责解释（1991 年《土地管理法实施细则》第 39 条）。在这种情况下，《土地管理法》所确定的解释权的分布，与《国有土地使用权出让和转让暂行条例》是完全一致的。值得注意的是，1998 年修改土地法时，把附则条款中关于授权制定实施细则的规定删除了。这是否意味着授权的撤回呢？但我们看到了新的土地管理法《实施细则》，因此答案是否定的。在新的《土地管理法实施细则》中，没有再规定由土地管理部门负责解释《土地管理法实施细则》。这是否又意味着土地管理部门不再享有解释细则的权力了呢？答案恐怕也是否定的。通过土地管理部门实际的权力行使，这一点就非常清楚了。不过，可以肯定的是，1998 年《土地管理法实施细则》删除了关于解释权的规定，至少为法院解释权的扩张，提供了可能性。

四、拆迁的程序和补偿标准

一旦土地使用权被提前收回，或者到期续期未被批准，接下来的就是拆迁问题。土地使用权被收回与拆迁，可以理解为完全连续的两个事件。但在法律程序上，在土地使用权收回和拆迁之间，还有一个颁发拆迁许可证的程序。这意味着本应连续的两个事件的中断。尚不清楚的是，这种中断具有何种意义和效力。拆迁许可证的颁发程序，可以实现让拆迁程序事实上无法启动的目标吗？

（一）拆迁程序

从逻辑上讲，许可证的颁发总是存在着两种可能性，即颁发或者不颁发。如果不颁发的可能性始终存在，且保持着一定的比例，那么，土地使用权的出让程序，将无法成为申请颁发拆迁许可证之前的程序。否则，土地受让方获得了土地使用权，却由于无法获得拆迁许可证而无法对土地进行实际的使用，会给土地出让方带来莫大的压力。这种压力最终又会转嫁到房屋拆迁主管部门身上。[10] 虽然土地管理部门与房屋拆迁管理部门是各自独立的部门，但这些部门，终究都是政府职能部门之一，要受所归属的政府的领导。因此，房屋拆迁主管部门，在是否授予许可证上的自由判断的空间，其实是非常有限的。

从房屋拆迁许可证的颁发程序来看，许可证的颁发部门，也缺乏在颁发许可证之前必须进行的实质性审查所需的信息。颁发许可证需审查的材料，主要是各种政府的批文，包括建设项目批准文件、建设用地规划许可证和国有土地使用权批准文件。另外一个需审查的内容，是拆迁计划及其方案。在 2001 年之后，还需要审查拆迁补偿安置资金证明。[11] 显然，对拆迁计划和方案、补偿安置资金的充分性进行合理的审查，包含着对众多实质问题的判断，尤其是拆迁补偿安置标准以及需要的补偿安置资金总额的判断。这要

---

〔10〕 根据建设部的解释，全国性的房屋拆迁主管部门是建设部，省级为建委（建设厅），各城市则可自行确定。并且，为防止利益冲突和实现政策协调，不可把开发办或土地部门确定为主管部门。参见《建设部关于进一步明确城市房屋拆迁行政主管部门的通知》（建房［1992］269 号）。但在实际中，我们可以看到很多土地出让部门同时是房屋拆迁主管部门的现象。

〔11〕 1991 年《拆迁条例》第 8 条，2001 年《拆迁条例》第 7 条。

求拆迁主管部门对拆迁区域的状况，必须有非常清楚的了解。所需了解的具体事实，则要取决于拆迁补偿的计算标准和计算方法。比如说，如果完全按照房屋的产权证上所载面积来计算补偿标准，就必须掌握所有这些房屋的面积总和、年代、结构等等。只有在掌握上述信息之后，拆迁主管部门，才有可能就拆迁方案和计划的可行性做出判断，从而决定是否颁发拆迁许可证。要取得这些信息，就意味着必须进行入户调查，对拆迁房屋进行评估。然而，评估程序是一个后置的程序，即在颁发拆迁许可证之后，签订补偿安置协议之前的一个程序。[12] 据此而论，则在此之前，在审查是否颁发许可证的阶段，房屋拆迁主管部门根本没有充足的信息

〔12〕 1991年和2001年的拆迁条例，均未对评估问题（评估的时点、机构、方法、异议的处理等等）做出明确的规定。因此，根据上述两个条例，无法确定应当在何时进行评估。不过，如果未取得拆迁许可证，那么，拆迁人或者其委托的评估机构，没有理由进行入户评估，特别是在遭到拆迁户的抵制的情况下，评估更加不可能。因此，评估应当在取得拆迁许可证之后，才能得以进行。

根据《城市房屋拆迁工作规程》[建住房（2005）200号（文号）]的规定，拆迁的流程包括计划管理、颁发许可证、补偿安置、行政裁决和强制执行。在这整个流程中，对于面积较大或者拆迁户数较多的项目，要求在颁发许可证之前举行听证，听取拆迁户的意见。这当然可以在一定程度上缓解信息缺乏的问题。但是，拆迁户仅可对具体的拆迁补偿标准提出意见，而不可能对整个拆迁计划的合理性进行评估，因为他们也未必掌握与整个拆迁计划有关的信息。

来判断拆迁计划的合理性。[13]

在房屋拆迁主管部门缺乏实质性审查所需信息的条件下，房屋拆迁主管部门拒绝颁发拆迁许可证，将会同样缺乏根据。因此，考虑到房屋拆迁主管部门的生存环境之后，拆迁许可证在保护拆迁户上的意义，[14] 也就相对有疑。

（二）拆迁补偿标准

如果许可证的审批程序，无法保护拆迁户的利益，剩下来的最后希望，就只能完全寄托在拆迁补偿安置标准上了。在目前的拆迁程序下，补偿安置理所当然地成为拆迁当中的核心问题。并且从理论上讲，拆迁中的一切争议，最终都可以转化为拆迁补偿安置标准的争议。然而，在土地国有的前提下，拆迁补偿标准的确定，都不可避免地涉及到利益在国家和拆迁户之间的分割。当拆迁补偿标准的制定采取有利于国家利益的取向时，根据补偿安置标准所确定的补偿金额，就无法达到拆迁户的要求。

从1991年的拆迁条例，到2001年的拆迁条例，在拆迁补偿标准的确定上，经历了这样一个演变过程：从不考虑土

---

〔13〕 事实上，拆迁许可证与补偿安置协议，本身就是相互矛盾的。补偿安置协议意味着拆迁户可以表达自己对补偿安置标准的意见，如果这种意见真的具有重要意义，那么，在这种意见真正表达出来之前，根本无从判断拆迁计划的合理性。反之，如果可以在拆迁户就拆迁补偿安置标准发表意见之前，就颁发拆迁许可证，就会使得其后的补偿安置协议，徒具虚名。

〔14〕 如果拆迁许可证的审批不是为了保护拆迁户的利益，它的存在价值还能是什么呢？

地使用权的价值，到考虑土地使用权价值；从基于房屋的重置价值计算补偿标准，到基于房屋的房地产市场评估价值计算补偿标准。[15] 但总的思路却仍然保持不变，即排除拆迁户对土地增值的分享要求。1991 年拆迁条例所确定的补偿

---

〔15〕 1991 年拆迁条例规定的补偿标准，以不补偿土地使用权的价值为前提，因而以房屋的重置价格作为计算的基准。这可以分为两种情况：①直接用货币补偿进行的安置。在以重置价格来计算价值的同时，还要考虑房屋的已使用年限，“作价补偿的金额按照所拆房屋建筑面积的重置价格结合成新结算”（第 20 条第 2 款）。所谓重置价格，就是现在重新建造同样的房屋需要花费的成本。因此，重置价格是一个成本价。所谓结合成新结算，就是还要根据房屋的新旧程度扣除部分补偿。例如，如果房屋被认为是二成新，实际的补偿金额，就是重置价格再乘以 20%。②以房屋置换的方式进行的安置。这种安置还伴随着差价的计算：“以产权调换形式偿还的非住宅房屋，偿还建筑面积与原建筑面积相等的部分，按照重置价格结算结构差价；偿还建筑面积超过原建筑面积的部分，按照商品房价格结算；偿还建筑面积不足原建筑面积的部分，按照重置价格结合成新结算”（第 22 条）。以上两种方式，产权置换方式显然要合算一些，因为在这种方式中，同样没有考虑土地使用权的价值问题。如果用土地使用权已经到期的房屋，去置换土地使用权尚未到期的房屋，显然是合算的。不管怎么样，在产权置换的条件下，至少土地使用权的部分价值，得到了保留。

2001 年拆迁条例规定的补偿，则把土地使用权的价值，包含在房屋的价值中来加以统一考虑，以房地产市场评估价格为基准计算。同样分为两种情况：①货币补偿，“货币补偿的金额，根据被拆迁房屋的区位、用途、建筑面积等因素，以房地产市场评估价格确定”（第 24 条）。②产权调换，“实行房屋产权调换的，拆迁人与被拆迁人应当依照本条例第 24 条的规定，计算被拆迁房屋的补偿金额和所调换房屋的价格，结清产权调换的差价”（第 25 条第 1 款）。

既然 2001 年的补偿标准考虑了土地使用权的价值，从表面上看，2001 年的补偿标准应当比 1991 年高，实则未必。如果房屋所附着的土地的使用权已经到期，那么，无论是重置价格，还是市场评估价格，差别已经不大。在产权调换的部分，由于市场评估价格会把新的房屋拥有更长的土地使用权的价值计算在内，其价格将可能远比旧房屋高，从而对被拆迁户而言，远比 1991 年未考虑土地使用权的房屋产权置换不利。

标准，由于没有考虑土地使用权价值，也没有考虑房屋的市场价值，其不合理性甚为明显，无需在此多加评论。2001年拆迁条例确定的补偿标准，乃是考虑了土地使用权价值的房地产市场评估价值来确定的。这种补偿计算方法，又是否具有充分的合理性呢？

当然，房地产市场评估价格，会遇到一个操纵的问题。政府如果担心评估机构会过分高估房屋的价值，就会制定一个按区域划分的最高价格。这正是在大部分情况下房地产市场评估价格所遇到的真正情形。在这种最高价格限制下，所谓的房地产市场评估价格，其实已经既不是评估价格，也不是市场价格，而是真正的政府管制价格了。不过，即使不存在这种管制，易言之，市场价格本身，是否可以用来作为计算补偿的依据，还存在着疑问。真正的问题是，在交易本身被强制的前提下，市场价格作为补偿价格，是否可以为交易的正当性提供充足的论证。换言之，市价可不可以成为强制的根据？

市场价格是由市场参与者通过交易形成的，因此，市场价格反映的是过去的交易者对交易标的的评价。对于未参与交易的人而言，他未必会接受这些价格，甚至肯定不会接受这些价格。因为如果他接受这些价格，他就必然已经参与这些交易。现在通过强制拆迁的方式强迫他按照市价的标准接受补偿，也就等于强迫他接受他未必会接受的价格。

通过一个类比，或许可以更清楚地说明上述要点。我们知道，股票市场上随时都会产生一个市场价格。但是，公司或者是政府，都不能根据某个市场价格，强制要求股东出售其股票。如果政府根据市价进行补偿，就可以强制股东将股份出售给自己，然后再以某个价格转售给他人，这个股票市场也就已经名存实亡了。如果政府希望得到某个公司的全部股份，它必须向所有的股东发出一个收购要约，其所提出的收购价，将必须比当时的市场价格更高，否则没有人会理会这个要约。现在，政府的强制拆迁，其性质实际上相当于提出了一个收购要约，但这个要约却是要所有股东在政府单方面所确定的条件下接受。因此，它实际上是对市场的否认。在市场本身已经被否认的条件下，用市场价格来论证强制的合理性，不说是自相矛盾，也不免有些牵强。因此，市价补偿并不足以成为强制的根据。

由此可知，拆迁补偿问题的根源就在于，现行的拆迁程序排除了拆迁户的自决权。拆迁户的意见既然无法影响交易是否进行，当然也就无法真正影响交易的条件，包括拆迁补偿标准的高低。那么，在土地国有的条件下，能否赋予拆迁户充分的自决权？这又将带来什么样的结果？

五、拆迁户拥有自决权的可能性?

用博弈论的术语，我们可以把现行的拆迁程序理解为两阶段三人博弈。第一阶段，是开发商与政府的博弈；第二阶段，是开发商和政府作为一方，拆迁户作为另一方的博弈。拆迁户是在第二个阶段才参与到这个交易中来。作为第二阶段才参与博弈的交易者，能否有拒绝参与交易的权利呢？如果有，拆迁户一旦拒绝参与交易，就可以使得第一阶段的博弈变得没有意义。在这种情况下，为了交易的顺利完成，就必须在第一阶段的博弈中，把拆迁户吸纳到博弈中来。即两阶段博弈不能继续存在，而是会演变成三方同时博弈。因此，要维持两阶段博弈，就必须让第二阶段才参与的交易者放弃拒绝的权利。相反，赋予其拒绝的权利，即意味着转换成三方同时博弈。然而，三方同时博弈的规则能怎么确定呢？迄今为止，三方同时博弈的规则，都必须找到某个简单的投票表决标准，例如，选举中按人数计算，或者在股份有限公司中，按照所持股份比例计算。但在拆迁的问题上，如何能找到这个投票表决的标准？

为了逃避这种困境，可以考虑不同的替代办法。一种办法是，由拆迁户与开发商进行第一阶段的博弈，然后由开发商与政府进行第二阶段的博弈。在这种两阶段三方博弈格局下，政府取代拆迁户成为被强制的对象。另一种办法是，拆迁户和政府捆绑在一起，即拆迁补偿安置费用与土地出让金捆绑在一起，让开发商竞价，按照价高者得的原则分配土地。在这种情况下，由政府和拆迁户单独进行第二阶段的博弈，即就已经得到的蛋糕，在政府和拆迁户之间进行切割。

下面对这两种办法分别进行分析。

（一）第一种办法：政府能如何被强制

如果政府能完全彻底地被强制，极端的结果是，其所应得的利益会被开发商和拆迁户彻底瓜分。这意味着，政府将不能得到一分钱的土地出让金。[16] 在这个时候，问题的焦点就会转变为，政府作为土地所有权人，究竟应该获得多少补偿？显然，这个问题也不会有明确的答案。

---

〔16〕 如此，则土地国有的意义何在？

然而在实践上，我们很难想象政府能如何被强制。政府本身就是合法强制力的唯一提供者，当我们要强制政府执行时，究竟能如何进行呢？可以说，强制政府参与交易，并不具备可操作性。

（二）第二种办法：如何在政府和拆迁户之间分割利益

在第二种办法下，第一阶段的操作是相当简单的，并且可以完全避免官商勾结的联想。[17] 但是，在第二阶段，如何在政府与拆迁户之间分割利益呢？不可能采取一个简单的比例分配（如政府与拆迁户各得50%），因为在不同的地块，房屋的状况和土地使用权的状况，可能有天壤之别。[18] 房屋的面积和土地使用权的状况，只能成为拆迁户之间分割利益的根据，而不足以成为拆迁户和政府之间分割利益的根据。但恰恰是只有在政府和拆迁户之间进行了利益分割后，拆迁户内部的利益分配才能进行。谁能为这种利益的分配找

〔17〕 可以肯定，由于可以最大限度地预见交易的结果，在我们所论述的三种可能性（现行制度所提供的可能性以及我们假设的两种可能性）中，这是开发商最欢迎的一种可能性。

〔18〕 有兴趣者可以进行一些假设性的探讨，来加深理解在这种利益分配中所面临的难题。假如有两个面积相等的地块，位置相同，熟地价格相同。地块A原有容积率为1，地块B原有容积率为2。如果按照假设的土地出让金和拆迁安置费用捆绑竞标，这两个地块，对于开发商而言，价值是一样的。这个金额应当如何在政府与拆迁户之间分配呢？如果按照确定的比例分配，例如，按照五五开的比例，那么，地块A的拆迁户得到的补偿金额，将是地块B的2倍。这对于地块B的居民而言是不公平的。如果按房屋面积分配，这又对地块A的居民不公平，因为按房屋面积计算，地块A居民实际享有的土地使用权面积要比地块B的居民大。

到客观的分配依据呢?

在真实的市场交易中，没有人试图为这种交易寻找客观的利益分配标准，因为这种标准本来就不存在。利益的分配乃是通过谈判来实现的，而谈判则又恰恰是以退出谈判的权利为前提的。在我们上面所论述的三种可能性中，总是必须假设某一方不能享有拒绝参与交易的权利，因而导致最终利益分配的困境。而之所以总是必须要求某一方不能享有拒绝参与交易的权利，则可追溯到土地国有制度。

六、土地国有与交易权利：土地国有带来了什么变化?

与分散的土地所有权相比，政府作为城市市区唯一的土地所有权人，即土地国有带来的影响，最容易想到的答案，就是会导致没有中立的仲裁者。“如果他（即政府）和其他人一样在国家中也占有资料，就有可能因为那些资财而与他人发生争执或诉讼，但却不会有独立的法官去审判这种案件。”〔19〕在本文作者看来，独立性问题还不是最棘手的。真正的难题是，在政府作为唯一的土地所有人的条件下，即使存在着独立的法官，他也无法做出公正的裁决。也就是说，政府作为土地的唯一所有人，带来的不仅仅是作为土地所有者与纠纷仲裁者的利益冲突的问题，而是一个根本性的困局。这种困局的消解，只能通过强制——取消参与交易者的某种权利——来实现。

在土地国有的条件下，土地所有权与使用权（从而土

---

〔19〕［德］康德:《法的形而上学原理》，沈叔平译，商务印书馆 1991 年版，第 154 页。

地所有权与房屋的所有权）的分离变成强制性的，不能通过相关各方的谈判来加以改变。人们并非是在各种可能的选择中去选择自己认可的权利分配模式，而是被强制接受某种权利分配结果。例如，在土地国有化之后，即使原来取得的房屋所有权同时包含了土地所有权，这些土地所有权也自动演变为土地使用权，即从房屋所有权与土地所有权两者合一，演变为两者分离。这种演变并非是通过谈判和协商过程确定的，而是通过法律改变的。既然如此，房屋所有权和土地所有权的分离，就不是以房屋所有权人和土地所有权人已就土地使用权的期限及期限结束后的相关问题（续期和补偿安置等）达成一致为前提。其结果是，无论是土地使用权的期限，还是期限结束后相关问题的处理，都没有、也无法考虑原有的房屋所有权人的意见，而是由政府单方面确定的。

在这种条件下，无论土地使用权是以何种方式被收回（到期未续期或者提前收回），都会存在如何计算房屋所有权人可获得的补偿标准的问题。并且，补偿标准的确定，并非在事前根据各种可能性的选择来确定，而是在事后来确定。但在事后，既然已经形成了房屋所有权与土地所有权分离的既成事实，双方也就已经不存在另外的选择了。在这种情况下，双方处于一种所谓的双边垄断之中。易言之，事前选择权的排除，也导致事后选择权的排除。当然，倘若并非由开发商作为第三者介入，选择权被排除，也不会引发什么难题。在政府掌管一切的条件下，土地的增值根本不存在明确的计算，拆迁户也无从提出分享土地增值的要求，因此，拆迁的补偿安置，可以简单地通过实物的计算（例如面积标准或者人口标准）确定。在开发商介入之后，拆迁户已从实物补偿转向价值补偿。即使是以实物方式给予的补偿，同样会按照价值的标准重新衡量。如此，自然引发拆迁户究竟能否分享，以及分享多少土地增值的难题。

即使是按照市场方式出让的土地使用权，也同样存在着上述难题。土地国有意味着市场上不存在房屋所有权与土地所有权合一的房屋。因此，对于土地使用权到期后，不同处理方式对房屋价值的影响，同样也无法准确地在房价上反映出来。这导致开发商在取得土地使用权时，不具备充分的动机与政府就土地使用权到期后的问题进行谈判。实际上，即使进行了实际的谈判，这些事前谈判所确定的土地使用权到期后的事项处理模式，在70年后是否会得到真正的遵守，在目前迅速变化的社会里，没有人能够肯定。

而且，从权限上来说，土地国有意味着土地所有权的代表是中央政府，但负责土地出让、收取土地出让金的却是地方政府，就土地出让条件进行谈判的，也是地方政府。中央政府不可能把土地使用权到期后的事项的处理办法，完全授权给地方政府，否则，这就等于土地的地方国有化，因为这等于将土地的永久性的处置权力，都让渡给地方政府了。因此，地方政府在土地使用权到期后的事项的处理空间，乃是在中央政府所确定的范围之内。[20] 相应地，开发商也不可能完全通过与地方政府的谈判，就确定土地到期后的相关事项的处理办法。而且，在大部分情况下，在土地的一级市场

〔20〕 中央政府如果没有规定，地方政府可以自主确定，反之，则必须在中央政府确定的范围内进行。

上，政府处于单边垄断的位置，而开发商之间则彼此竞争。[21] 因此，土地使用权到期后的事项如何处理，同样无法在事前通过谈判的方式确定。因此，在土地使用权到期之后，双边垄断问题将再度出现。

根据上述分析可知，在两个不同的阶段，形成双边垄断的原因是不同的。在第一个阶段，双边垄断的原因，大部分是由于土地国有化过程带来的事前选择权的排除；在第二个阶段，则是由于在土地国有的条件下，由两个相互关联的原因，导致排除了事前选择权。一个是市场上不存在房屋所有权和土地所有权合一的房屋，这导致了无法对土地使用权到期后不同处理模式进行市场定价。另一个则与权限的分配有关。地方政府作为土地的实际出让者，并不拥有全权谈判的权利，只能在中央政府所框定的范围内确定土地的出让条件。因而，众多关键事项，包括土地到期后如何处理，都不完全由地方政府决定。

很显然，在政府与拆迁户都作为垄断者的情形下，政府作为权力的拥有者，将会占据优势。换言之，拆迁户的权利，将会受到实际的限制。但拆迁户同样可以通过各种方式的抗争，力图维护自己的利益。

---

〔21〕 地方政府之间存在着竞争。这种竞争在很大程度上会对开发商有利。但是，越是在房价高涨的地区，换言之，房屋的需求程度越高的地区，地方政府之间的竞争也就越弱。因此，很容易看到，在这些城市里，经常会出现外地开发商很难获得土地的情况。

七、缺乏客观利益分配标准下拆迁的实际运作

在缺乏客观利益分配标准的条件下，又排除了拆迁户自我决定的权利，拆迁补偿标准的制定，无非是在两个不同的极端来选择某个点作为计算的依据。其中的一个极端是强调国家作为土地所有人的利益，即以排除土地使用权人分享土地增值收益为基本前提。另一个极端是完全放弃作为土地所有权人分享土地增值收益的权利，土地增值在开发商和拆迁户之间分享。选择后者作为计算的基本依据，实际上是变相的土地私有化，因此，在土地国有的前提下，实际上只能选择前者作为计算补偿的基本依据。虽然在细节上存在着一定的差异，但在计算补偿依据的基准是排除拆迁户分享土地增值这一点上，1991 年、2001 年的拆迁条例以及土地管理法规定的征收农民集体所有的土地所需进行的补偿，是相当一致的。[22]

---

〔22〕 1991 年拆迁条例按房屋的重置成本来计算补偿安置金额，仅仅考虑建筑房屋所需的成本，而不是考虑房屋的价值，更不用说拆毁重建后的价值了。即使是 2001 年拆迁条例规定的房地产市场评估价值，也同样未考虑拆毁重建会带来的增值。至于土地管理法规定的对征收农民集体所有的土地的补偿，根据《土地管理法》第 47 条，也是根据土地的原有用途产生的价值为计算依据，包括土地补偿费（按耕地被征收前 3 年平均年产值的 6～10 倍计算）、安置补助费（安置人口按照被征收的耕地数量除以征地前被征收单位平均每人占有耕地的数量计算，每人安置金额按耕地被征收前 3 年平均年产值的 4～6 倍计算）。并且，在人多地少的情况下，按照上述计算方法会导致安置费用增加（因为征收单位面积土地需要安置人口会增加），为此还设置了最高金额限制：每公顷被征收耕地的安置补助费，最高不得超过被征收前 3 年平均年产值的 15 倍。

然而，排除拆迁户分享土地增值，却不可避免地会在相当多的情形下导致“因拆致贫”，也就是说，导致拆迁户生活水准的下降。这是因为，在拆迁之前，拆迁户已经不可避免地通过各种方式——如房屋租金的提高、生活的便利等——分享了土地的增值。既然已经分享了增值，拆迁户自己对房屋价值的评估，就不可避免地要把这些价值包括在内。〔23〕这样，拆迁户对房屋的估价，与根据拆迁条例计算的补偿标准之间，就会产生——有时是相当大的——差异。〔24〕

在这两个不同的计算结果之间，拆迁户当然会坚持自己对房屋价值的评估。这就与正式制度的规定之间产生明显的

〔23〕 普通民众在估计房屋的价值时，之所以可以把土地的价值也计算在房屋的价值里，究其原因，又可归结为当初在实行土地国有制时，并未通过一个可见的程序——如征收——来实现，而是通过法律的改变来实现的。而且，在实行土地国有之后，实际上也长期并未真正主张国家对土地的权利，并没有要求房屋所有权人根据其所占用的土地面积，缴纳其相应的土地的使用费。对于被拆迁人而言，他已经习惯了不用缴纳土地使用费的生活，并且视之为当然。而且，这种观念，在祖屋的个案中，尤其能够获得正当性的论证。

〔24〕 这里有一个流传甚广的案例：“74岁的上海市老人何礼明夫妇怎么也没想到，他们住了几十年的祖房，在被以‘市政动迁’名义指定为‘待拆迁房’搬出后，不仅没有被拆除，反而装修一新，改头换面，成为上海‘新天地’商业广场中的一家酒楼。‘新天地’是由香港一家公司开发的时尚房产项目，系上海‘白领人士追捧的人气旺地’，平均房租每天每平方米1美元。何礼明家的房产如果进行市场交易，少说也要上百万元，但因被定为‘公共拆迁’，他们只能拿到十几万元，说是房子拆掉后物料的价钱，叫‘残值价’”。这让当事人难以接受，“每次老人走进曾住了几十年的单体小楼，摸着每一扇门窗，看着来往的陌生食客，都禁不住老泪纵横”。“治拆迁之痛”，载《南方周末》2003年12月31日。

冲突。这种冲突，只有两种可能的解决方式：①坚持土地国有原则，直接面对拆迁户的激烈反抗；②变相牺牲土地国有原则，提高拆迁补偿标准。第一种思路并不可行，在面对民众的激烈反抗时，一个理性的政府，不会为了这些经济利益而付出高昂的政治成本。在大部分情况下，实际遵循的都是第二种思路。然而，一旦按照第二种思路去进行运作，允许拆迁户按一定比例分享土地增值，难题就将再度显现：究竟让拆迁户分享到多大比例，方可称为合理？在法律上如何去确定这个比例？如果没有人能找到这个合理的比例，现行的拆迁规定也没有明确地认可（而只是隐含地认可）这种分享要求的合理性，这个比例就只能在实际的拆迁过程中，通过拆迁人与被拆迁人的互动去真正实现了。换言之，不会形成统一的分享比例和拆迁补偿安置标准，而是会形成众多的分享比例。[25]

具体个案中的拆迁补偿标准，如何在拆迁人与被拆迁人之间达成一致呢？这是通过另类的交易方式，即通过各自愿意付出的成本，来达成对交易条件的一致的。对于拆迁户而言，是通过增加抵抗程度——这必须付出相当大的成本——

〔25〕 参见一个拆迁户的抱怨："假如当时我们不急着搬，晚走 2 个月，我们就能多得一套一居室。晚走 3 个月，就能多得一套两居室。"http://www.qglt.com/bbs/ReadFile?whichfile=12628152&typeid=14. 拆迁标准的不统一，也有很多别的报道，例如，《邵武报》的报道"拆迁难难在哪里?"http://www.fzen.com.cn/Fujian_w/news/swb/010614/1_1.html，《解放日报》的报道"拆迁难，难在哪里"http://old.jfdaily.com/gb/node2/node17/node167/node36778/node36791/userobject1ai552043.html，都有补偿标准不一的报道。目前，拆迁补偿标准不统一，已引起广泛关注。有兴趣者可到百度上搜索。

做钉子户，来显示何种拆迁补偿标准能够接受。[26] 对于政府和开发商而言，成本就表现为由工程项目延误而产生的利息、可获得的收益的减少、强制拆迁将引发的舆论压力等来显示的。[27] 一个拆迁户，如果不愿做钉子户，他就会得到制度所规定的补偿，相反，做一个钉子户，则可取得更高的补偿。政府如果进行强力拆迁，不断增加做钉子户的成本，就可以降低拆迁的补偿标准、推进拆迁的进度。虽然在众多的个案中，会通过这种方式达成拆迁补偿标准的一致，但也会由此而形成做钉子户与暴力拆迁之间的恶性循环，甚至进而形成恶性事件。总体来看，在这种循环的过程中，拆迁成本也只能逐步升高，由此而引发房价升高，进而又导致拆迁

---

〔26〕 我们从国务院的通知中可以看出，做钉子户要面临的成本包括停水、停电、停气、停暖、阻断交通、暴力拆迁等等带来的不便和威胁。参见《国务院办公厅关于控制城镇房屋拆迁规模严格拆迁管理的通知》（国办发［2004］46号）。通知中规定："严禁野蛮拆迁、违规拆迁，严禁采取停水、停电、停气、停暖、阻断交通等手段，强迫被拆迁居民搬迁。"

〔27〕 政府强力拆迁可在某些场合有效地推进拆迁进度，降低拆迁成本。江西定南县拆迁陈连秀的房屋，陈连秀起诉到赣州中院，赣州中院要求中止拆迁的执行，待法官到现场查明后再处理。然而，定南县相关部门却当着法官的面，将陈连秀的房屋拆毁。其后，"仅用了3天时间就将两三百户全部突出拆完，没有人出来闹"。参见"定南'人民日报事件'后果前因"，载《南方周末》2003年9月18日。引发国人关注的嘉禾拆迁案，部分也是因为嘉禾县政府学习其他地方政府强力拆迁经验的结果："人家认识比我们高，力度比我们大，发展比我们快，纪委书记亲自挂帅拆迁，法院随时准备当被告，钉子户抬出棺材以死相逼，政府的态度是'你死你的，我拆我的'，那里告状的也不少，但县委书记不但没告倒，还告成了副市长"。参见"嘉禾前县委书记执政反思"，载《瞭望东方周刊》2004年6月28日。

成本的提高，因而形成拆迁成本与房价升高之间的另一个恶性循环。[28]

八、房产新政：放弃部分土地增值，重构市场格局

地方政府拆迁的动力来自于两个方面：其一是财政方面，通过拆迁可以将土地的增值转化为财政收入；[29] 其二是政绩方面，通过拆毁重建，可以迅速地改变城市面貌。在这两个动力后面的支撑因素，则是与整个中国转型相伴的城市化进程。这种城市化进程表现为农村居民向小城市迁移，而小城市的人向大城市迁移，大城市的人可能向超大城市迁移。在这种城市化进程中，城市必须为新增加的人口提供住房，进而为城市土地的增值以及拆毁重建，提供了基本的经济前提。

从经济学上讲，人们对房屋的需求，不同于其他可替代的物品，具有一种需求的刚性。在价格提高的情况下，对市场的影响是，把一部分需求者排除出去，而且，会刺激供方为市场提供更多的住房。[30] 不过，在更多的住房提供给市场后，市场价格会因此而下降，进而惠及更多的购房者。基于这样的理由，政府不应在房价升高的时候干预市场，否则

---

〔28〕 孙晓雯："拆迁难与高房价的因果循环"，载《经济视点报》第 143 期。

〔29〕 据调查，土地使用权出让金和与房地产相关的税收，占大约地方政府财政收入的一半。其中，土地出让金占政府预算外收入的 60% 以上，与房地产相关的税收占地方政府预算内收入的 40% 以上。参见"土地解密"，载《财经》2006 年第 4 期。

〔30〕 不过，如果供方处于垄断地位，并且基于控制房价的考虑而控制供给量，那么，后面第二种效果，则会受到一定程度的限制。

最终的房屋供应量不能如期增加，则控制房价不能达到预期的效果。

然而，这个推理过程在中国未必能够成立，另一种可能性完全存在。房价高升，把大部分住房需求者排除在外，剩余的需求者，存在两种可能，一种就是投机者，一种就是投资者。也就是说，房屋不再作为基本的生活需要来对待，而成为类似于股票一样的投资对象。从逻辑上讲，房屋成为投资对象，总是以房屋作为基本的生活需求为前提的。然而，既然高房价已经把大部分人排除在房屋交易之外，投资房屋就未必以房屋的真实需求为前提，也就是说，投资变成了投机，其合理性取决于房屋价格将继续上升的预期是否正确。而这个预期，则取决于整个市场对房屋供应量的预期。在中国，由于城市市区土地国有，城市土地的供应，实际上是由地方政府垄断的：地方政府在实际上控制着房地产市场的整个供给量。因此，地方政府完全可以通过控制土地供应量来控制这种预期。市场本身会自动达成的均衡的假设，在目前的制度下很难实现。当然，如果房屋价格上涨的预期持续存在，被房地产市场排斥的人，也就会越来越多。最后，当剩下的游戏者寥寥无几时，高昂的价格不可能再继续维持，就可能引发突然的下跌，继而导致整个市场的崩溃。

改变这种房价持续高涨的格局有两种不同的办法：①让农民集体所有的土地直接上市，从而改变土地供应由地方政府垄断的局面。这意味着本文讨论的前提，即城市土地国有，已经不复存在。不过，集体所有的土地直接上市，不仅涉及修宪等难题，在操作上，同样存在很多难以解决的问题。[31] ②从政治结构上重新构造，改变地方政府的以攫取土地增值为目标的土地供应政策。换言之，地方政府的土地供应决策，不应以实现最大化的土地增值为目标，而应以解决大多数人的住房需求为目的。这可以通过强制增加中低档商品房的供应，减少高档商品房的供应来实现。

2006 年 5 月 24 日，建设部等九部委发文规定，自 2006 年 6 月 1 日起，凡新审批、新开工的商品住房建设，套型建筑面积 90 平方米以下住房（含经济适用住房）面积所占比重，必须达到开发建设总面积的 70% 以上。[32] 2006 年 7 月 29 日，国土资源部公布《招标拍卖挂牌出让国有土地使用权规范》和《协议出让国有土地使用权规范》，规定自 2006 年 8 月 1 日起，房屋销售价格限制、销售对象和套型结构比例等条件将直接作为土地出让方案的具体内容。只有符合房价销售限制等要求的开发商，才有资格获得土地。[33] 很显然，这是土地供应政策的重大转换，而这种转换，是以政府作为土地所有人、放弃部分可获得的土地增值为代价的。如果目标得以实现，市场上将会出现大量的 90 平米以下的住房，“居者有其屋”的目标或许有可能真正实现。

---

〔31〕 如果集体土地直接上市，购买者所获得的，是土地的所有权，还是使用权？如果是所有权，这就意味着承认土地的私人所有。如果也只是使用权，为行使与这种使用权相对应的所有权，这将强化村集体组织的地位，即使已经城市化，仍然必须维持其村集体组织的架构。

〔32〕 国务院办公厅转发建设部等部门：《关于调整住房供应结构稳定住房价格意见的通知》（国办发［2006］37 号）。

〔33〕 张映光：“房产新政路线图”，载《财经》2006 年第 16 期。

不过，房产新政的实施，存在着两个难点：① 70% 的比例限制如何落实。根据建设部等部委发布的 165 号文件，90 平米指建筑面积（而非套内面积），70% 则指各城市整体建设比例。因此，这就存在着 70% 比例如何真正落实的问题。这需要在政治结构上对此详加规定，规定未达到此目标者的相关责任人员的责任。此外，还需要认真构造该比例的真实性的核实机制（70% 同样是一个可以操纵的数字）。②必须找到有效地破解拆迁问题的办法，才可以降低地方政府在拆迁问题上的激励，而不至于影响整个土地供应增加的过程。否则，如果总是需要政府强力介入，而地方政府的激励又不够，若拆迁无法取得进展，就只能进一步推高房价。[34]

在未来，土地使用权期限问题仍然是悬在头上的达摩克利斯之剑。它的解决，取决于未来的决策者是否仍然能秉持让利于民的政策取向，也取决于未来在政策上能否确定对于低收入者免收土地出让金的具体实施办法。

九、结 论

拆迁户的权利，与土地国有原则之间存在着内在关联。在主张土地增值收益最大化的前提下，就有必要取消拆迁户的拒绝参与交易的权利，而使得拆迁演变为强制拆迁的模

---

〔34〕 有人对房屋销售价格限制是否可以实施表示存疑。在本文看来，只要强制规定“90 平米 70%” 的限制真正得到实施，对房屋价格的限制，即使取消也不会影响整体政策目标的实现。因此，销售价格限制并非是一个真正的难题。

式。在这种模式下，地方政府有极强的动力参与拆迁，甚至人为地扩大拆迁规模。然而，物极必反，在中央政府的干预下，土地管理模式有朝民生导向转变的趋势。但至少到目前为止，这种趋势，尚未在拆迁问题上具体化为明确的操作性的准则。从供需两个角度看，房产新政只解决了需方的问题，而未解决供方的问题。新政是否会导致拆迁的难度进一步加大，从而无法实现民生导向的新政目标，还取决于未来中央政府在供方层面上的取舍。

图书在版编目(CIP)数据

复活的私权/孙笑侠等著.—北京:中国政法大学出版社,2007.6

ISBN 978-7-5620-3051-5

Ⅰ.复... Ⅱ.孙... Ⅲ.个人财产-所有权-法理学-研究-中国

Ⅳ.D923.24

中国版本图书馆 CIP 数据核字(2007)第 086619 号

书　　名 复活的私权

著　　者 孙笑侠　钟瑞庆等

出 版 人 李传敢

出版发行 中国政法大学出版社(北京市海淀区西土城路 25 号)

北京 100088 信箱 8034 分箱　邮政编码 100088

zf5620@263.net

http://www.cuplpress.com (网络实名:中国政法大学出版社)

(010)58908325(发行部)　58908285(总编室)　58908334(邮购部)

承　　印 固安华明印刷厂

规　　格 880×1230　32 开本　9.625 印张　205 千字

版　　本 2007 年 6 月第 1 版　　2007 年 6 月第 1 次印刷

书　　号 ISBN 978-7-5620-3051-5/D·3011

定　　价 26.00 元

本社法律顾问 北京地平线律师事务所